RESEARCH ON EVOLUTION MECHANISM OF
INTELLECTUAL PROPERTY MANAGEMENT SYSTEM
FROM MULTI-AGENT PERSPECTIVE

多主体视角下
知识产权管理系统
演化机制研究

李金秋 邹玉友 陈伟◎著

中国财经出版传媒集团

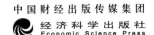

经济科学出版社
Economic Science Press

图书在版编目（CIP）数据

多主体视角下知识产权管理系统演化机制研究/李
金秋，邹玉友，陈伟著.—北京：经济科学出版社，
2021.10

ISBN 978 - 7 - 5218 - 2868 - 9

Ⅰ.①多…　Ⅱ.①李…②邹…③陈…　Ⅲ.①知识产
权 - 管理　Ⅳ.①D913.4

中国版本图书馆 CIP 数据核字（2021）第 185857 号

责任编辑：胡成洁
责任校对：刘　昕
责任印制：范　艳　张佳裕

多主体视角下知识产权管理系统演化机制研究

李金秋　邹玉友　陈　伟　著

经济科学出版社出版、发行　新华书店经销
社址：北京市海淀区阜成路甲 28 号　邮编：100142
经管中心电话：010 - 88191335　发行部电话：010 - 88191522
网址：www. esp. com. cn
电子邮箱：expcxy@ 126. com
天猫网店：经济科学出版社旗舰店
网址：http：//jjkxcbs. tmall. com
北京季蜂印刷有限公司印装
710 × 1000　16 开　18.75 印张　310000 字
2021 年 10 月第 1 版　2021 年 10 月第 1 次印刷
ISBN 978 - 7 - 5218 - 2868 - 9　定价：85.00 元
（图书出现印装问题，本社负责调换。电话：010 - 88191510）
（版权所有　侵权必究　打击盗版　举报热线：010 - 88191661
QQ：2242791300　营销中心电话：010 - 88191537
电子邮箱：dbts@ esp. com. cn）

　　本书是黑龙江省自然科学基金项目（优秀青年项目）"基于文本挖掘的黑龙江省知识产权战略实施绩效评估与纠偏研究"（项目编号：YQ2021G003）成果。

　　本书出版同时受黑龙江省哲学社会科学基金项目"新时代龙江制造业转型升级创新路径对其自主创新效率的影响效应研究"（项目编号：20JYC156）、中央高校基本科研业务费项目"船舶制造业知识产权管理系统运行机制研究"（项目编号：3072021CFW0917）和黑龙江省自然科学基金项目"基于文本挖掘的黑龙江省知识产权战略实施绩效评估与纠偏研究"（项目编号：YQ2021G003）联合资助。

前　言
PREFACE

　　目前，创新对引领发展的重要作用愈发凸显，知识产权日益成为推动国家经济发展的重要资源。加快建设现代化经济体系，推动全方位的对外开放，实现我国经济高质量的发展，对知识产权工作提出了新的更高要求。改革开放 40 多年来，我国知识产权权益分配机制改革不断深化，知识产权运营体系不断完善，知识产权密集型产业逐渐壮大，知识产权保护促进了外商在华投资和中外技术合作，激发了全社会创新动能。我国在众多领域中研发并成功运营了一批自主知识产权技术，加快实现了从中国制造向中国创造转变，促进了我国经济社会的发展。未来，知识产权保护仍将是营造一流营商环境、激发市场主体活力的重要制度保障，将为中国经济转型和高质量发展提供日益强劲的动力。然而，当前我国知识产权领域的新问题和新矛盾不断出现，知识产权大而不强、多而不优，知识产权运用效益尚未充分体现，知识产权保护效果并不理想。如何推动知识产权数量质量的协调发展，加快知识产权大国向知识产权强国转变，是知识产权管理系统面临的重大挑战。因此，在深入实施知识产权战略、创新驱动发展战略背景下，研究多主体视角下知识产权管理系统的演化发展问题，对于我国推动创新和经济发展均具有重要意义。

　　本书在梳理、归纳国内外相关研究成果的基础上，介绍了知识产权管理系统的内涵、知识产权管理系统的构成要素；基于系统理论和知识产权理论，从知识产权开发管理子系统、运营管理子系统、保护管理子系统入手，深入剖析了知识产权管理系统的结构；基于复杂系统理论和 CAS 理论，阐述了知识产权管理系统演化的内涵、特征和条件；构建了知识产权管理系统演化的概念模型，并根据概念模型对知识产权管理系统演化的框架及内容做了解析。

基于布鲁塞尔模型分析我国知识产权管理系统耗散结构形成条件，并基于尖点突变和熵理论对知识产权管理系统的稳定性进行分析判定；在此基础上，从自创生、自重组和自稳定三个层次，分析知识产权管理系统的演化方式；深入剖析知识产权管理系统演化路径，通过系统演化的路径依赖理论，进一步解析知识产权管理系统演化的分岔、突变和涌现、适应路径；基于 Logistic 方程来剖析知识产权管理系统演化的过程，并根据种群生态理论剖析系统发展的演进阶段。

从多主体视角出发，基于释意理论对知识产权管理系统演化的动力因素进行初步识别；采用 ISM 方法对知识产权管理系统演化的关键动力因素进行识别；在此基础上，基于结构—功能—原理对知识产权管理系统演化的动力机制内部构成、功能及运行原理进行剖析，在此基础上，构建知识产权管理系统演化的动力机制模型。

本书从知识产权管理系统演化的多主体共生单元、多主体共生平台、多主体共生界面和多主体共生网络四个方面展开对知识产权管理系统演化的共生要素的解析；基于共生理论及种群生态理论，从竞争共生、合作共生以及竞合共生三个角度，分析知识产权管理系统演化的共生模式；对系统演化的多主体共生伙伴选择机制进行分析，给出一种基于动态区间直觉正态模糊算子的伙伴选择决策模型，并分析了多主体共生情形下伙伴选择的决策行为策略；剖析了知识产权管理系统内部多主体共生竞合机制，采用 Lotka-Volterra 模型分析知识产权管理系统内多主体共生演化过程的不同阶段特征与发展趋势，并在此基础上对不同共生模式下多主体之间的竞争与合作关系进行分析，梳理了多主体之间的多阶段博弈行为；并从知识转移与扩散机制、人才交流机制和信息共享机制三个方面提出知识产权管理系统演化的共生机制。

本书基于协同学理论界定了知识产权管理系统演化的协同内涵，阐述了知识产权管理系统演化的协同体系；基于耗散理论和熵理论，构建了知识产权管理系统演化的协同熵变模型；在此基础上，基于知识产权管理理论和协同理论，揭示知识产权管理系统演化的协同机理；结合隐喻方法，基于 B-Z 反应，建立了知识产权管理系统演化的协同模型，并根据该模型进一步结合仿真模拟进行实证分析，探究知识产权管理系统演化的协同发展的根源；在此基础上，从多主体协同治理机制和子系统协同发展机制两方面构建了知识产权管理系统演化的协同机制。

本书从政府调控机制、产学研耦合机制和中介机构服务机制三个层面构建了知识产权管理系统演化的保障机制。采用演化博弈理论构建了政府调控模型，并采用数值仿真进行模拟分析，在此基础上，在政府引导、监督和环境保障层面构建了知识产权管理系统演化的政府调控机制；对知识产权管理系统演化过程中的产学研协同创新耦合机理进行剖析，在此基础上，分别从纵向国家整体视角和横向区域视角，采用耦合度模型测度我国整体和31个省区市的产学研协同创新系统耦合协调水平，并从创新资源共享机制、主体学习机制和环境激励机制三个层面设计了产学研协同创新耦合机制的三个子机制；针对知识产权中介机构进行服务分析，并在信息聚集机制、资金调节机制和平台服务机制三个层面构建了知识产权中介机构的服务机制。

CONTENTS

目　录

第1章 绪 论

1.1 研究背景、目的及意义

1.1.1 研究背景

知识和技术的创新发展是推动国家经济增长的重要力量。知识产权作为知识、技术的一种无形载体，是国家竞争力的利器，是激活市场技术创新行为、保障创新成果产出的基本源泉。根据我国国家知识产权局发布的《中国产业专利密集度统计报告》，2008~2012年我国高专利密集产业的劳动者报酬占全社会劳动者报酬总额的19.4%，提供就业人数占全部城镇就业人口的26.1%。2012年高专利密集型产业增加值总量约13.7万亿元，占国内生产总值（GDP）的30.7%，出口交货值占总出口额的58.6%。可见，知识产权活动大大促进了创新要素的汇聚，对刺激对外贸易及拉动国家经济效益具有重大作用。由美国康奈尔大学、欧洲工商管理学院和世界知识产权组织联合发布的"2018年全球创新指数"显示，2018年，中国首次跻身世界前20名最具创新力的经济体行列。在以创新驱动的经济发展战略中，加强知识产权管理是推动创新型国家发展的关键。近年来，知识产权事业迅速发展，尤其是自2008年以来，随着《国家知识产权战略纲要》的实施，知识产权战略被纳入国家战略层面，我国初步建立了较全面规范的知识产权制度法律体系，形成了一批具有绝对竞争优势的知识产权密集型企业，打造了一系列具有自主知识产权的品牌和产品。我国政府高度重视加强知识产权管理，在党的十九大、十九届二中全会和三中全会中，强调强化知识产权创造、运用、保护。此外，根据《深入实施国家知识产权战略行动计划

（2014－2020 年）》，我国提出了建设知识产权强国的目标，《国务院关于新形势下加快知识产权强国建设的若干意见》指出，大幅度提升知识产权创造、运用、保护、管理和服务能力，加强我国知识产权的国际化发展，打造知识产权现代化发展的优势区域和省市，为实现我国知识产权大国向知识产权强国转变提供基础。

当前我国大力实施知识产权发展战略，知识产权事业发展已经步入新阶段，国家创新体系得到优化。但是，我国知识产权发展仍存在一系列问题，与发达国家相比，我国国家创新体系还不够完善，知识产权管理水平较低，区域知识产权能力和经济发展不协调的现象较严重。虽然研究与发展（R&D）投入规模逐年扩大，但 R&D 投入强度低；我国仍然以依靠技术引进和消化吸收为主的方式开展知识产权创造，自主知识产权数量较少；从《中国区域知识产权指数 2018》可以看出，知识产权指数的整体趋势具有十分显著的区域特征，基本呈"东高西低，中心聚集，梯田扩散"的布局特征。可见我国知识产权能力存在明显的地区差异，这主要受到区域经济发展差异的影响。东部地区市场经济发展迅速，知识产权保护意识较高，而中西部地区受到营商环境和生态环境等因素制约。同时，知识产权与工业化关系并不紧密，我国目前工业企业、制造类企业在知识产权方面着力不够，有些企业缺乏创新动力，导致产品的技术含量较低，市场竞争优势较小。知识产权发展偏"软"、偏"轻"，产学研脱节现象明显，技术等专利难以规模化及产业化。此外，在我国知识产权管理政策的驱动下，不少高技术企业片面追求知识产权产出数量、忽略知识产权质量。政府、企业、科研院所和中介机构等知识产权活动参与者之间缺少交流合作，阻碍了整个国家知识产权管理的水平，制约产业知识产权管理能力的提升。

在"一带一路"倡议背景下，我国政府和知识产权机构等主体应加强多双边知识产权合作，强化知识产权保护，重视知识产权制度与法律法规建设，加强知识产权信息交流与共享，从而进一步加强我国知识产权管理水平，促进经济转型升级和完善国家创新体系，促进我国实现知识产权强国目标。因此，研究知识产权管理系统的演化发展，提升相关管理主体的知识产权管理能力，促进不同主体之间的合作交流，进而提高区域知识产权开发、保护和运营水平，驱动三者的协同演化，促进系统整体稳定发展是十分必要的。

1.1.2 研究目的及意义

1. 研究目的

剖析知识产权管理系统内部要素、结构及特征等，界定知识产权管理系统演化内涵、特征及条件，在此基础上构建系统演化的概念模型；深入剖析多主体视角下知识产权管理系统的演化机理，揭示系统演化的影响因素、演化条件、演化方式和演化路径；通过设计知识产权管理系统演化的动力机制、共生机制、协同机制，充分挖掘知识产权管理系统演化的内在运行过程，并在此基础上设计知识产权管理系统演化的保障机制，以促进知识产权管理系统的稳定有序演化，为国家提高知识产权管理和区域创新水平、协调区域经济发展提供参考，并为政府部门制定相关政策及发展战略提供科学依据。

2. 研究意义

（1）丰富和完善了知识产权管理系统基础理论体系。相关研究对知识产权管理系统方面的研究已经形成了一定规模，但是大多是基于系统论研究系统构建、系统内在机制和系统协同等方面，较少基于复杂系统理论和演化博弈理论等复杂性理论分析系统演化发展问题。本书基于复杂系统理论和系统论等，构建知识产权管理系统演化的概念模型，剖析知识产权管理系统的演化条件、方式、路径和过程，探究知识产权管理系统演化的基本原理，丰富了知识产权管理系统理论体系。

（2）丰富和拓展了知识产权管理系统演化机制的理论体系。学术界对知识产权管理系统演化机制的研究较少，尤其较少从多主体视角进行知识产权管理系统演化机制的设计分析。本书以国家整体知识产权管理系统为研究对象，设计多主体视角下知识产权管理系统演化的"动力机制—共生机制—协同机制—保障机制"，识别系统演化的动力要素及原理，探究系统演化的共生行为，掌握系统演化的协同机理，进而完善知识产权管理系统稳定发展的保障体系，细化知识产权管理系统演化机制的理论体系。

（3）对提高国家知识产权管理水平和激励创新能力具有现实意义。知识产权管理作为国家创新体系建设的重要组成部分，是激励国家创新能力、拉动经济增长的关键。高质量的知识产权管理是一国竞争力的体现，对于优化产业结构升级具有重要作用。因此，在深入实施知识产权战略、创新驱动发展战略背景下展开知识产权管理系统研究，基于系统论、演化博弈和复杂科学理论，从多主体视角探究知识产权管理系统演化的基本原理，构建系统演化的运行机制，有助于从利益相关者视角剖析如何促进知识产权管理系统的稳定发展，进一步提高国家知识产权管理水平和激励创新。

（4）为深入实施国家知识产权发展战略、推进建设知识产权强国提供理论依据。随着知识产权发展战略上升为国家发展战略，"互联网＋"、人工智能、大数据等新业态领域市场主体的知识产权创造、运用、保护和管理水平进一步增强，推动知识产权服务业、专利密集型产业等知识产权产业稳定发展，进而促进经济社会的可持续发展。通过分析知识产权管理系统演化的动力机制、共生机制和协同机制，有利于剖析知识产权管理经济、政治及文化环境，促进知识产权管理主体之间构建竞合关系，形成知识产权开发、保护和运营之间协同发展，保障知识产权管理系统有序及协同演化，有利于加快建设知识产权强国。因此，本书将为深入贯彻国家知识产权发展战略、建设知识产权强国提供理论依据。

（5）为促进经济增长方式转变和加强知识产权合作提供现实路径。国家经济可持续发展离不开创新驱动，伴随一批新技术、新产业和新业态的涌现，具有自主创新品牌的知识产权国际竞争力得到提升，推动产业结构升级转型，加快向创新驱动的经济发展方式转变。本书分析知识产权管理系统主体之间的共生模式及行为，剖析知识产权管理系统内子系统之间的协同演化路径，并提出系统演化的保障机制，为政府、企业、高校、科研院所及中介机构等主体在知识产权管理协作中提供借鉴，进而可推动知识产权管理系统主体之间的深入合作和创新资源的优化配置，有助于实现知识产权管理系统协同所产生的专业化分工效应、经济效应和协同效应。

1.2　国内外研究动态

1.2.1　国外研究动态

1. 知识产权管理系统的构建

国外部分学者从知识产权战略体系或框架视角分析知识产权管理系统结

构，如基于入侵管理思想，从政策基础、主动管理、侵权风险的监督、跟踪和控制等角度分析知识产权管理体系（Stephenson P，2005），日本有学者将知识产权战略体系划分为经营、信息、法律、技术和国际战略五个维度（斋藤优，1990）。有学者从产品市场策略、技术策略、法律策略三个维度分析知识产权战略框架（Narayanan V K，2000）。也有学者从知识产权管理过程的视角分析知识产权管理系统的结构，如将企业知识产权战略体系构成分为知识产权的获取、保护和运用、执行三个维度（Reitzig M，2007）；分为知识产权创造发明、保护、运用和知识产权人才培育等子系统（Arai H，2006）；也有学者基于语义结构从发明支持、预处理和专利分析等方面分析知识产权管理系统的构成（Wang W M，2011），融入市场机会以及专利价值的知识产权管理框架要素（Conley J G，Bican P M & Ernst H，2013）。

2. 知识产权管理系统的内在机制

（1）知识产权许可转让机制。国外许多学者针对信息对称和非对称条件研究专利权人的专利许可转让机制。其中针对信息对称条件的专利许可机制研究一般内嵌在非对称信息条件下进行对比分析。如有学者基于信息不对称视角下专利许可费用常见的两种形式是固定费用许可契约和"固定费用＋可变费用"许可契约（Bousquet A，1998），也有许多学者通过构建数理模型研究专利许可转让机制，如道德风险情境下技术许可的不完善契约模型（Macho S，1996），在不对称成本信息条件下采用垄断模型分析专利许可契约的选择问题（Wang Andy K C，2013），考虑寡头垄断市场上企业金融结构，构建专利许可契约的选择模型（Wang Andy K C，2016）；还有学者研究网络外部性条件下的专利许可策略，如分析网络外部性较强情况下固定许可策略优于变动许可策略（Sun B，2004；Lin L，2006），也有学者研究逆向选择条件下的专利许可契约模型（Gallini N T，1990）。有学者从博弈视角构建专利技术许可机制模型，考虑 R&D 产出的不确定条件，构建三阶段博弈模型分析产品差异化和技术溢出影响下的最优专利许可策略（Zhang H，2016）；从专利许可的社会福利（Kim S L，2012）、专利拍卖（Fan C H，2016）和技术标准化（Henri H，2012）等方面建立专利技术许可机制模型。

（2）知识产权合作共享机制。国外针对知识产权合作共享机制方面的研究主要结合知识产权活动相关主体之间形成联盟的形式进一步展开。在知识产权联盟形成机制方面，有学者认为克服专利丛林是专利联盟形成的基本动因（Shapiro C，2001）；有学者考虑避免专利诉讼或终止专利诉讼的条件，构建了专利联盟形成模型（Choi J P，2010）；有学者分析了专利联盟的组建对于研发动机、产业效率的影响（Dequiedt V，2007）；有学者采用博弈模型分析收益自由分配条件下专利联盟形成的可能性（Aoki R，2004）；有学者考虑专利互补性特征并构建了最优专利联盟形成机制（Brenner S，2009）；有学者研究了专利联盟的非排他机制与排他机制对联盟稳定性的影响（Brenner S，2004）；有学者研究专利持有人时加入专利联盟影响因素，构建了专利联盟成员参与机制（Anne L F，2011）；有学者分析了专利联盟的形成条件和因素、构建稳定专利联盟的途径（François L，2011）；有学者将专利联盟形成问题嵌入联盟创新效应中，构建了完全信息下的创新模型，分析联盟形成条件（Langinier C，2007）；有学者采用沙普利（Shapley）值法分析评价专利组合中研发伙伴成员对于联盟的贡献并对研发伙伴进行了选择（Song B，Seol H & Park Y，2016）。在研究专利联盟的竞争机制方面，大多数学者探讨了联盟的反竞争效应（Nelson B，2007）、互补型专利效应（Clark D，2008）和专利契约（Robert P，1999）等，从专利的互补性特征和社会福利之间关系（Gilbert R J，2004；Kato A，2004）的角度构建专利联盟运行的竞争机制；在运行机制方面，有学者从标准化运行角度分析了专利联盟的协调机制（Bekkers R，Iversen E & Blind K，2006）；有学者构建了跨国清洁能源知识产权管理合作运行机制（Lewis J I，2014），有学者基于本体论采用本体网络语言技术构建知识产权保护机制（Zhang X M，2012）。

（3）知识产权收益分配机制。国外学者针对知识产权收益分配机制的研究侧重于分析专利组合的收益分成策略、专利联盟的许可费分配规则等方面，如提出由互补型专利构成的专利联盟有益于成员的独立许可（Lerner J，Strojwas M & Tirole J，2007），有学者研究逆向选择条件下互补性技术研发中的专利组合收益分配（Gillbert R J，2011），有学者指出专利联盟成员的参与程度对于联盟利益分享的影响（Anne L F，2011）。也有学者研究专利权人的专利许可收益分配问题，如针对固定费许可和按产量提成的费率许可的差异进行对比，研究发现在古诺市场情况下，固定费许可相对较优（Kamien M I & Tauman Y，1986），是应用最为广泛的专利许可收费方式。也有学者基于博弈论或对策论研究专利联盟利益分配机制，如分析双寡

头占市场上专利权人收取固定费和许可费率获得最大利润的策略（Wang X
H，2002）。

3. 知识产权管理系统演化相关研究

通过相关文献发现，国外学者开始探索研究知识产权管理系统演化问
题，如从组织视角研究知识产权系统的组织结构及形成机制（Karuna J，
Vandana S，2006），从自适应角度分析知识产权系统形成、运行和演化机制
（David A，2014）。但是有关知识产权管理系统演化方面的研究并没有形成
一定规模，且一般是定性分析，很少有学者能够通过构建一定的数理模型分
析知识产权管理系统的演化问题。

近年来，有关企业或产业系统、创新系统等复杂性系统演化的研究受到
学术界的广泛关注，并取得了十分丰富的研究成果。由于知识产权管理系统
与这些经济复杂性系统具有一定相似性，因此本书通过综述这些系统演化问
题的研究成果，以期为本书研究知识产权管理系统演化问题提供理论参考。
从现有文献来看，相关研究主要从三个方面展开：一是基于生物进化理论的
企业或产业系统、创新系统等复杂性系统的演化研究；二是基于复杂性科学
的企业或产业系统、创新系统等复杂性系统的演化研究；三是基于演化经济
学理论的企业或产业系统、创新系统等复杂性系统的演化研究。

（1）基于生物进化理论的系统演化相关研究。20 世纪 70 年代，学者汉
纳（Hannan）和弗里曼（Freeman）发展了种群生态学理论，此后众多学者
纷纷应用并拓展该理论，剖析企业或产业系统等复杂性系统的演化规律。国
外学者较早将生态理论应用于经济管理系统中，大多数学者从生态进化规律
和过程的角度，构建生态位模型（Baum A C，1994，1996）、生态动力学模
型（Hannan M T，1997）、种群密度模型（Baum A C，1992）等，用来剖析
企业或产业系统的演化过程和规律；也有学者从种群进化选择及学习或竞争
的生态过程视角，剖析系统演化的动力机制（Sorenson O，2000；Burgelman
R A，2002）。在这些研究基础上，不少学者开始融合生物进化理论，研究
企业或产业生态系统演化（Adner R，2006；Gari S R et al.，2015）及演化
机制（Rennings K，2000；Boons F & Wagner M，2009）。部分学者从共生演
化特征（Wang G，2014）、运行机制（Inigo E A & Albareda L，2016）、影响
因素（Blazy J M et al.，2011）等方面研究企业创新生态系统演化；也有学
者通过数理模型和仿真分析，如采用多主体仿真模型（Wang G et al.，

2014）、生命周期理论模型（Benjamin B et al.，2011）、清晰集比较分析法（Gregory S D et al.，2016）、系统动力学模型（Fang W，2017）、融合生态足迹的系统动力学模型（Wei J et al.，2009）研究系统演化路径和规律。

（2）基于复杂性科学的系统演化相关研究。国外众多学者基于复杂性科学理论方法针对企业、产业或创新系统的演化展开研究的内容已经具有一定广度，其中不少学者利用数理统计方法剖析了技术创新及其系统的演进问题，如有学者研究发现技术创新演化的过程服从正态或泊松分布的特征（Haustein H D & Neuwirth E，1982；Kleinknecht A，1990）、具有突变特征和动态性（Dosi G，1982）、具有指数增长趋势的泊松分布特征（Silverberg G & Lehnert D，1993）；也有部分学者从技术范式（Dosi G，1991）、技术生命周期（Nderson P，1990）、技术创新扩散（Silverberg G et al.，1998）、技术创新非线性（Lee K，2001）等方面探究了技术创新系统的演化路径与轨迹；此外，有学者从自适应性和自组织性（Axelrod R & Cohen M D，2000；Inigo E A，2016）、环境适应性（Macintosh R & Maclean D，1998；Robertson D A，2004）等方面分析企业系统演化特征和过程；构建融合适应性景观的NK模型（Frenken K，2001）、协同演化模型（Lewin A Y et al.，1999）等，分析企业系统演化的连续性和协同性。还有部分学者基于协同理论和多主体仿真，研究多主体系统的协同演化路径（Benomrane S et al.，2016）；基于耗散理论，揭示安全经济管理系统演化的运行机制（Zhu Q M et al.，2012）。

（3）基于演化经济学理论的系统演化相关研究。近年来许多国外学者基于演化经济学理论方法研究企业、产业、联盟或创新系统等复杂性系统的演化过程和规律，取得了一定研究成果。如有学者构建"协商—承诺—执行"三步循环的演化框架，分析联盟的形成及演化规律（Ring P S & Ven de van A H，1994），从生命周期（Boddy D & Macbeth D，2000）、发展阶段性（Das T K & Teng B，2002）的角度，研究联盟的演化发展过程及规律；也有不少学者分析系统中的参与者或利益相关者的竞合关系（Hamel G，1991）、主体要素的结构（Yan A，1998）及学习选择行为（Kumar R & Nti K O，1998）对系统发展演化的影响；还有学者通过构建定量模型或推导数学模型公式来研究系统的演化原理及演化条件。如构建非线性动态演化数学模型（Gu X M et al.，2015）、多目标演化的优化算法（Muhsen D H et al.，2016；Danilo S S et al.，2014）、系统动力学模型和演化博弈模型（Liu Q L et al.，2015）等分析系统演化的规律和状态。

1.2.2 国内研究动态

1. 知识产权管理系统的构建

国内学者关于知识产权管理系统的构建主要从两个方面展开研究。

一方面，从体系框架角度研究知识产权战略体系的构建。如从战略管理过程和战略系统的视角研究知识产权战略体系构建框架（罗建华，2005；陈伟，2007；郭建平，2010）；从多维度视角探究知识产权战略体系的构成，如冯晓青（2013）将知识产权战略体系构成划分为管理层次、动态管理、价值管理、法制管理四个维度；唐国华（2014）从知识的获取、知识产权的管理和知识产权的运用三个维度探讨开放式知识产权战略的构建。也有学者从战略构成要素（冯晓青，2013）、知识管理（安春明，2009）、创造力开发（朱海燕，2014）、战略生态位和过程管理（罗嘉文，2016）等方面分析知识产权战略管理体系。部分学者从战略管理的体系或框架视角研究知识产权管理系统，如徐建中（2006）基于要素构成视角，认为人文环境、知识产权战略、绩效评价、组织管理、信息平台等构成了知识产权管理体系；安春明（2009）基于管理内容视角，分析由企业知识产权的战略管理、制度管理、研发管理、运营管理和教育培训管理组成的知识产权管理体系；黄国群（2012）基于管理空间视角，利用霍尔模型构建了包括时间维、逻辑维及构成维的三维知识产权战略实施体系框架；黄国群（2015）基于管理功能视角和形态学理论，认为战略知识产权管理理念子系统、规划子系统、管理职能子系统及管理平台子系统构成了战略知识产权管理体系。此外，有学者基于样本数据构建数理模型分析知识产权战略体系内部构成，如孙伟（2009）提出了知识产权战略的选择模型，唐国华（2015）构建了知识产权战略维度构成模型。

另一方面，从系统论的视角研究知识产权管理系统的构建问题，由于知识产权管理系统是具有多种要素和子系统构成的综合体系，有学者将知识产权管理系统分为四个部分，即创造子系统、运用子系统、保护子系统及管理子系统（洪少枝，2011；单锋，2014），也有学者将知识产权管理系统从知识产权的"投入—转化—产出"视角，划分为输入、转换及输出子系统（陈伟，2007；黄国群，2011）；在此基础上，有学者基于知识产权管理过程视角，将知识产权管理系统分为开发管理子系统、运营管理子系统和保护管理子系统（张永超，2013；冯志军，2015；陈伟，2016；杨早立，2016）。

2. 知识产权管理系统的内在机制

国内学者基于不同研究主体或研究视角针对知识产权管理机制展开了研究，分别构建了产业创新战略联盟（王宇红，2015）、企业（杨志祥，2009）、高校（周竺，2003）、科研机构（王丽贤，2009）的知识产权管理机制。也有学者基于知识转移（张海涛，2010）、知识溢出（李伟，2015）视角分析协同创新中知识产权的管理机制。国内针对知识产权管理系统的内在机制相关研究主要集中以下几个方面。

（1）知识产权许可转让机制。国内大部分学者从专利许可视角研究知识产权转让及许可问题，其中有学者从定性角度分析专利许可的微观交易机制（包海波，2007）、信息隐匿（方放，钟凤，2017）、制度构建（朱雪忠，李闯豪，2018），制度价值（陈琼娣，2018）；也有学者通过构建定量模型分析专利许可策略，如刘利和朱雪忠（2011）采用博弈模型分析专利联营许可行为的内在机理；洪结银（2018）通过构建两阶段博弈模型分析互补性专利联盟的讨价还价许可策略；此外，还有学者从技术演化视角分析专利许可策略（肖延高，2011）；从动态博弈视角分析专利技术许可模式及其绩效（苏平，2010），分析技术竞争（李明，2019）对专利许可策略及行为的影响。在知识产权转化机制方面，有学者定性地提出从运营模式、方法和途径等方面（李俊杰，2018）、知识产权实施权制度（宋河发，2016）、或基于融合竞争与激励效应（田富强，2018）、或从成果转化的共享机制和成果转化平台等（陈一孚，2018）方面构建知识产权转化机制；也有学者基于一定理论及数理模型剖析知识产权转化，如戚刚（2017）基于新经济学理论，从交易成本视角，分析知识产权转化的影响因素，提出了推进知识产权转化的路径。

（2）知识产权合作共享机制。专利合作是知识产权合作最常见的一种形式，许多学者从专利共享角度展开研究。如有学者从专利许可制度、建立专利联盟、优化利益分配等方面设计专利共享机制（刘艳，2018）；设计专利池的治理机制（张胜，黄欢，2018）。同时，随着研发企业间的同质竞争日益激烈，以战略利益共同体形式加入知识产权联盟成为许多企业的运营策略，通过风险共担、利益分享的方式，实现知识产权合作共享，从而有效整合研发资源，提高资源利用率。许多学者从理论上定性分析了知识产权联盟的运营模式（李明星，张梦娟，2016）和发展态势（陆介平，2016）。由于专利联盟是知识产权联盟的核心，很多学者从专利视角，研究专利联盟的形成机理、运行机制、影响效应。在形成机理方面，不少学者针对专利联盟形成困境及边界条件等展开了研究，如有部分学者从公共产品供给（杜晓君，2011）、网络外部环境（王怀祖，2011）、单一市场结构（梅开，2009）和专利标准化（姚远，2010）等分析联盟形成条件、模式及特点。也有学者分析不同类型专利联盟的形成问题，如基于进化博弈分析竞争性专利联盟的形成条件和因素（杜晓君，2010）、构建概率模型分析双竞争性专利联盟形成问题（罗猷韬，2013），考虑产量竞争探讨互补性专利联盟形成问题（王怀祖，2008）。在专利联盟的运行机制方面，姚远（2011）从联盟的入盟宽度、形成模式等方面对比分析商业型和公益型产业专利联盟的不同运行机制的适用条件和特点；王珊珊（2016）采用可拓模型分析了联盟内的专利冲突问题。在影响效应方面，部分学者探讨了专利联盟对企业的竞争效应（朱振中，2007；杜晓君，2011）、序贯创新效应（杜晓君，2011）、累积创新效应（罗猷韬，2016）的影响作用。

（3）知识产权收益分配机制。在收益分配机制方面，有学者研究了联盟内许可费分配形式（牛巍，2013）、产业技术标准中的许可收益模式（徐明，2012）、市场力量与谈判能力对收益分配的影响（柯忠义，2012）和影响收益分配比例的因素（任声策，2007）等问题，研究基于信号博弈分析收益分配比例的信号传递作用（岳贤平，2016）或存在逆向选择条件下差异化分成比例（岳贤平，2015）对收益分成策略的影响。也有学者融入了定量分析方法，探讨知识产权联盟的利益分配机制，如苏卉（2013）基于改进的 Shapley 方法分析知识产权联盟的利益分配问题，田文勇和余华（2017）基于动态博弈构建讨价还价模型分析企业和科研院所之间的知识产权利益分配问题。

3. 知识产权管理系统演化相关研究

学者们针对知识产权管理系统演化研究并不多见，大多集中在政策演化、系统协同演化、系统优化、系统运行绩效评价等方面。如有学者利用演化博弈理论分析知识产权保护策略的演进过程及其稳定状态（杜巍，2010），从政策主体系统、政策客体子系统和政策运行子系统之间的协同机理，揭示系统内部政策协同的演化规律（杨晨，2016），基于序参量法或复合系统协调度模型测度区域知识产权管理系统的协同运行情况及演化规律（陈伟，2011，2016；于丽艳，2013；李潭，2012），基于耗散理论构建关联熵和运行熵测度模型测度系统运行效率及其演化态势（杨早立，2016），从知识产权战略形成、发展、成熟和完善的过程分析知识产权战略在防御型和跟进型演进阶段中的规律及特点（相丽玲，2009）；有学者从微观、中观和宏观层面考虑主体作用，研究知识产权战略与形象两个系统在目标、文化、组织和制度间的协同，从而实现共生演化过程（邓艺，2014），从系统形成、系统调优和系统发展与演进等方面给出了知识产权管理系统优化策略（黄国群，2011），利用三摆耦合模型分析知识产权管理系统要素之间的耦合关系（陈伟，2007）。

1.2.3　国内外研究动态综述

综观国内外有关知识产权管理系统相关研究，可以发现该领域的研究内容十分丰富，为促进区域知识产权管理系统有序运行、协同发展，增强国家知识产权管理系统整体效能提供了现实指导。然而，有关知识产权管理系统的演化的研究较为少见，尤其是基于系统论和演化博弈理论的知识产权管理系统的演化机理及多主体视角下知识产权管理系统演化的机制设计等研究仍然罕见，需要做进一步探讨和研究。

（1）基于多主体视角的知识产权管理系统研究有待开拓。国内外关于知识产权管理系统的研究主要为系统构建、内在机制等基础性研究，从多主体视角针对知识产权管理系统的研究仍然是一个新方向。由于知识产权管理系统是一个由多个主体构成的管理系统，它的核心是管理，而管理的实施者即系统主体、系统的形成及运行是系统内的多主体相互作用和相互影响的过程，因此系统主体直接决定了系统的管理绩效，为了提高系统的整体运行效率，加快实施知识产权战略，促进国家、产业及企业创新发展，从多主体视角深入剖析知识产权管理系统的主体构成、属性及功能等，并在此基础上分析系统的演化发展，有利于从根本上挖掘知识产权管理系统的演化机理，为进一步优化知识产权管理系统，有效实施知识产权管理战略提供借鉴。因此，从多主体视角研究知识产权管理系统是十分必要的。

（2）基于复杂系统思想的知识产权管理系统演化机理的研究有待开拓。有关知识产权管理系统演化方面的研究仍处于探索阶段，相对于企业或产业系统、创新系统及创新联盟等复杂性经济系统而言，其研究的广度和深度均需进一步加强。鲜有学者能够基于复杂系统思想及理论探究知识产权管理系统演化的基本原理，以及演化的条件、方式和路径等问题，融合复杂自适应系统理论、耗散理论和协同等理论，针对知识产权管理系统演化的耗散结构形成条件判定。系统演化的分岔、突变和涌现等路径方面研究仍然不够。从复杂系统和自组织视角，深入剖析知识产权管理系统演化的基本原理，从演化条件、演化方式、演化路径和演化过程等方面分析知识产权管理系统的演化机理，有利于充分挖掘知识产权管理系统的内部动态发展变化，为促进知识产权管理系统的稳定有序演化提供依据。因此，基于复杂系统思想的知识产权管理系统演化机理的研究有待进一步开拓。

（3）基于动态视角的知识产权管理系统演化的机制研究有待进一步丰富。大多数学者侧重从静态视角研究知识产权管理系统的构建、运行等，却鲜有学者能够从动态视角研究知识产权管理系统演化的机制。大部分的相关研究侧重于采用定性方法或理论分析知识产权管理系统的结构、系统评价体系或子系统协同发展等，其中只有少数学者能够通过构建一定的数量模型，定量研究知识产权管理系统的协同发展，很少有学者能够剖析知识产权管理系统演化的动力机制、共生机制、协同机制等。探究知识产权管理系统演化的动力机制，探寻系统演化的驱动因素，可以促进国家、产业或企业的创新发展；剖析知识产权管理系统演化的共生机制，可以提高知识产权管理效率，促进知识产权联盟的形成；探究知识产权管理系统演化的协同机制，有益于系统主体、子系统之间的协同发展，有利于区域知识产权管理协同发展、区域经济协调发展。因此，基于动态视角的知识产权管理系统演化的机制研究有待进一步丰富，以保障知识产权战略的有效实施。

1.3　研究内容及研究方法

1.3.1　研究思路

本书基于多主体视角，按照知识产权管理系统的"系统演化概念模型—演化机理分析—演化机制设计"的脉络从宏观层面分析知识产权管理系统演化问题，研究思路如图 1-1 所示。

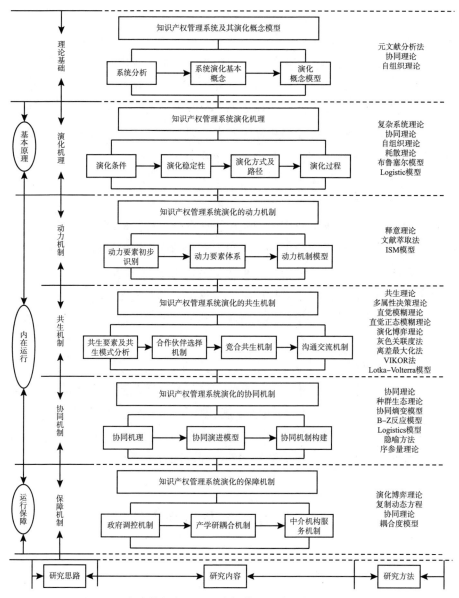

图 1－1　多主体视角下知识产权管理系统演化机制研究思路

1.3.2　研究内容

本书共分为 7 个章节，归纳为三个部分：理论基础、机理分析、机制设计。具体研究内容如下。

第一部分为理论分析部分，包括第 1、第 2 章。第 1 章介绍研究背景、目的和意义，梳理并综述了国内外知识产权管理系统方面的研究动态，指出研究内容及研究方法；本章基于系统论和复杂适应理论概括了知识产权管理系统的内涵及特征，并从主体要素、客体要素和资源要素三个层面分析知识产权管理系统的构成要素，界定有关知识产权管理系统及其主体的构成、功能，基于自组织理论、协同论和耗散理论等，阐述知识产权管理系统演化的基本概念，构建知识产权管理系统演化的概念模型。

第二部分为机理分析，包括第 3 章。首先，基于布鲁塞尔模型分析我国知识产权管理系统耗散结构形成条件；其次，基于尖点突变和熵理论对知识产权管理系统的稳定性进行分析判定；在此基础上，从自创生、自重组和自稳定三个层次，分析知识产权管理系统的演化方式；深入剖析知识产权管理系统演化路径，通过系统演化的路径依赖理论，进一步解析知识产权管理系统演化的分岔、突变和涌现、适应路径；最后，基于 Logistic 方程来剖析知识产权管理系统演化的过程，并根据种群生态理论剖析耦合系统发展的演进阶段。

第三部分为机制设计部分，包括第 4、第 5、第 6 和第 7 章，主要从动力机制、共生机制、协同机制、保障机制四个方面进行机制设计。（1）在动力机制设计上，首先根据文献萃取法、释意理论和 ISM 模型等识别并确定知识产权管理系统演化的动力因素，然后基于 SFP 思想构建系统演化的动力机制模型，对我国知识产权管理系统演化的动力机制内部构成、功能及运行原理进行剖析。（2）在共生机制设计上，结合知识产权管理系统的主体类型，分析系统演化过程中的多主体共生要素、模式及行为等。分别从共生单元、共生界面和共生网络等方面剖析多主体视角下知识产权管理系统演化的共生要素；将多主体之间的共生模式划分为竞争共生、合作共生和竞合共生三种类型；基于直觉正态模糊理论、灰关联方法和离差最大化法等分析系统主体合作伙伴选择行为；基于演化博弈理论，研究知识产权管理系统内部多主体的共生竞争合作行为。（3）在协同机制设计上，首先构建系统协同熵变模型，分析知识产权管理系统演化的协同机理，在此基础上，基于序参量理论、协同理论等，利用隐喻方法，并结合 B-Z 反应模型构建知识产权管理系统演化的协同模型，深入剖析知识产权管理系统协同演化的过程和规律，并以我国知识产权管理系统为例，对我国 30 个省份的知识产权管理系统协同演化进行实例分析。(4) 在保障机制设计上，分别从政府调控机制、产学研耦合机制和中介机构服务机制等方面构建知识产权管理系统演化的保障机制。首先，采用演化博弈理论构建政府调控模型，并采用数值仿真进行模拟分析，在此基础上，从政府引导、监督和环境保障层面构建政府的宏观调控机制。其次，对知识产权管理系统演化过程中的产学研协同创新耦合机理进行剖析，在此基础上，分别从纵向国家整体视角和横向区域视角，采用耦合度模型测度我国整体和 31 个省份的产学研协同创新系统耦合协调水平，并提出了产学研协同创新耦合机制的三个子机制。最后，进行知识产权中介机构的服务分析，并构建知识产权中介机构的服务机制。

1.3.3　研究方法

本书综合运用多种理论与方法，通过数据收集、理论建模和归纳演绎等方式对多主体视角下知识产权管理系统的演化进行研究，具体应用的理论及方法如下。

1. 文献萃取法和元文献分析法

运用元文献分析法和文献萃取分析法综述知识产权管理系统相关研究现状，基于自组织理论和复杂系统论，并结合已有的研究成果构建知识产权管理系统，界定知识产权管理系统主体的含义、构成及功能类型；通过萃取已有文献，初步识别影响我国知识产权管理系统演化的动力因素。

2. 理论建模及数理建模法

根据耗散理论、布鲁塞尔模型，构建知识产权管理系统的耗散结构生成机制模型，揭示知识产权管理系统的耗散机构形成条件；运用 ISM 方法确定知识产权管理系统演化的动力因素，识别影响知识产权管理系统演化的主要动力因素；基于多属性决策理论、直觉正态模糊理论、灰色关联度和离差最大化法、妥协排序法等方法，构建知识产权管理系统多主体共生的合作伙伴选择决策模型，剖析主体合作伙伴的选择决策行为；基于演化博弈理论和复制动态方程，构建政府宏观调控模型，进一步设计知识产权管理系统演化的政府调控机制；基于变异系数法和熵权法的组合赋权法，确定我国产学研协同创新评价指标体系权重，在此基础上，采用耦合度模型测度我国全国和 31 个省份的产学研协同创新系统耦合协调水平。

3. 类比隐喻法和质化分析方法

类比化学领域经典的 B-Z 反应过程和管理学领域的知识产权管理过程，借助隐喻手法构建我国知识产权管理系统协同演化模型，分析知识产权产权管理系统内子系统之间协同演化过程和规律；根据共生理论，类比隐喻生物种群中共生关系与知识产权管理系统中的多主体共生关系，分析多主体之间的共生合作与竞争行为；运用释意理论和 ISM 模型等质化分析方法识别知识产权管理系统演化的动力因素。

4. 算例分析和仿真方法

采用 Matlab 软件对我国 30 个省份的知识产权管理系统演化的协同模型进行仿真分析，剖析我国不同区域的知识产权管理系统协同发展情况；运用 Matlab 软件仿真分析知识产权管理系统演化的政府宏观调控行为，为构建政府调控机制提供基础；利用算例仿真分析知识产权管理系统多主体合作伙伴选择行为，验证构建的合作伙伴选择行为模型的有效性和合理性。

1.4　主要的创新之处

1. 构建了知识产权管理系统演化机理的理论模型

基于耗散理论和复杂系统理论、Brusselator 模型等，分析知识产权管理系统的耗散结构及其演化机理，并从多主体管理视角构建了知识产权管理系统演化的概念模型。与以往研究成果相比，在知识产权管理系统模型构建方面突出了系统多主体视角，在系统演化机理模型构建方面进一步丰富了模型的层次，为后续的知识产权管理系统演化的运行机制和保障机制设计研究提供理论基础。

2. 识别知识产权管理系统演化的动力因素

基于释意理论、ISM 模型等研究方法，识别出推动知识产权管理系统演化的内部驱动力、外部拉动力和主体推动力等因素，并构建了知识产权管理系统演化的动力机制模型。相较于以往研究系统动力机制中单一定性阐述分析动力因素，本书通过质化研究及组合分析方法识别推动知识产权管理系统演化的因素，能够更全面和合理地确定知识产权管理系统演化的动力要素。基于 SFP 架构思想深入挖掘出推动知识产权管理系统演化的动力作用原理和过程，揭示知识产权管理系统演化的规律。

3. 构建知识产权管理系统演化的主体共生行为模型

运用多属性决策理论、直觉模糊理论、离差最大化法、妥协排序法等多种数学理论及方法构建了知识产权管理系统演化的主体合作伙伴选择模型，分析主体共生合作伙伴选择决策行为；基于演化博弈理论构建了知识产权管理系统演化的多主体共生竞合行为模型，探讨了主体共生合作与竞争行为。与以往研究相比，本书从多主体视角分析系统主体之间合作、竞争行为，挖掘知识产权管理系统演化过程中的主体作用，更加有效地剖析系统主体合作选择行为和竞合行为的动因、模式，从而深入识别知识产权管理系统的主体地位，为政府和企业等主体进行科学决策提供理论支持。

4. 揭示了知识产权管理系统演化的协同机理及演进趋势

基于 B-Z 反应模型和隐喻方法构建了知识产权管理系统演化的协同模型，揭示了知识产权管理系统协同演化发展态势；与以往研究成果相比，本书在知识产权管理系统演化的协同机制方面，突出了其动态性、系统性和主体性特征，结合仿真分析和实证分析，对我国知识产权管理系统各个子系统之间的协同演化展开研究，充分挖掘我国知识产权管理系统协同演化的内在机制，深入反映我国知识产权管理系统演化的协同发展状况。

第 2 章 知识产权管理系统及其演化发展

2.1 知识产权管理系统的内涵、结构及特征

2.1.1 知识产权管理系统的内涵

系统论诞生于 20 世纪 50 年代，起源于奥地利科学家贝塔朗菲所提出的"一般系统论"，该理论主要研究的是整体或整体性问题，是关于整体的一般性科学，认为"系统"的含义是指具有相互作用关系且与环境发生关系的成分组成的整体。虽然该理论对系统的概念进行了界定，但没有考察整体的功能和特性，在其研究的基础上，有学者提出系统是由多个组成元素或部分构成、具有一定功能特性的事物。然而在经典系统论中，常混淆了系统与整体的概念，忽视了整体与部分之间的关系。后来，系统论得到了快速发展，从经典的一般系统论发展到现代系统论。在现代系统论中，研究内容侧重于整体与部分之间的关系，并且严格区分了"系统"与"整体"两个概念，认为系统是整体和部分的有机综合集成，且指出了系统论不仅仅关注系统的整体性，而要考察它与内部各组成部分（属性、功能和特征）、结构、环境等相互作用关系。在现代系统论中，有学者指出，系统的范畴不仅涉及现实世界中的客观事物，而且包含人类组织起来的客观世界或事物。可见，系统类型是多种多样的，既可以是客观存在的实体系统，也可以是较为抽象的虚拟系统，从人类参与作用的视角来看，系统可以分为自然系统（如人体免疫系统、生态系统等）、人造系统（如交通系统、金融系统、社会系统等）以及复杂系统。其中，复杂系统是人造系统和自然系统的有机结合，

该类型系统既具有一般简单系统的整体性、层次性、相关性、目标性等特征，也具有开放性、协同性、复杂性等特性。

知识产权管理是实现知识产权创造、运用的过程，该过程既包含对"知识产权"的创造、保护、运用等管理活动，又包含对虚拟的"关系"（如高校、企业之间合作创新关系、企业竞争关系等）的管理活动，因此，从知识产权创造链的视角来看，它是知识产权客体（由专利、商标及版权等组成）系统、知识产权开发主体（由企业、高校、科研院所等组成）系统、知识产权资源（由资金、人才、信息及技术等组成）等重叠作用的一个复杂系统；从知识产权活动过程视角来看，它是一个由知识产权开发管理、运营管理与保护管理子系统等综合集成的复杂系统。基于相关学者对知识产权系统、知识产权产权管理内涵的界定，本书从知识产权活动过程的视角，界定知识产权管理系统的含义为：知识产权管理系统是在一定外部环境中，为了实现知识产权有效运营目标，在多个主体要素、多种客体要素和资源要素共同作用、相互影响下，由知识产权开发管理、知识产权运营管理及知识产权保护管理等子系统相互配合、相互协调，形成的各主体要素间、子系统间、系统与外部环境间一种相互作用、相互影响的有机综合体。

为了更为深入探究知识产权管理系统的内涵，本书对知识产权管理系统的含义进行具体解析，概括出其以下主要属性。（1）该系统是一个具有管理效能的复杂性系统；（2）该系统由相互联系、相互作用的三个子系统所组成；（3）系统内的主体要素包括参与知识产权活动的一些企业、高校、科研院所、政府和中介服务机构等，是系统运行发展的根本驱动力，不仅对系统客体要素和资源要素等实施管理行为，同时与外部环境不断地进行信息、能量的交流互动；（4）系统内客体要素主要是通过知识产权活动所创造产生知识产权（如专利、商标、版权合同等）及其商业化后形成一系列知识产权产品（高技术新产品、新技术等）；（5）系统内资源要素主要包括资金、人才、物质、信息、技术等，是系统内主体要素实施管理行为过程中的媒介，也是系统与外部环境进行能量交换的重要纽带。在知识产权管理系统内，主体要素（企业、高校、科研院所、政府及中介机构等）对系统内资源要素（资金、人才、物质、信息、技术等）进行有效的计划、组织、协调及控制等，从而创造出一系列知识产权（如专利、商标、版权合同等）及其衍生的知识产权产品等客体要素，实现知识产权有效运营、市场化的管理目标。

2.1.2　知识产权管理系统的构成要素

通过解读知识产权管理系统的内涵可知，知识产权管理系统内部包含各种主体要素、客体要素和资源要素等，是一个由具有不同功能、相互作用的子系统构成的复杂性系统。知识产权管理系统正是通过其各个要素之间、子系统之间和系统与外部环境之间的相互作用，促进系统结构发生的改变，推动系统运行发展。下面分别从系统的主体要素、客体要素和资源要素三个层面阐述知识产权管理系统的构成要素。

1. 主体要素

知识产权管理系统的主体要素是系统内支配管理行为和实施知识产权活动的企业、高校、科研机构、政府职能部门和中介服务机构等，这些主体要素在系统中有不同功能。其中，企业、高校、科研机构作为知识产权管理系统中的知识产权创造的主体要素，通过产学研合作不断地进行学习交流，促进知识共享、知识转移和知识传播，实现知识流、技术流及资金流在主体之间流动，不仅可以培养大量研发人才，而且开展新技术、新产品的研发，是支撑系统正常运行的关键主体；中介服务机构是知识产权管理系统中服务型的主体，为其他主体等提供代理、咨询等服务，为实现知识产权交易及许可、转让提供服务平台，也是系统良好运行的辅助主体；政府是知识产权管理系统主体的政务型主体，它通过营造良好的政策环境，制定相关知识产权制度、政策，强化知识产权保护，来保障知识产权开发、运营活动的有序开展，如图 2－1 所示。

（1）企业。在知识产权管理系统中，企业的主体功能主要体现在技术创新投入、知识产权研究开发、知识产权成果的商业化等。企业创新投入是在人、财、物等方面的投入，从而保障知识产权产品的研发；由于企业内部具有一定规模的资金及资源结构，企业的知识产权开发活动主要是通过充分利用研发资金，引进研发人才，积极研发新技术、新产品，创造出一系列专利权、商标权和著作权等知识产权。知识产权成果商业化是知识产权转化为经济价值和创造收益的具体途径，技术的转化与应用是企业通过对研发出来的知识产权进行技术交易、许可转让或技术支撑等，广泛应用于其他企业和产业发展的过程。其中，技术的吸收与转化、知识产权成果商业化等，需要高校和科研院等提供研究支撑，同时政府相关部门提供良好的政策环境。

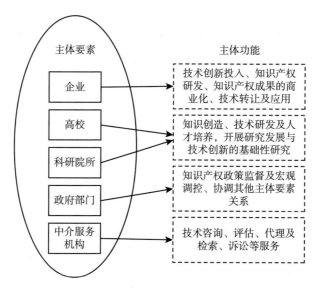

图 2 – 1　知识产权管理系统主体要素及功能

资料来源：作者根据相关研究整理绘制。

（2）政府部门。政府部门是知识产权管理系统中一类特殊的主体要素，具有政务性和宏观调控的功能。政府部门作为国家行政机关和权力机构，在知识产权管理工作中起到协调和规范作用。政府部门是影响知识产权管理系统发展方向和轨迹的政务型主体，具体体现在：政府相关部门制定知识产权管理制度法规，规划知识产权战略；不同地区的政府机构部门针对本地区经济发展、产业及企业发展规模等，因地制宜地颁布区域内产业知识产权管理战略方针、实施知识产权保护举措，进而促进区域内知识产权管理的综合效能，同时不同区域之间政府部门通过协调人才、财政资金及技术等资源要素，有效配置和优化资源布局，促进区域之间知识产权活动协调发展；此外，政府部门作为其他主体的引领者，可以通过知识产权权益保护、政策补贴等政策倾斜性措施，鼓励具有一定研发基础的高校、科研院所以及具有雄厚资金的企业等主体要素积极加入系统，参与知识产权开发管理、运营管理与保护管理活动。

（3）高校与科研院所。在知识产权管理系统中，高校与科研院所是实现知识产权产出的核心主体要素，其主要功能是开展研究发展与技术创新的基础性研究，培养知识产权人才、进行技术研发。高校及科研院所通过培养一批高素质的知识产权人才，完善相关理论知识体系，进行科技成果转化及应用研究，从而适应日趋发展的新技术和新产品需求。因此，高校及科研院所作为具有研发基础的学研机构，常常与拥有雄厚资金和较强资源配置能力的企业合作，形成产学研合作联盟，开展专利、商标、版权等的研发，从而实现理论成果向实际应用的转化。

（4）中介服务机构。中介服务机构为知识产权管理活动提供代理、检索、咨询、评估等服务，是知识产权管理系统内部其他主体要素之间联系的重要纽带。中介机构为系统内企业、高校、科研院所等主体提供服务，中介服务机构培养了一批熟练掌握知识产权法律法规的专业人才，并且拥有熟悉国际知识产权规范和实务技能的知识产权代理人和律师，能够提供高质量的知识产权代理、咨询及评估等服务，进而为实现知识产权成果的商业化运作提供条件。

在知识产权管理系统中，主导系统运行和演化发展的核心要素是系统主体，不同主体要素发挥的功能具有差异，对于一个企业或产业、区域或国家层面知识产权管理系统而言，不同主体类型的交互作用构成知识产权管理系统网络，整个系统网络的运行、演化及发展具有多样性、多元化特点。基于生物种群理论，从主体类型的一致性角度，可以将知识产权管理系统的多主体类型划分为同质型主体群落、异质型主体群落和混合型主体群落三种，如图 2-2 所示。其中，同质型主体群落在系统内的功能作用相同的主体所构成的集体，虽然它们在规模、性质上可能存在一定差别，但是在整个系统中的扮演的角色是一致的。异质型主体群落是系统内不同功能属性的主体构成的集体，它们之间通过合作，资源共享、转移和整合等方式，组建产学研合作联盟、知识产权联盟等，推动系统整体的有序发展。混合型主体群是同质型和异质型主体的"共同体"，通过同类型、不同类型主体要素之间的沟通合作，充分发挥其竞争合作关系，推动系统的演化发展。

2. 客体要素

知识产权作为一种财产权，是人类智慧的创新成果。"知识产权"概念最早是在 17 世纪中期由法国学者卡普佐夫提出，在其基础上，比利时学者认为知识产权是"一切来自知识活动的权利"。国内外有关知识产权的概念界定并没有达成一致，从广义上来看，主要采用列举或抽象的方式对其进行了定义，如国内有学者提出知识产权是包括著作权、商标权、专利权、发现权、发明权、商业秘密、地理标记及厂商名称等智力成果权的总称。在《世界知识产权组织公约》（WIPO）中，知识产权包括著作权及邻接权、专利权、工业品外观设计权、商标权等。众多组织机构及学者结合法学理论，对知识产权的含义进行了高度抽象化概括，有学者提出知识产权是人们对其创造的智力劳动成果和经营管理活动中的标记、信誉依法享有的权利。

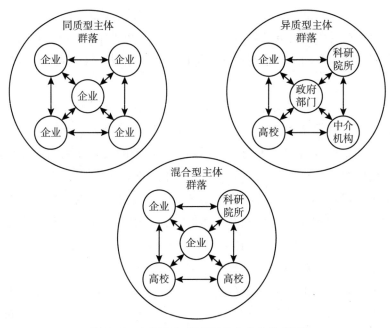

图 2 - 2 知识产权管理系统中多主体类型

资料来源：作者根据相关研究整理绘制。

以上有关知识产权含义的解读主要是从广义层面上进行的。由于在知识产权开发、运营及保护活动过程中，专利、商标、著作权等知识产权是知识、信息、技术等智力因素的具体形态，更具有独占性、法律性及权威性等特征，同时相关数据便于统计及获取，因此本书中知识产权管理系统的客体要素指系统内主体要素在管理过程中的作用对象——知识产权，它是知识产权开发管理、运营管理和保护管理职能的实施对象，具体包括专利、商标和版权等，如图 2 - 3 所示。

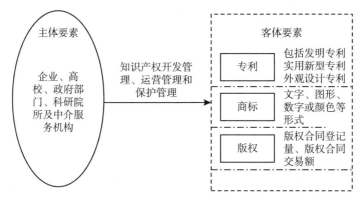

图 2 - 3 知识产权管理系统客体要素

资料来源：作者根据相关研究整理绘制。

（1）专利。专利是国家机构依法授予专利申请人在一定时期内独占实施其发明创造的权利。在专利保护时期内，禁止其他人进行使用、销售或制造已获得专利的发明成果。专利主要包括发明专利、实用新型专利和外观设计专利。其中，发明专利是针对产品、方法或改进的发明所提出的新技术方案；实用新型专利是对产品的形状、构造或两者结合所提出的具有适用性的新技术方案，它仅适合于有形产品的发明；外观设计专利是对产品的形状、结构或图案、色彩等方面所做出的新设计，一般适用于工业。

（2）商标。商标是商品标记的简称，是某商品（或服务）的生产者或经营者为了区分其经营的商品（或服务）与其他生产者或经商者的商品（或服务），对其进行文字、图形、数字或颜色等形式的标记，从而使得商品或服务具有显著性和法律保护效力。商标作为一种标记，需要附属在商品或服务上，一般应通过商标主管机关核准进行注册，所有权人才具有该商标的专用权力，其他企业或销售者等不能在同类型产品或服务上采用该注册商标或相似的商标。注册商标受到法律保护，所有权人具有该商标的商标专用权。

（3）版权。版权，即著作权，是指文学、艺术或者科学作品的作者及与其相关的企业、机构等著作权人依法对作品所拥有的财产权和人身权的总称。作者完成创作之后，即拥有了作品的版权，享有对其发表、出版和取得报酬等权利，其他主体如果对其进行复制改编等需要经版权所有人许可。作品作为一种智力创造成果，是创作者的财产，同时受到法律保护。根据国际公约，世界许多国家都将著作权等价于版权，因此本书统称其为版权。

3. 资源要素

在知识产权管理活动中，系统与外部环境源源不断地进行知识、技术、信息及能量交换，这些资源是知识产权管理系统内各主体要素在实施知识产权管理活动中所依托的具体对象，为知识产权管理活动提供支撑。因此，本书界定知识产权管理系统的资源要素主要包括有形资源和无形资源两个方面。其中，有形资源主要指资金、人才；无形资源主要指知识、技术和信息等。知识产权管理系统的资源要素构成如图2-4所示。

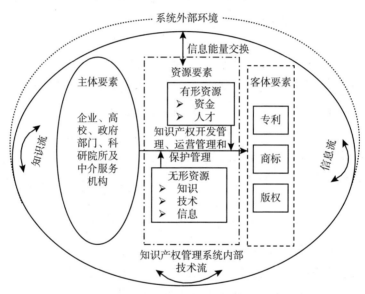

图 2 - 4　知识产权管理系统内资源要素构成

资料来源：作者根据相关研究整理绘制。

（1）无形资源要素。无形资源要素是知识产权管理系统所拥有的知识、技术和信息等，是系统在发展过程逐渐积累或者形成的重要资源，此类要素对于系统发挥对知识产权的研发管理、保护管理、运用管理等管理职能等具有重要作用。其中，知识是系统无形资源要素中最基础的资源，对于知识产权的创造具有决定性作用。从获取和传递的难易程度来看，知识主要分为显性知识和隐性知识，知识产权作为一种知识资产，本质上属于一种显性知识。在知识产权开发、创造和运营活动中，除了需要对知识进行应用、转化，更多的是知识的创新过程。整个过程需要高校、科研院所等主体要素对知识存量不断地转化、扩充，增加知识应用价值，用于知识产权的再创造；因此，知识是知识产权的源泉，只有通过对知识的获取加工、存储积累、传播共享等，才能最终实现知识溢出及创新，从而实现知识产权的显性成果产出。

技术是伴随知识产权开发、运营和保护管理活动，实现技术变革、技术改进及创新的基本单元。在知识积累的同时，对技术进行选择、吸收学习、交易及转让等，从而为实现知识产权产品或服务产出提供保障。一方面，利用积累的较为先进、成熟的生产工艺、加工流程等技术手段，用于知识产权研发管理；另一方面，通过对技术的引进、消化吸收、在此基础上对其进行整合、改进及创新，形成新技术用于自主知识产权的研发、创造过程。

信息的交互作用大大加速工业化进程，也推动了知识产权发展。信息主要是通过计算机网络的这一重要媒介，在技术创新、技术传播过程中实现了知识产权管理系统内外信息的流动和交换。近年来，知识产权信息量快速增长，传统的知识产权信息已经跟不上信息技术发展的步伐，在大数据背景下，为了降低知识产权信息传播成本、高效处理具有海量信息的知识产权管理工作，基于云计算、云平台的知识产权信息管理体系得到迅猛发展，为用户提供即时的知识产权信息和数据。企业、高校和科研院所等通过产学研合作、构建专利联盟及创新联盟等方式实现了信息共享、信息传播和信息转化，有利于知识产权的开发管理工作，同时，区域内企业、高校和科研院所等主体在政府相关部门的支持下，通过搭建知识产权管理综合平台，对专利、商标和版权等进行专业化管理，通过网络进行专利检索、审查及分析工作，即时获取、查询有关商标注册情况等信息，从而实现信息的公开、跟踪及监控等。

（2）有形资源要素。有形资源要素是包括资金、人才等影响知识产权管理系统运行效果的客观存在的实体投入资源，决定着系统内各个主体管理行为的实施绩效，是保障系统有序稳定发展的支撑要素。资金和人才等作为有形资源是研发投入的主要对象，对于系统内的企业而言，需要雄厚的资金和高素质专业化人才不断流入系统内部，以应对知识产权开发管理活动的周期长、难度大、成本高等问题，支撑系统的稳定运行。

资金是知识产权管理系统进行知识产权活动的前提和保障，资金流为系统内企业、高校和科研院所等主体要素实施知识产权的研发、运营提供基本条件。从资金来源来看，主要来源于企业、科研机构等自身研发资金的投入，政府财政支持以及金融机构。其中，企业、科研机构等主体要素自身研发资金投入主要是其在进行基础研究与应用、知识产权研发活动中通过自身固定资产投入、自筹方式获取的资金；政府相关部门的财政支持是一种通过宏观上的政策工具实施直接式资助，为企业 R&D 研发活动提供研发财政支出及补贴；金融机构的贷款是企业、高校和科研院所等主体要素研发活动资金投入的一种间接式的资助方式，它是知识产权研发资金来源的补充。

人才是支撑知识产权管理系统稳定运行的核心。知识产权管理系统内的人才是具备基本的知识产权专业知识及技能，并能从事知识产权开发、运营、保护及管理相关理论及实务的人才的集合，因此，可以将其统称为知识产权人才。根据人才知识结构和专业技能的差异等，可以将其细分为知识产权研发人才、知识产权保护人才、知识产权管理人才及知识产权应用人才等。其中，研发人才作为人才资源中的关键力量，其规模及结构影响着知识产权开发等活动的运行绩效。研发人才是具有一定专业技能、为知识产权研究与开发活动提供直接服务的技术人员。他们一般任职于企业研发中心或机构、高校及科研院所等，是整个知识产权管理系统的知识产权开发、运营及保护工作有序运行的关键。知识产权保护人才主要从事于知识产权司法审判、侵权纠纷实务处理等保护工作，主要包括知识产权律师、司法审判人员、行政执法人员等，他们需要具有扎实的法律基础知识和实务技能，并熟练掌握知识产权相关法律条例和国家知识产权政策制度等。知识产权管理人才主要从事知识产权公共管理事务、中介服务等工作。具体包括各级政府、企事业单位的知识产权管理机构或中介服务机构中的中高层管理人员、领导干部。知识产权应用人才是为知识产权成果转化、实现其商业化应用提供技术支持的专业人才，通常是企业研究人员、高校及科研院所从事知识产权研究的高素质人才队伍。

2.1.3 知识产权管理系统的结构解析

通过上述有关知识产权管理系统内构成要素分析可知，知识产权管理系统是由主体要素、客体要素以及资源要素共同作用、相互联系，实现知识产权开发、运营及保护活动的复杂管理体系。接下来，本书将基于系统论从多维子系统视角深入剖析知识产权管理系统的内在结构及功能。

1. 知识产权管理系统子系统划分

基于系统论和知识产权理论，从知识产权管理链的过程视角，可以将知识产权管理系统划分为知识产权开发管理子系统、知识产权保护管理子系统和知识产权运营管理子系统。其中开发管理子系统是新技术和新产品研发与创造系统，企业、政府部门、科研院所和高校等主体通过加大人力、知识、资本和信息等投入，进行新技术和新产品的研发，促进知识产权成果产出。知识产权运营管理子系统是通过知识产权的市场交易实现经济效益的价值实现系统，知识产权拥有者通过转让、出资和授权等交易行为，以及专利、版权和商标的侵权索赔行为，实现知识产权的商业化，从而发挥知识产权效益或价值。知识产权保护管理子系统是通过知识产权授权保护而得到法律认可的保障系统，通过对侵犯知识产权的行为进行诉讼、制止、赔偿和打击等管理活动实施知识产权保护的过程。

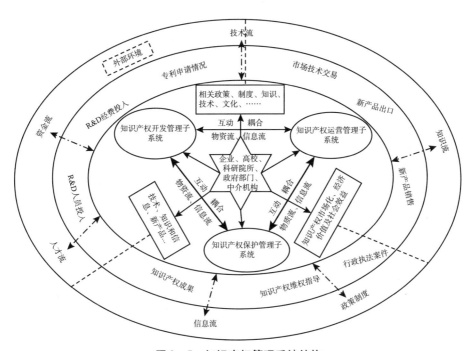

图 2 - 5　知识产权管理系统结构

资料来源：作者根据相关研究整理绘制。

从图 2-5 可以看出，知识产权管理系统并不是一个孤立的、静态的体系，其内部要素之间是相互作用、相互影响和动态关联的。政府部门、企业、高校、科研院所及中介机构等主体要素是保障系统运行的核心。其中，企业与高校、科研院所之间通过不断交流互动，利用人才、资金等有形资源，以及技术、知识及信息等无形资源等，实施研发投入，促进新技术、新产品的研发，在子系统内部、系统之间产生知识流、技术流、信息流及资金流等。中介服务机构作为辅助主体，为系统运行提供良好的服务咨询平台，为其他主体要素提供服务，是联系其他主体的桥梁；政府是系统的行政主体，它通过实施宏观调控手段，加强知识产权保护工作，制定知识产权相关法律制度，营造良好政策环境。系统内部主体之间通过不断进行知识、技术、信息等交流，彼此相互促进，有益于推动知识产权管理各个子系统耦合互动发展，从而促进系统整体稳定有序发展。同时，各个子系统、系统整体与外部环境之间也不断产生物质能量的交换。其中，在开发管理子系统中，企业、高校及科研院所等主体要素通过 R&D 经费、R&D 人员等投入，开发与创造出专利、商标及版权等知识产权成果，通过资金流、人才流等能量流来实现知识产权开发的产出；知识产权运营管理子系统在市场主体要素引导下，知识产权开发成果得到转化，通过新技术或新产品的形式，实现技术市场交易化，从而获得新产品销售的经济效益以及新技术所产生的一系列社会效益；在知识产权保护管理子系统中，政府部门制定相关知识产权保护政策，严厉打击知识产权侵权行为，维护其知识产权合法权益，保障知识产权开发、运营子系统以及系统整体的稳定有序运行。可见，各子系统虽然在功能作用上具有一定差异，但彼此之间相互联系、相互作用，各类型要素在子系统间流动，共同推动知识产权管理系统的运行发展。

2. 知识产权开发管理子系统

知识产权开发管理子系统是知识产权管理系统运行的前提与基础。知识产权开发是由系统内企业、高校及科研机构等主体依托一定的人力、资金、技术和知识等有形资源或无形资源投入，根据市场需求，制定开发目标、方案及规划，开展具有创造性的新技术、新产品等的研发活动，从而实现具有自主性及创造性的知识产权成果产出过程。可见，知识产权开发管理过程是在系统主体要素的研发、营销和监督等一系列管理行为的引导下，依托系统内部、外部资源要素的源源不断地供给和支持，实现知识产权成果等客体要素产出的动态管理过程。在整个知识产权开发管理过程中，企业、高校、科研院所等主体要素取得知识产权优势，实现其知识产权开发目标，并获得经济效益和社会效益。

知识产权开发管理子系统运行基本原理是：在市场需求及竞争优势作用下，开发主体要素结合自身的经济状况、研发能力、发展目标与战略规划情况，设定开发目标、规划，进行知识产权开发定位；在此基础上，通过知识、技术、人才及信息等资源要素，受知识产权相关政策制度、法律、文化等环境条件影响，实施知识产权开发模式选择、开发策略优化等管理行为，从而实现知识产权成果客体要素产出，如图 2 - 6 所示。

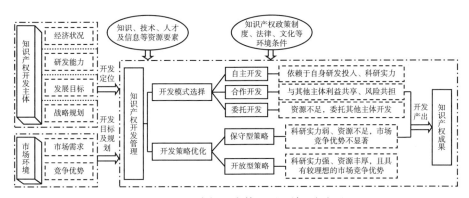

图 2 - 6　知识产权开发管理子系统运行机理

资料来源：作者根据相关研究整理绘制。

从图 2 - 6 中可知，知识产权开发管理的两个核心环节是开发模式选择和开发策略优化。其中开发模式主要包括自主开发模式、合作开发模式及委托开发模式三种。

（1）知识产权自主开发模式。知识产权自主开发模式是知识产权开发管理子系统内各个主体具备丰富的资源要素，研发资金、人才素质、知识及科技水平均可以作为知识产权开发的独立单位，进行知识产权创造、研发活动，并将知识产权成果进行商业化和产品化。自主开发模式依赖于相应主体要素自身的资源状况、研发投入及科研实力等，是一种具有垄断性和创造性的知识产权开发模式，其在给主体要素带来重大效益的同时也对其资源和研发要求严格。

（2）知识产权合作开发模式。知识产权合作开发模式是知识产权开发管理子系统中某个主体与其他主体要素通过构建创新联盟、合作伙伴关系，实现知识产权开发活动，共同创造、共享知识产权成果的一种合作开发方式。这种方式不仅可以实现资源优势互补、提高知识产权开发效率，而且可以有效减少资源分配不均、开发高风险及高成本所带来的开发风险性。在这种合作模式中，各个主体要素之间相互协调、相互配合，具有共同的开发目标，通过产学研合作、创新联盟等长期合作关系实现利益共享和风险共担。

（3）知识产权委托开发模式。知识产权委托开发模式是知识产权开发管理子系统中某个主体为了弥补自身在资金、人才等有形资源或知识、技术等无形资源要素的不足或缺陷，与其他主体要素建立委托契约关系的一种知识产权开发方式。其中最常见的委托形式，即企业因人才、技术、知识等资源不足，选择委托其他的具有高素质人才、高技术的优秀企业、高校或科研院所进行知识产权开发活动。在合作过程中，双方建立了委托契约关系，企业主要负责知识产权开发过程中的资金、设备等基层设施的投入，高校及科研院所主要负责技术支持、知识创新和人才培养，进行知识产权开发活动。在这种开发模式中，须借助委托协议约定主体要素之间的权利义务，避免出现知识产权使用权和所有权纠纷。

知识产权开发策略优化主要是针对不同发展规模、潜力的主体要素，采取差异化知识产权开发战略，从而有利于知识产权开发成果产出，获得理想的知识产权经营效益。针对系统内主体要素在资金、科研实力及市场竞争优势等方面的差异，可以实施知识产权保守型开发策略和开放型开发策略两种优化策略。

保守型开发策略。对于资金不足、科研能力较弱或市场竞争优势不显著的主体要素而言，要实施知识产权开发活动、创造一定的知识产权成果，其应当优化自身知识产权开发战略，优先选择保守型知识产权开发策略。该主体要素可以通过中介服务机构，在市场上及时获取相关信息，直接购买获得知识产权使用权利，或者通过委托形式由其他的企业、高校或科研院所进行知识产权开发，来克服自身科研能力弱、开发周期长、开发成本高等不确定性带来的风险。采用保守型开发策略对于主体要素的创新能力和开发能力要求严格，要求其能够较快掌握所委托开发的知识产权技术技巧，能够在引进消化吸收技术基础上进行自主创新，以获得持续竞争优势和市场效益。

开放型开发策略。对于资金丰厚、研发实力较强、市场竞争优势显著的主体要素来说，要保证持续竞争优势、占有稳定的市场份额，应当采用开放型知识产权开发策略。开放型知识产权开发策略对于主体要素的研发能力依赖性很强，如企业需要具有雄厚的资金基础，高校或科研院所需要具有较高科研实力作为支撑。在采用开放型知识产权开发策略时，相应的主体要素需要制定长期战略规划，明确开发目标、条件、市场竞争环境及未来趋势。对于未来发展趋势明晰的开发产品或技术，具有开发风险较低的特点，可以采用自主开发策略进行知识产权开发活动，通过模仿创新、吸收改进创新的方式，创造出具有独占性、垄断性的知识产权成果，获得知识产权经营效益；对于未来发展趋势模糊或者无法做出判断的知识产权开发产品或技术，一般具有较高的开发风险，可以采用合作开发或委托开发策略进行知识产权开发活动，从而有效规避开发高风险。

3. 知识产权运营管理子系统

知识产权运营管理子系统是知识产权管理系统运行关键。知识产权运营是在知识产权成果产出基础上，知识产权所有者通过采取一定运营方式，实现知识产权的市场化、商业化运作，从而充分发挥知识产权的经济效应和社会效益的过程的总称。在知识产权运营管理子系统中，各主体要素通过知识产权政策制度作保障，积极实施知识产权市场交易或成果转化，形成具有竞争优势的商品或技术，从而创造市场价值和社会效益。知识产权运营管理过程包括知识产权价值鉴定、价值衡量及预测和价值实现三个重要环节，如图 2 - 7 所示。

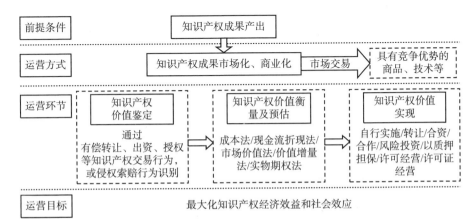

图 2 - 7　知识产权运营管理子系统运行机理

资料来源：作者根据相关研究整理绘制。

（1）知识产权价值鉴定。知识产权市场化交易行为顺利实施的一个前提就是准确鉴定知识产权价值，对于系统内主体要素而言，知识产权能够给其带来的经济效益或社会价值大小，如市场份额大小、经济利润水平、社会声誉及地位等，充分反映了知识产权价值的高低，决定主体要素的竞争优势和持续发展能力。知识产权价值鉴定环节是系统内相关主体要素在实施知识产权成果市场化、商品化的过程中，凭借着一定的交易方式或途径，如有偿转让、交叉许可、出资、授权等知识产权交易行为，或专利、版权和商标等知识产权侵权索赔行为，从而给相关主体要素带来的经济效益或社会效应的过程。

（2）知识产权价值衡量及预估。知识产权价值衡量及预估是知识产权运营管理子系统内主体要素采用一定的价值评估方法及评估体系对特定知识产权的价值或未来期望收益进行量化测度及估计过程。知识产权作为一种无形资产，需要通过市场价格来衡量其价值。此外，针对知识产权价值类型的差异、评估关键问题的区别，采用的知识产权价值预估方法也不同。常用的知识产权价值评估方法包括重置成本法、现金流折现法、市场价值法、价值增量法和实物期权法等。在实际应用中，系统内主体要素根据其市场发展前景、市场规模、运营环境等具体情况，选择适合的知识产权价值评估方法，以保证评估方法与评估价值类型、评估对象及目的相匹配。

（3）知识产权价值实现。知识产权价值实现是知识产权运营管理子系统内相关主体要素通过知识产权市场交易行为，实现知识产权的有效配置，并凭借拥有知识产权的权利，获得由知识产权价值所带来的经济效益、社会效益和市场竞争力的过程。为推进知识产权价值的实现，应加快知识产权成果商业化、产业化进程，系统内主体要素可以根据实施对象、转化收益及风险、成果权利等的差异，结合自身实际情况，采用不同的知识产权价值实现途径，如合资、转让、合作、风险投资、许可经营、质押担保等，实现知识产权价值收益、风险、权利的适配，进而最大化知识产权价值所带来的经济效益和社会效应。

4. 知识产权保护管理子系统

知识产权保护管理子系统是知识产权管理系统稳定运行的保障。从广义层面看，知识产权保护管理是具有知识产权权益和执法权力的主体要素，根据相关知识产权制度、法律法规，对侵犯知识产权的行为进行诉讼、制止、打击及赔偿等管理活动的总称；从狭义层面看，知识产权保护管理是企业、高校及科研院所等知识产权拥有者为占有并使用其所享有的专利、商标和版权等知识产权成果，利用行政执法和司法手段保护其知识产权及自身合法权益的行为。有效的知识产权保护管理，有利于相关主体在市场竞争中形成商品、技术竞争优势。知识产权保护管理是相关主体要素采用一定的技术手段、法律措施、管理行为以确保知识产权权益不受侵害，依法维护其所有和使用知识产权资产的过程。知识产权保护管理子系统基本架构如图 2－8 所示。

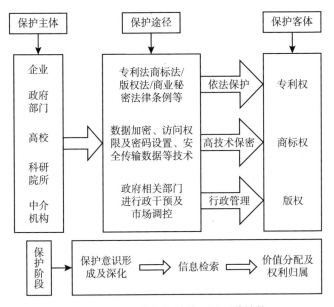

图 2－8　知识产权保护管理子系统结构

资料来源：作者根据相关研究整理绘制。

（1）知识产权保护主体和客体。知识产权保护主体是实施知识产权保护、纠纷处理、依法维护自身权利等行为的知识产权拥有者或服务机构，主要是指企业、政府相关部门、高校、科研院所及中介机构等；知识产权保护客体是主体要素进行知识产权保护管理的具体对象范围，具体包括专利、商标和版权、商业秘密、工业产权等。

（2）知识产权保护途径。知识产权保护途径是相关主体要素依据知识产权相关法律制度，或采用数据安全方面技术，以及实施差异化行政管理行为对知识产权加以保护的主要方法或手段。具体途径可以划分为依法保护途径、高技术保密途径和行政管理途径。

依法保护途径是在政府部门制定的相关知识产权保护法律制度和政策文件的基础上，企业、高校及科研院所等主体根据这些针对专利、商标、版权及商业秘密等法律条例保护其知识产权成果的方法；高技术保密途径是企业、高校及科研院所等主体要素通过数据加密、访问权限及密码设置、安全传输数据等技术方式，对自主研发的高技术及其衍生的知识产权产品实施特殊保护的方式；行政管理途径是指政府相关部门利用其行政干预职能手段，对知识产权相关资源要素在市场上的分配、知识产权成果利益归属等进行调控，从而保护相关主体要素的合法权益，保障知识产权成果的社会效益和经济效益。

（3）知识产权保护阶段。知识产权保护过程主要由知识产权保护意识形成及深化、知识产权信息检索和知识产权价值分配及权利归属三个阶段构成。其中，知识产权保护意识的形成及深化是保障知识产权保护管理工作顺利开展的基本条件。相关主体要素知识产权意识淡薄，不利于知识产权成果的市场化和商业化运作，知识产权开发、运营管理活动也将无法有序、稳定开展，整个知识产权管理系统将出现混乱、失衡状态。因此，企业、高校及科研院所等主体要素要积极在组织内部、行业内开展知识产权保护培训学习工作，提升相关人员及团队的知识、技术和信息保护意识，构建组织内知识产权保护监督机制及审查制度，深化知识产权权益保护意识。政府相关部门进一步完善知识产权保护政策制度，为其他主体要素深化知识产权保护管理提供政策保障。

知识产权保护管理工作需要建立完善的知识产权信息情报检索查新制度，对国内外相关领域知识产权信息进行检索和掌握，避免自身实施知识产权开发工作中出现知识产权纠纷或侵权违法事件。知识产权保护管理工作还需要明确知识产权价值分配及权利归属问题。合理分配知识产权成果带来的经济效益和社会效应，明确知识产权价值分配、权利归属，有效避免人为原因而导致的知识产权纠纷、流失等问题。对于企业、高校及科研院所等主体要素而言，应当与内部员工签订知识产权权益归属合同，明确其对知识产权的所有权，员工对知识产权成果具有开发职能和义务。对于产学研合作联盟等合作伙伴关系的主体要素，要签订权利明晰的知识产权保护及相关利益分配的契约或协议，对各参与合作的主体的知识产权归属问题进行严格明确规定，对知识产权成果的效益分配进行具体界定和约束。

2.1.4　知识产权管理系统的特征

基于上文中对知识产权管理系统内涵和结构的界定及解析，并结合相关学者针对知识产权管理系统的研究，以及复杂系统理论、协同理论及耗散结构理论等可知，知识产权管理系统具有以下特征。

（1）开放性。知识产权管理系统是一个与外界环境进行物质和能量交换的开放系统，伴随着知识、资金、技术、信息等输入及输出，各个子系统内部、子系统之间及系统与外部环境之间源源不断地进行物质能量的交换。在当前推进知识产权区域一体化、全球一体化的背景下，各区域知识产权管理系统内主体要素通过知识、技术、产品、数据等新生产要素合理流动、有效集聚，向各个区域知识产权管理系统传递知识产权资源、能量，促进各个区域知识产权事业稳定有序发展，激活知识产权管理系统创新活力，强化系统中各个构成要素、子系统的功能，推动知识产权管理系统演化发展。

（2）主体能动性。知识产权管理系统内部主体要素（企业、科研院所、高校、政府及中介机构）之间知识、技术及信息等相互交流、相互作用，促进主体要素之间的合作、利益分享和风险共担，形成功能互补、结构均衡的知识产权管理网络，主导子系统内部、系统与外部环境之间的交流互动，通过知识产权创造、保护和运用等一系列的主体行为，促进系统自发、能动地适应外部环境，及时诊断系统的环境适应能力及发展水平，并反馈发展状态以调节、控制系统的运行发展。知识产权管理系统的主体要素通过能动性发挥其功能作用，促进系统内部自发创造新知识、新技术、新信息等能量，推动系统演化发展。

（3）空间性。知识产权管理系统的空间性是由系统构成要素和系统网络的拓扑结构共同决定的。系统内主体要素、资源要素和客体要素等构成要素在系统内相互交流、相互作用，共同构成了空间立体网络。知识产权管理系统是具有松散耦合特征的网络组织，其中，企业、高校、政府部门、科研院所及中介机构等主体要素构成了系统网络的节点，不同类型主体要素之间的知识共享、知识转移、资源整合等合作关系或竞争关系构成网络的边。对于知识产权管理系统而言，不同类型主体要素之间形成的竞合关系决定了系统的拓扑结构，主体要素之间的合作关系强弱、地位差异等决定了它们之间联系的松散程度。

2.2 知识产权管理系统演化的内涵、特征及条件

2.2.1 复杂系统理论及其适用性

复杂科学理论是基于传统系统论发展起来的的前沿理论，它是研究复杂系统行为的科学，综合应用多学科理论方法解决系统的复杂性、演化发展等问题。普利高津首先将热力学第二定律应用于复杂系统的复杂性研究中，结合还原论和系统整体论，提出了经典的耗散结构理论。基于耗散结构理论，复杂系统由一系列相互作用、相互联系的子系统所组成，复杂系统具有典型的自组织性和适应性、开放性特征，与外部环境进行资源、信息及能量的交互。耗散结构是针对开放的非线性系统所产生的一种自组织稳定性结构，该类型系统不断与外界环境进行物质及能量的交换，在系统内部某个参量的变化达到阈值条件情况下，通过涨落，系统可能发生突变，从而使得系统由混沌无序的状态演化为一种在时间上、空间上或功能上有序稳定的状态。系统耗散结构的形成需要具有以下条件。

（1）开放性。系统通过与外界不断进行物资、能量的交换，才可能形成耗散结构。（2）远离平衡态。系统必须处于远离平衡的状态，才可能发生突变并向着有序状态演化。（3）非线性。系统内部元素及其子系统之间存在复杂的相互作用关系。（4）涨落现象。系统通过涨落现象实现系统整体的有序结构。满足这四个条件的系统，可能形成耗散结构，从而实现系统的有序发展及演化。这种耗散结构的形成可以通过物理热力学中熵的概念进行量化及客观判定。通常将耗散结构中熵效应分为熵增效应（熵产生）和熵减效应（负熵流入），其中熵增效应是指系统自身内部要素、子系统之间发展不均衡或者外界环境的要素输入的不可控等导致系统出现一定的紊乱现象，使得系统逐渐失去了有序性，脱离系统目标而处于难以控制的局面。熵减效应是系统与外界进行物质和能量的交换，产生的负熵不断流入系统，促进系统朝着平衡状态及有序方向发展，当负熵增加达到一定数值，能够抵消系统内部产生的熵增，从而实现系统向有序状态的演化过程。

"演化"最早源于生物学，描述随着时间变化，生物从低级到高级、从简单到复杂的发展过程。复杂系统理论中，针对复杂系统的本质特性——智

能性，即具有自组织和适应性特征。由此发展起来的复杂适应系统（CAS）理论为研究系统的复杂性、演化发展问题提供了一个崭新的思路。在霍兰（Holland）教授提出的 CAS 理论中，复杂适应系统具有七个典型特征及基本机制。（1）聚集性。同类的主体通过相互集聚作用，形成了更高级别的主体，这些聚集体之间相互作用通过黏合效应形成较高级别的聚集群体。（2）非线性。在复杂适应系统中主体要素之间、主体与环境因素之间的相互作用具有一种主动性适应关系，呈现非线性特征。这种非线性特征源自主体要素的主动性、适应性，且历史状态会影响未来发展态势，因此呈现出双向特征，使得系统呈现复杂性和反馈效应。（3）流。在主体要素、主体与环境之间存在着信息流、能量流、物质流等流的传递、扩散。在复杂系统中，流具有乘数效应和循环特征，流的不断传播将有助于系统的演化发展，流的顺畅程度将影响系统演化发展的速度和效率。（4）多样性。在系统演化发展过程中，受到外部环境因素的变化影响，主体自身具有适应性学习能力，导致主体要素之间产生功能差异，最终导致主体属性功能的分化。（5）标识。主体之间相互交流、相互影响是推动复杂适应系统演化发展的关键，而在主体交互作用的前期阶段，需要主体进行交互对象的识别、甄选，通过识别的其他主体的标签，了解主体需求、合作基础条件等，从而提高主体之间交互作用的效率。（6）内部模型。主体具备的认知、预测能力，是主体与环境交互作用下的行为惯例及规则集合，对于整个系统而言称为内部模型。对于主体来说，能够预测未来状态的发展方向来指明当前行为的机制称为隐式模型；用于其他选择时进行明显的、内部探索行为的机制称为显式模型。在内部模型的作用下，主体适应外部环境刺激并做出反应，以动态应对环境的变化。（7）积木模型。积木是经过筛选、适应性学习过程被证明能够利用的要素。要素的排列组合可以有效应对环境的复杂性和不确定性，有助于系统产生新的组合或结构。对于不同功能性质的主体要素而言，系统内不同角色功能的主体的组合方式使得系统形成新的构造，最终影响系统的发展态势。

　　基于复杂系统理论，可以归纳出系统演化发展的基本思想。第一，系统演化是系统的结构、特性、功能及状态等随着时间推移发生变化的不可逆过程。系统演化包括系统从一种结构、状态发展到另一种结构、状态，从无到有、从简单到复杂，从衰退或退化直到消亡的变化过程和规律。第二，系统的演化发展过程具有生命周期特征，类似于生命周期理论中对象的产生、发展、成熟、衰败和消失的过程，但与之又有所差异。系统演化的过程较之更为复杂，且具有不确定性，演化过程中伴随着分叉、突变和涨落等现象，是波动性、平稳性的统一。第三，主导系统演化发展的关键要素是系统的主体。在复杂适应系统中，主体即适应性主体（agent）具有主动性、适应性特征。在主体之间、主体与环境因素之间相互作用过程中，主体要素通过学习交流不断实现知识的增长及转移，随着时间推移，能够动态地、有方向性地改变自身的行为方式和规则，以便应对环境的变化，追求自身发展契机。可见，主体的功能、行为改变影响系统整体的结构、功能，进一步促进系统的演化发展。第四，系统演化发展是在系统内各个要素和系统外部环境因素的共同作用下，朝着一定方向发展，以实现系统的发展目标的过程。在此过程中，系统内主体要素应对外界的各种"刺激"做出"反应"，并不断地在学习、成长中累积经验，促进系统的有序发展。

根据前文对知识产权管理系统的内涵、特征及结构的分析可知，复杂系统理论和CAS理论可应用于知识产权管理系统的研究，基于CAS理论剖析知识产权管理系统的演化发展问题，有助于系统深入地了解知识产权管理系统，剖析知识产权管理系统演化发展的基本条件及动因、路径及演化过程，为提高知识产权开发、保护与运用水平，释放知识产权能量，推动知识产权管理体系发展提供依据。

2.2.2 知识产权管理系统演化的内涵

知识产权管理系统本质上是一个复杂适应系统，是一个由主体参与、具有自组织性、高度开放性和非线性的动态发展的组织。系统内的主体具有较强的环境适应能力，当外界环境发生改变情况时，能够通过主体之间的合作与竞争关系推动系统内部要素之间、子系统之间、系统与外部环境之间的物质、能量和信息的交流。系统内企业、高校、科研院所和中介机构等主体受到外部刺激会做出反应，引起系统的结构、功能、行为及环境变化，主体通过不断学习积累经验，在适应性学习中，主体的行为规则不断更替，在新旧规则的演变中引起系统发生突变、涨落和分岔等状态。因此，知识产权管理系统的发展是伴随着时间推进，形成有序结构或无序衰退的动态过程。

因此，知识产权管理系统演化的内涵可以界定为：知识产权管理系统的演化是一个受到系统内外部条件的综合作用，在负熵和熵增的相互抵消碰撞下，为了实现知识产权经济效益和社会效益最优化目标，通过系统内要素之间耦合作用、子系统之间协同作用，在竞争与协同关系下，随着时间推移呈现出从低级状态逐渐向高级状态的动态发展的周期性过程。

知识产权管理系统内各个主体要素具有自组织和自适应性，随着时间的推移，在系统内外部环境的综合作用下，物质、信息和能量的源源不断地流动，使得系统内部产生熵增，系统内资源要素、客体要素的数量不断增加，但其质量发生恶化，系统结构、功能等出现退化，系统内出现分叉、突变和涨落现象，与此同时，系统外部环境中的物质、能量和信息等负熵流入，促进系统内主体要素、主体要素和其他要素之间、子系统之间相互作用、相互耦合，系统内负熵流抵消熵增流，系统耗散结构形成，促进系统功能结构不断更新、升级和改造。

2.2.3　知识产权管理系统演化的特征

由于知识产权管理系统是一个社会—经济—自然复合系统，基于耗散结构理论及复杂适应系统理论研究知识产权管理系统演化机理，首先需要深入分析知识产权管理系统是否具有耗散结构特征，以及是否满足耗散结构的临界条件。基于耗散结构理论，结合知识产权管理系统理论基础，本书认为知识产权管理系统具有以下耗散结构特征。

1. 开放性

知识产权管理系统是一个与外界环境进行物质和能量交换的开放系统，其中，物质交换主要体现在人才、资金和权利等方面，能量交换主要是信息的反馈及流动，此外，由于知识产权管理系统是一个多主体构成的管理系统，需要主体协同管理，并在知识共享、合作研发等协调过程中释放精神能量。因此能量交换还体现在物质能量的一种特殊的转化形式，即系统内主体的管理能的注入。知识产权管理系统各个子系统均是不断从外界获取能量和信息的开放性系统。知识产权开发管理子系统需要通过技术的获取、研发人才和 R&D 资金的流入实现物质交换，通过专利联盟实现合作研发，加强产学研合作研发，从而实现系统与外部知识与技术的交流，提升系统内部政府、企业等主体的管理效率，增强系统高校、科研院所等主体的研发能力，不断引进、消化吸收新技术，并提升技术的专利化水平和市场化转换水平。知识产权运营管理子系统需要与外部市场不断进行物质和能量交换，主要体现在知识产权成果的商业化和市场化过程中，专利、商标和版权等知识产权成果转化及其拥有权的流动或交易信息的流入。通过知识产权的转让、出资和许可经营等交易方式对知识产权进行有效配置，从而实现知识产权价值，发挥知识产权的市场竞争力。知识产权保护管理子系统与外部政策法律环境进行信息能量的交换，如区域政府、企业、高校及科研院所、中介机构等系统主体通过及时解读知识产权管理相关法律法规、宏观政策，采取法律、技术和管理等手段进行系统内部知识产权的保护行为。同时，知识产权保护子系统通过网络、媒体、广播等途径不断从外部环境中获得知识产权信息情报，并利用网络信息服务平台发布专利、商标及版权等知识产权信息，从而明确知识产权权利的归属，避免知识产权纠纷或侵权事件的发生。

2. 远离平衡态

开放系统处于远离平衡态，通过与外界进行物质和能量的交换，产生系统势能，促进系统朝着有序方向发展。知识产权管理系统的各个子系统具有各自特点，存在一定差异性。由于系统内部的势能不同，各个子系统之间、子系统内部产生势能差，促进系统整体趋向于非平衡态。其中，知识产权开发管理子系统中的企业、高校、科研机构及政府部门等主体要素通过研发或管理投入（人才、技术和资金等方面），并采取一定管理手段完成知识产权成果产出活动，从而实现组织经营目标。[①] 由于不同主体在经济发展、科研实力、运营目标等方面的差异，且知识产权开发模式也存在一定区别，促进知识产权开发管理子系统内部主体要素之间的技术、人才和资金流动，使得系统物质和能量的要素结构不断发生变化，导致系统处于非平衡状态。对于知识产权运营管理子系统，政府、企业和中介机构等主体采取一定管理手段，通过知识产权市场交易，实现新技术和新产品的研发过程中的知识产权成果转化，并产生一定经济价值。通常，由于在知识产权市场交易中，受到市场环境的不确定性、市场激烈竞争等因素影响，交易环境、方式和效益等均会发生改变，将影响系统趋于平衡态或近平衡态，引起系统有序性降低。但系统内的政府主体通过制定相关政策法规加以宏观引导，企业、中介机构等其他主体严格实施知识产权相关法律制度，并规范其交易或管理行为，从而促进系统远离平衡态，朝着有序方向发展。在知识产权保护管理子系统内，企业、高校或科研院所等主体依托于政府颁布的知识产权保护相关法律

---

① 杨早立. 我国知识产权管理系统协同发展研究 [D]. 哈尔滨工程大学，2016. 张永超. 知识密集型制造业知识产权管理系统研究 [D]. 哈尔滨工程大学，2013.

制度，保护其专利、商标和版权等知识产权成果，对侵权行为进行制止、诉讼、赔偿等多样化的管理活动，将增大系统内部的势能差，推动系统朝向非平衡态。

3. 非线性

知识产权管理系统中各个子系统间存在着较为复杂的非线性关系。知识产权管理系统的演化发展及有序运行取决于子系统之间的非线性耦合，各个子系统之间的相互作用、相互推动形成了正反馈倍增效应、负反馈饱和效应等，共同影响着系统整体的发展方向。其中，知识产权开发管理子系统是技术、产品的研发与创造系统，是系统整体运行的根本，也是保护子系统和运营子系统运行的前提，只有通过研发经费及人员投入等知识产权开发活动才能实现知识产权的运营和保护管理活动；知识产权运营管理子系统是知识产权市场交易及实现知识产权效益和价值的系统，它是系统整体运行的核心，为实现知识产权开发中新产品和技术创新价值的动力，也是知识产权保护的基本；知识产权保护子系统是系统整体运行的关键，为其他两个子系统的稳定运行提供保障。正是由于这三个子系统的相互作用和依存关系，构成了知识产权管理复杂性系统，随机性涨落现象以及系统与外部环境、子系统之间的非线性耦合作用，导致系统出现倍增或饱和效应等现象，呈现非线性特征。

4. 涨落现象

在具有非线性特征的系统中，系统远离平衡态的情况下，随机的小涨落可能通过非线性耦合和连锁效应被迅速放大，形成系统整体上的"巨涨落"而引发系统的突变，系统则朝向新的有序态发展。诸如研发技术的创新或扩散、知识产权保护政策的颁布或实施、高科技人才的培养和加入等均可以视为一种涨落现象。在知识产权管理开发子系统中，企业或政府主体研发投入的微小变化，会直接导致技术或新产品研发强度的变化，进而影响知识产权成果转化，甚至影响到新产品产出及其市场效益。可见在知识产权开发管理子系统远离平衡态时，这种研发投入的微小涨落，通过非线性耦合作用进一步扩大，导致系统发生了突变，影响到该子系统以及其他子系统的演化方向及运行状态，可能促进系统整体稳定到新的耗散结构分支，进入稳定的有序状态。

2.2.4　知识产权管理系统演化的条件

1. 系统内部耗散结构的形成

系统内部形成耗散结构是知识产权管理系统演化的基本前提。知识产权管理系统具有耗散结构的诸多特征，作为一个高度开放的系统，系统内各个子系统之间、系统与外部环境之间源源不断地进行物质、能量、信息的交换，促进系统结构、功能、特性等升级和优化，推动知识产权管理系统运行和演化发展。知识产权管理系统的非平衡态是系统走向有序的源泉。系统处于非平衡态下与外界进行物质、能量和信息等资源要素的交换，随着时间的推演，各种资源要素在各个主体之间、子系统之间进行转移、配置和优化等，为实现知识产权开发、保护和运营，提升知识产权管理绩效，创造知识产权产品经济效益和社会效应。在知识产权管理系统中，非线性是系统协同发展、朝着有序方向演化的基本条件。各个主体要素之间的竞争和合作关系呈现非线性，同时，系统内部各主体要素、资源要素以及外界环境条件等相互耦合产生 $1+1>2$ 的协同效应，即知识产权管理系统运行绩效远远大于各个子系统独立运作所产生的绩效之和，促进知识产权管理系统有序运行发展。

2. 系统外部负熵的流入

知识产权管理系统的演化发展是不可逆的过程，根据耗散结构理论，系统在整个发展过程中不断产生正熵，如主体之间产生利益冲突、主体能量消耗等，同时系统不断地与外界环境进行着物质、能量、信息等的交换，从外部环境中引入负熵，系统自发地维持耗散结构，正是这种负熵流与系统内正熵流的相互抵消作用，推动了知识产权管理系统演化发展。

2.3　知识产权管理系统演化的概念模型及机制框架

2.3.1　知识产权管理系统演化的概念模型

通过上述对知识产权管理系统及其演化的相关理论的梳理可知，知识产权管理系统演化发展是一个随着时间推移具有周期性和阶段性的动态发展过程，并且受系统内外部各种主体要素、资源要素及文化、政治、经济、法律等环境因素的影响，在系统内主体要素及其各子系统之间竞争、合作等相互作用、相互影响而引起的系统内结构、要素等发生突变、涨落等变化，最终主导着系统的演化态势。知识产权管理系统内部主体要素、资源要素和子系统之间不断产生物质、能量的流动，所产生的熵增不断增加，同时，随着系统不断从外界环境中吸收新知识、新技术、新信息等，系统内部源源不断地引入负熵，在熵增和负熵的相互作用、相互抵消下，系统发生随机涨落、突变等，使系统内部结构、功能发生改变，呈现出混沌无序或者稳定有序的态势。因此，知识产权管理系统的演化发展是在系统内主体要素、资源要素及客体要素之间、各个子系统之间相互作用、相互影响，同时，系统与外部环境之间进行物质能量交换作用下，促进系统结构、功能及状态发生改变的动态过程。基于以上分析，本书为深入剖析知识产权管理系统演化发展问题，从多主体视角依次针对知识产权管理系统演化发展的基本原理、内在运行和运行保障等内容展开研究，构建了知识产权管理系统演化的概念模型，如图 2 - 9 所示。

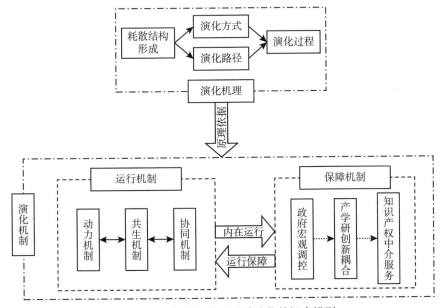

图 2 - 9　知识产权管理系统演化的概念模型

资料来源：作者根据相关研究整理绘制。

下面分别从知识产权管理系统演化的机理、运行机制和保障机制三个方面对知识产权管理系统演化的概念模型进行解析。

1. 基本原理——知识产权管理系统演化机理

为了实现知识产权管理系统稳定有序演化发展，首先应当了解知识产权管理系统演化发展的基本原理，即演化机理。知识产权管理系统受到外界环境中经济、政策、理念和文化等环境条件的影响，从外界环境中不断地吸收知识、技术、人才和信息等物质能量，使得系统内部引入了大量的负熵流，负熵流为知识产权管理系统的演化发展提供能量保障。在系统内外部之间产生的物质流、信息流等综合作用下，知识产权管理系统内部各个要素、各个主体和各个子系统之间相互作用、相互配合，促进系统内部要素、结构及功能产生变化，推动系统整体动态演化发展。本书基于自组织理论，采用布鲁塞尔模型剖析知识产权管理系统的耗散结构形成问题，并构建知识产权管理系统管理熵变模型，分析知识产权管理系统的演化过程中管理熵的变化如何影响系统的演化状态。从耗散结构形成入手，剖析知识产权管理系统演化的基本原理，有利于厘清系统演化的基本条件和动因，揭示系统发生动态变化的基本过程。本章主要基于耗散结构理论和 CAS 理论，剖析知识产权管理系统演化条件、演化方式及演化过程。并基于 Logistic 方程构建知识产权管理系统演化模型，分析知识产权管理系统演化过程的发展阶段及其特征。通过分析知识产权管理系统的演化机理，为进一步剖析知识产权管理系统演化的内在运行机制提供依据。

2. 内在运行——知识产权管理系统演化运行机制

在掌握了知识产权管理系统演化的基本原理之后，需要构建知识产权管理系统演化的运行机制，以实现系统的稳定有序演化。本书将基于多主体视角，分别基于系统演化的动力机制、共生机制和协同机制设计知识产权管理系统演化的运行机制，有助于深入了解知识产权管理系统演化的内在运行过程。知识产权管理系统演化发展的动力因素层次主要包括系统内部动力因素、系统外部动力因素和主体动力因素三个方面，三个方面的要素发挥不同作用，相互作用共同推动系统的演化发展；在动力因素作用下，知识产权管理系统的演化发展启动并不断运行，在演化过程中，系统内部主体要素具有自组织性，且具有种群生态行为特点，不同主体之间产生合作与竞争等共生行为，主导着知识产权管理系统的演进发展状态和趋势，且在不同的演化周期阶段呈现出不同的共生模式。本书针对知识产权管理系统演化的共生要素进行解析，基于共生理论及种群生态理论，从竞争共生、合作共生以及竞合共生三个角度，分析知识产权管理系统演化的共生模式；构建系统演化的多主体共生伙伴选择模型分析共生合作伙伴的选择决策行为；结合生物种群理论，并采用 Lotka-Volterra 模型分析知识产权管理系统内多主体共生演化过程中形成期、成长期、成熟期的阶段性特征与发展趋势，并在此基础上对不同共生模式下的多主体之间的竞争与合作关系进行分析。在系统主体共生行为的变化与强化过程中，系统理想的状态及目标是朝着协同有序方向演化发展。协同发展是知识产权管理系统演化的方向与目标，在整个系统演化过程中，各个主体之间相互适应、相互协作，不断形成相互促进与相互配合的同步发展的良性循环过程，以期实现知识产权管理水平的优化，进而最大化知识产权社会效益及经济效益。本书基于熵理论及协同理论，深入剖析我国知识产权管理系统演化的协同机理；结合隐喻方法，基于 B-Z 反应研究我国知识产权管理系统演进的协同机制。在知识产权管理系统演化的运行机制构建中，动力机制是运行前提，共生机制是关键，协同机制是目标。

3. 运行保障——知识产权管理系统演化保障机制

在知识产权管理系统演化的运行过程中，需要保障机制来维护知识产权管理系统的稳定发展。从多主体视角来看，研究知识产权管理系统演化的保障机制主要是从政府、产学研主体、中介机构等入手，分析这些主体要素如何有效保障系统的平稳演化运行。

政府在知识产权管理系统中具有宏观引导作用，通过政策引导、制度监督、奖惩措施等不同的调控手段，对系统内其他主体行为进行监控，有助于提高系统整体的知识产权保护水平，保障系统的稳定有序发展。在知识产权管理系统的演化过程中，政府部门会结合知识产权管理现状，以及知识产权管理系统中其他主体的知识产权管理行为，通过采取实施一定的政策工具，进行政策激励或行政监督，加强知识产权保护。由于知识产权管理系统内主体具有有限理性和自组织性，各个主体之间积极进行信息的获取、反馈与更新，进行知识与技术的交流学习，从而规范与调整各自的管理行为策略，因此，主体之间形成了不断进行调整、学习、试错与修正，寻找理想决策策略的相互博弈局面；知识产权管理系统演化过程中，系统内部产学研之间可以通过构成一种合作组织或协同创新系统，通过产学研主体之间合作与协调进行协同创新，产学研之间相互协作、相互促进，实现知识、技术共享，通过合作创新的方式，在知识产权产品及知识产权服务等方面实现互补和融合、互动耦合，促进提高产学研创新能力，提高知识产权自主创新水平，从而大大提升知识产权研发效率，进而保障知识产权管理系统的有序发展；在知识产权管理系统演化过程中，知识产权中介机构作为连接其他主体的桥梁，能够有效搜集和聚集知识产权信息资源，提供咨询、代理、评估、转化、交易、融资等服务，有利于系统内其他主体开展知识产权创造、保护和运营管理活动，提高知识产权管理水平，保障知识产权管理系统的稳定有序发展。知识产权中介服务机制的构建有助于系统内企业、高校和科研院所等主体及时获取知识产权信息，降低信息非对称带来的风险，减少产学研等主体的信息搜集成本。通过开放、公开的信息资源，及时掌握知识产权开发、保护和运营现状，有助于系统主体开展知识产权管理活动，促进主体之间构建合作关系。知识产权中介机构具有融资服务功能，可以有效调节知识产权市场资金的配置，对知识产权成果产业化起到关键性作用。

2.3.2　知识产权管理系统演化的机制框架内容

机制是系统内各个因素之间的相互联系、相互作用方式、结构功能及其所遵循运行规则的总和。机制体现了系统的内在机能与运行方式，是在系统内各个要素、子系统之间的相互作用、相互影响下，保障系统有效运行的内在结构优化、功能强化及其运行规则优化的加总。知识产权管理系统演化机制是在知识产权管理系统演化过程中，系统内部的各个主体要素、资源要素和客体要素之间相互作用、相互影响、相互配合所呈现出的相互促进关系及状态。通过分析知识产权管理系统的演化机理，充分挖掘系统内在演化的基础动因和条件、演化方式、演化路径和演化过程，在此基础上，构建知识产权管理系统演化的机制，有助于明晰多主体视角下知识产权管理系统内部各个要素、各个子系统之间的互动过程，从相互作用关系中诊断出系统演化发展过程中潜在的风险，进而有利于优化系统主体的行为，有利于协调要素之间、子系统之间的协同发展，进而促进系统整体的有序稳定发展。

本书构建知识产权管理系统演化的机制，从多主体的视角，考虑在整个系统演化过程中，企业、高校、科研院所、政府部门及中介机构等主体的功能作用以及不同类型主体之间相互作用、相互影响，主导着系统的自组织演化进程，使得系统从混沌无序向稳定有序状态之间发生动态变化。为了实现知识产权管理系统的稳定有序运行发展，需要对系统内主体要素之间的共生行为、协同关系进一步调节和完善，在系统内外部资源、环境条件等综合作用下，促进负熵流入，推动系统向有序稳定方向发展。因此，本书从多主体的视角构建知识产权管理系统演化机制包括多主体交互作用下的运行机制以及促进系统稳定有序演化发展的保障机制。其中，运行机制主要包括动力机制、共生机制和协同机制，保障机制主要包括政府调控机制、产学研协同创新耦合机制以及中介服务机制。知识产权管理系统演化的机制框架如图 2 – 10 所示。

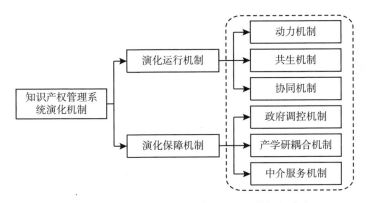

图 2 – 10　知识产权管理系统演化机制的框架内容

资料来源：作者根据相关研究整理绘制。

1. 知识产权管理系统演化的运行机制

　　知识产权管理系统演化的动力机制，是系统演化发展的基础动因。在知识产权管理系统演化过程中，受到外部环境中的物质能量的负熵作用，系统内部不断流入新技术、新知识、新信息等，使得系统内主体产生知识产权活力，各动力因素及其之间相互作用，驱动主体的提高知识产权管理能力，引导知识产权开发管理子系统、保护管理子系统和运营管理子系统之间的协同发展。知识产权管理系统演化的动力机制分析，主要是为了挖掘演化的基本动因和动力作用过程，从而加大培育和提升有利于系统朝着稳定有序发展的动力因素。

　　知识产权管理系统演化的共生机制，是系统主体之间相互作用、相互配合、相互影响，形成竞争与合作行为的过程。系统内的各种要素正如同自然生态系统中的生物种群群落，各主体要素在各自的生态位上既有合作又有竞争地实施知识产权活动。根据种群生态理论，组织或群落内部的主体之间的相互关系、主体合作竞争的行为将影响该组织或群落的形成及发展，引起该种群的结构、规模的变化。因此，研究知识产权管理系统演化的共生机制，剖析系统内主体共生的基本要素、行为及原理，以进一步优化系统演化过程中主体行为，对系统的稳定有序演化发展具有重要意义。

知识产权管理系统演化的协同机制，是系统主体之间相互促进、子系统之间相互协调的过程。在系统演化过程中，由于系统具有开放性、远离平衡态、自组织性等特征，系统将不断地从外界获取物质能量，通过引入负熵流使得系统内部的知识、技术、人才、信息等要素获得更新与补充，促进系统形成耗散结构，并逐渐抵消系统内部不断产生的熵增，使得负熵流大于系统内部熵增，从而推动系统朝着有序协同方向发展。因此，知识产权管理系统演化的协同效应正是在系统负熵流和熵增的相互作用与影响下，逐渐打破原有结构，形成新耗散结构，从而推动系统逐渐朝向稳定有序方向发展。

2. 知识产权管理系统演化的保障机制

知识产权管理系统演化的保障机制，是系统主体发挥自身功能职能、积极维护系统稳定有序演化发展的过程。在知识产权管理系统演化发展过程中，政府部门、企业、高校及科研院所、中介机构等主体推动着系统演化。其中，政府是知识产权管理系统中的知识产权政策引导者，针对知识产权发展现状进行知识产权相关政策、制度和法规的调整和制定，通过一系列宏观调控和监督手段、政策工具，提高知识产权管理系统的演化水平及演化效率；企业、高校及科研院所作为知识产权管理系统中知识产权开发、运营管理的核心主体，在竞争与合作中，通过产学研合作，强化知识产权的管理绩效，实现知识产权的经济效益与社会效益；中介机构作为知识产权管理系统中的辅助主体，为其他系统主体的知识产权管理活动提供服务。因此，知识产权管理系统的主体要素在负熵流入条件下，共同参与知识产权开发、保护与运营管理，为整个知识产权管理系统的演化提供基础保障。鉴于此，本书从知识产权管理系统主体入手，分别从政府调控机制、产学研协同机制、中介服务机制三个方面，构建知识产权管理系统演化的保障机制。

3. 知识产权管理系统演化的机制关系分析

在知识产权管理系统的演化过程中，系统主体具有的不同职能，是推动系统演化发展的内核，同时，不同主体之间可能产生竞合行为，而主体之间的竞争与合作是推动知识产权管理系统演化的动力源。强化主体之间的竞合行为，可以调整、优化主体之间的共生模式，同时也将带来动力扩增效应，进而促进系统的演化发展。在系统主体共生过程中，主体之间的合作关系有助于主体之间协同发展，进而促进系统整体的协同发展，有助于系统朝着稳定有序方向演化。鉴于此，本书设计了知识产权管理系统演化的运行机制，包括动力机制、共生机制和协同机制。系统演化的各个子机制是在系统主体的自组织作用下并行运行发展的。一方面各个系统演化的子机制独立有序运行，另一方面各个子机制之间可能产生交互作用，产生耦合效应。在各个子机制的运行以及它们之间因交互作用而产生耦合效应时，系统将朝着有序方向演化发展。知识产权管理系统的演化发展正是由不同的子机制以及它们之间的交互作用所形成的动态发展过程。其中，政府发挥宏观引导作用，有助于知识产权中介机构为其他主体提供知识产权信息，提供代理、咨询、转化、融资等服务，带动企业、高校和科研院所实施知识产权开发、保护与运营活动，有利于产学研之间合作共生，促进知识产权开发、保护和运营协同发展。政府、知识产权中介机构为知识产权管理活动提供政策支撑和服务支持，为系统内主体共生行为、系统的协同发展提供保障。同时，系统内主体的共生行为、协同发展情况将通过知识产权中介机构的服务渠道及时反馈给政府部门，有利于政府及时优化调整知识产权政策制度体系。综上所述，知识产权管理系统演化的各个子机制的互动关系如图 2 – 11 所示。

2.4　本章小结

本章论述了知识产权管理系统及演化发展的理论基础。首先，介绍了知识产权管理系统的内涵，在此基础上，分析知识产权管理系统的构成要素；其次，基于系统理论和知识产权理论，从知识产权开发管理子系统、运营管理子系统、保护管理子系统角度深入剖析了知识产权管理系统的结构；再次，基于复杂系统理论和 CAS 理论，阐述了知识产权管理系统演化的内涵、特征和条件；最后，构建了知识产权管理系统演化的概念模型，并对该概念模型做了具体解析，总结出本书研究的主要内容。

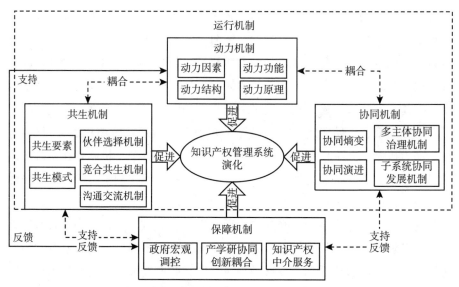

图 2 – 11　知识产权管理系统演化的子机制互动关系

资料来源：作者根据相关研究整理绘制。

第3章 知识产权管理系统演化机理

3.1 基于 Brusselator 模型的知识产权管理系统耗散结构分析

耗散结构的形成是知识产权管理系统演化的基本前提。下面基于布鲁塞尔（Brusselator）模型，以我国知识产权管理系统为例，分析知识产权管理系统演化的耗散结构，判定系统是否具备演化发展的基本条件，并分析知识产权管理系统耗散结构形成条件。

3.1.1 模型介绍及其转译

Brusselator 模型最早由比利时化学领域的学者提出，该模型也被称为三分子反应模型，后来有学者将其从化学领域进一步扩展到经济、社会及管理等人文社科领域，并应用于解决耗散结构形成的动力学建模分析，对研究复杂系统的耗散结构形成及演化具有重要意义。布鲁塞尔模型的化学反应表达式如下：

$$A \xrightarrow{k_1} x \tag{3-1}$$

$$B + x \xrightarrow{k_2} D + y \tag{3-2}$$

$$2x + y \xrightarrow{k_3} 3x \tag{3-3}$$

$$x \xrightarrow{k_4} E \tag{3-4}$$

式（3-1）至式（3-4）中，A 和 B 是反应物，虽然在反应中不断被消耗，但是可以不断从外界获取补充，因此在整个化学反应中其浓度保持不变；D 和 E 是生成物，生成后便立即被取出；x 和 y 是中间产物，其中 x 既是反应物又是生成物，在反应过程中浓度不断增加。反应式（3-3）相当于一个自催化的过程，是 x 分子数量增加的过程。k_1、k_2、k_3、k_4 是催化剂，影响化学反应的速率大小。

本书将布鲁塞尔模型进行类比并应用到我国知识产权管理系统演化分析中，对其进行化学反应过程到实际应用问题的转译。在转译之前先界定两个问题：第一，在该化学反应过程中，一种反应物的浓度的变化导致另一种生成物浓度的变化，映射到实际问题中，相当于一个因素对另一个因素的影响作用，这种影响可能是促进（正向）也可能是抑制（反向）作用。以上面的化学表达式（3-1）、式（3-2）为例，其中，在式（3-1）中，A 对于 x 有促进（正向）作用，在式（3-2）中，一方面，x 和 B 对于 y 和 D 有促进（正向）作用，另一方面，由于 x 作为反应物而不断被消耗，可以认为 B 对于 x 有抑制（反向）作用；第二，该化学反应的基本条件是反应物 A 和 B 不断获得补充并保持其浓度不变，生成物 D 和 E 反应后立即被取出。我们认为只有满足以上反应基本条件，进行转译时才能利用该化学反应式推导的动力学方程，并进一步进行动力学运算。

下面将 Brusselator 模型应用到分析知识产权管理系统耗散结构中，将该模型转译并分析知识产权管理系统的耗散结构形成条件。由于知识产权管理系统是由多个主体、多种要素及多个子系统构成的综合管理体系，本书从系统内部关联和系统整体运行的角度，认为通过对知识产权的开发、运营和保护，提升知识产权管理系统的管理绩效需要分为两个环节：（1）知识产权的开发管理过程，即通过研发投入，实现知识产权的开发，产生一系列知识产权成果；（2）知识产权的运营和保护管理过程，即对已经开发出的知识产权成果，通过知识产权转让和许可等手段，并实施知识产权保护行为，实现知识产权成果转化。知识产权成果的市场化实现可以进一步对知识产权成果的创造产生反馈，这个过程与布鲁塞尔模型中的化学反应及其转译过程具有相似性。因此，我们将两者进行类比，并做出具体要素的转移，如表3-1所示。

表3-1　　　　　　　　　　　布鲁塞尔模型的要素转译

要素	转译	要素	转译
A	知识产权开发投入	B	知识产权成果转化投入
x	知识产权开发管理成果	y	知识产权成果转化能力
D	知识产权运营管理绩效	E	知识产权保护管理绩效
k_1	开发投入对知识产权开发管理影响滞后期倒数	k_2	知识产权成果转化时间倒数
k_3	知识产权转化能力对知识产权成果开发促进作用时间倒数	k_4	知识产权开发成果对知识产权保护管理影响滞后期倒数

资料来源：作者根据相关研究整理绘制。

　　从表3-1中可以看出，A和B分别表示知识产权开发投入和知识产权转化投入，通过从外界不断吸收资金，以保证其在反应过程中的浓度不变；D表示知识产权运营管理绩效，是用来弥补知识产权运营管理的成本（如人员培训成本、薪资费用）和管理主体的机会成本（决策风险补偿收益、精神补偿等），对当期知识产权管理并不产生直接性作用，产生后即离开反应系统；E表示知识产权保护管理绩效，知识产权开发成果带来的"附属效益"，对于当期知识产权管理没有直接影响，一旦产生便离开反应系统。x表示知识产权开发管理成果（如专利申请、有效发明专利申请、商标注册）；y表示知识产权成果转化能力（即知识产权成果转化为新产品或技术的能力，并通过知识产权转让、许可等手段实现知识产权的市场化和商业化）。k_1、k_2、k_3、k_4分别相当于每个反应中的反应"速率"。

　　基于以上转译过程，我们可以将式（3-1）至式（3-4）的化学反应方程式描述如下。

　　A（知识产权开发投入）$\xrightarrow{k_1}$x（知识产权开发管理成果），表示知识产权管理系统在吸收到外部一定的知识产权开发投入后，能够创造出一系列新的知识产权成果，提升知识产权开发管理成果的"浓度"，即知识产权开发投入对知识产权开发管理成果具有正向的促进作用。

　　B（知识产权成果转化投入）+ x $\xrightarrow{k_2}$D（知识产权运营管理绩效）+ y（知识产权转化能力），表示在提升知识产权成果数量后，通过知识产权转让和许可等方式，实现知识产权成果的市场化和商业化，提升知识产权成果转化能力，提高知识产权运营管理绩效水平。

$2x + y \xrightarrow{k_3} 3x$ （知识产权开发管理成果的自催化），表示在知识产权成果实现市场化和商业化之后，这种知识产权转化能力能够促进开发主体创造一批新知识产权成果，实现对知识产权开发管理成果的进一步反馈和促进。

$x \xrightarrow{k_4} E$ （知识产权保护管理绩效），表示在知识产权开发成果（如专利申请和有效发明专利申请数量等）产出之后，系统主体的知识产权保护意识得到提升，促进知识产权保护管理的绩效。

基于转译后的布鲁塞尔模型，结合原有化学反应方程，可得到求解布鲁塞尔模型的动力学方程组：

$$\begin{cases} dx/dt = k_1 A - k_2 Bx + k_3 x^2 y - k_4 x \\ dy/dt = k_2 Bx - k_3 x^2 y \end{cases} \tag{3-5}$$

值得注意的是，在模型求解中需要考虑反应速率大小的界定问题，在大量文献基础上，相关研究基本上将反应速率的数值设定为常数（一般设定为1，或者某个相同的数值），虽然能够简化计算过程，但是与实际问题并不相符，影响到模型求解的准确性和科学性。因此，需要结合研究问题的实际影响关系，针对具体问题进行赋值。

在式（3-5）中，A、B、x 和 y 分别表示知识产权开发投入、知识产权成果转化投入、知识产权开发管理成果和知识产权成果转化能力的无量纲化处理结果，k_1、k_2、k_3、k_4 分别表示每个影响关系中的对应"反应速率"，基于相关文献研究，本书设定 $k_1 = \dfrac{1}{4}$，$k_2 = 1$，$k_3 = \dfrac{1}{3}$，$k_4 = 1$，且为了简便计算，我们进行变量替换，$\mu = \left(\dfrac{k_3}{k_4}\right)^{\frac{1}{2}} x$，$\upsilon = \left(\dfrac{k_3}{k_4}\right)^{\frac{1}{2}} y$，$\eta = \left(\dfrac{k_1^2 k_3}{k_4^3}\right)^{\frac{1}{2}} A$，$\varepsilon = \left(\dfrac{k_2}{k_4}\right) B$，$\xi = k_4 t$，将方程组转化为式（3-6）：

$$\begin{cases} d\mu/d\xi = \eta - (\varepsilon + 1)\mu + \mu^2 \upsilon \\ d\upsilon/d\xi = \varepsilon\mu - \mu^2 \upsilon \end{cases} \tag{3-6}$$

对于动力学方程式（3-6）求解得到定态解是 $\bar{x} = \eta$，$\bar{y} = \varepsilon/\eta$。利用坐标变换，令 $\theta = \mu - \eta$，$\pi = \upsilon - \varepsilon/\eta$。则方程可以改写为式（3-7）：

$$\begin{cases} d\theta/d\xi = (\varepsilon - 1)\theta + \eta^2\pi + (\varepsilon\theta^2)/\eta + 2\eta\theta\pi + \theta^2\pi \\ d\upsilon/d\xi = -\varepsilon\theta - \eta^2\theta - (\varepsilon\theta^2)/\eta - 2\eta\theta\pi - \theta^2\pi \end{cases} \tag{3-7}$$

根据复杂科学和量子力学理论中有关系统稳定性的判定规则，式（3-7）的近似线性方程式为式（3-8）：

$$\begin{cases} d\theta/d\xi = (\varepsilon-1)\theta + \eta^2\pi \\ d\upsilon/d\xi = -\varepsilon\theta - \eta^2\theta \end{cases} \tag{3-8}$$

令式（3-8）的特征值为 λ，则方程有非零解的情况下需满足：

$$\begin{vmatrix} (\varepsilon-1)-\lambda & \eta^2 \\ -\varepsilon & -\eta^2-\lambda \end{vmatrix} = 0$$

该特征方程：

$$\lambda^2 + (\eta^2+1-\varepsilon)\lambda + \eta^2 = 0 \tag{3-9}$$

因为满足 $\eta>0$，所以式（3-9）必然具有非零解。根据量子力学理论中有关系统稳定性的判定，可以利用特征根大小来分析系统的失稳条件。求解式（3-9），令 $\omega=\varepsilon-1-\eta^2$ 得到特征根：

$$\lambda_{1,2} = \frac{1}{2}(\omega \pm \sqrt{\omega^2-4\eta^2}) \tag{3-10}$$

因此，知识产权管理系统的稳定性取决于 ω 的数值符号，即要使得知识产权管理系统形成耗散结构，取决于控制参数 ε 和 η，即 A 和 B。下面分别进行讨论。

（1）当 $\omega<0$，$|\omega|<|2\eta|$ 时，式（3-10）有两个负实部共轭复根。在此种情况下，随着时间的推移，在定态点（x_0，y_0）附近实现增量的不断收敛，且逐渐收敛于极限 0，因此，此时定态点（x_0，y_0）属于稳定焦点，知识产权管理系统可以始终保持着从一种混沌无序的状态复位至稳定有序状态，见图 3-1（a）。

（2）当 $\omega<0$，$|\omega|>|2\eta|$ 时，式（3-10）有两个负实数根。在此种情况下，随着时间的推移，在定态点（x_0，y_0）附近受到多方的较强烈扰动，但仍然保持稳定状态，此时定态点（x_0，y_0）属于稳定节点，知识产权管理系统可以始终保持着从一种稳定有序状态，见图 3-1（b）。

（3）当 $\omega>0$，$|\omega|<|2\eta|$ 时，式（3-10）有两个正实部共轭复根。在此种情况下，随着时间的推移，在定态点（x_0，y_0）附近增量不断发散，并且以定态点为中心产生极限环，因此，此时定态点（x_0，y_0）属于不稳定焦点，知识产权管理系统处于一种混沌无序的状态，呈现不断振荡的特征，见图 3-1（c）。

（4）当 $\omega>0$，$|\omega|>|2\eta|$ 时，式（3-10）有两个正实数根。在此种情

况下，随着时间的推移，对定态点（x_0，y_0）不断地进行任意扰动，此时定态点（x_0，y_0）处于远离平衡点状态，属于不稳定节点，因此，知识产权管理系统处于一种不稳定的无序状态，见图 3-1（d）。

（5）当 $|\omega| = 0$ 时，式（3-10）有虚根。在此种情况下，随着时间的推移，定态点（x_0，y_0）为稳定的中心，附近的扰动轨迹并不完全趋向于该中心，同时也不完全远离该中心，此时定态点（x_0，y_0）是处于李雅普洛夫（Lyapunov）稳定状态，属于中心点，因此，知识产权管理系统处于一种稳定有序的状态，见图 3-1（d）。

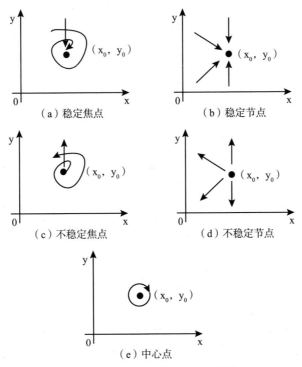

图 3-1　模型稳定性判定方程的解

通过以上分析可知：（1）当 $\omega < 0$，即 $\varepsilon < 1 + \eta^2$ 时，$k_2 k_4^2 B - k_4^3 - k_1^2 k_3 A^2 < 0$，定态点是稳定的，在不同初始状态的条件下，其运动的轨迹最终复位于定态点，即吸引子。此时，知识产权管理系统是稳定的，不是耗散结构。系统内知识产权开发投入力度不够，系统处于缺少有序演进驱动力的一种较为稳定平衡状态；在我国改革开放初期，许多企业、科研院所及高校等研发主体的知识产权开发、保护意识薄弱，研发投入不足，政府部门对知

识产权开发活动的扶持力度不够，在宏观层面的知识产权管理水平较低，缺乏知识产权创新动力。在这些情况下，系统缺乏由低级状态向更高级状态演化的驱动力，呈现为不活跃的稳定态；（2）当 $\omega > 0$，即 $\varepsilon > 1 + \eta^2$ 时，则 $k_2k_4^2B - k_4^3 - k_1^2k_3A^2 > 0$，定态点是不稳定的，从不同初始状态条件下的运动轨迹最终进入同一周期的轨道，即极限环，随着时间的推移，知识产权管理系统处于失稳状态，形成耗散结构。在这种情况下，系统内知识产权开发投入力度大，促进系统的失稳，有可能出现朝着更高层次演化的趋势，主要体现在企业、高校及科研院所等主体的知识产权保护意识增强，重视知识产权产品研发工作，加大资源、资金及人才等的投入，促进自主研发，提升其知识产权竞争力；此外，政府部门加大对企业、高校、科研院所等主体要素的研发扶持力度，给予财政资金支持，或通过对企业实施减免税费、财政补贴等方式支持其知识产权创造活动。由于 ω 与 η 具有非线性关系，但是与 ε 的关系是线性的，因此，η 是影响系统稳定性的核心因素。也就是说，知识产权开发投入流入知识产权管理系统中，系统将呈现出较明显的有序发展变化趋势。因此，合理的知识产权开发投入对于知识产权管理系统有序结构的形成具有重要意义。

3.1.2 知识产权管理系统耗散结构形成的实证分析

下面对我国知识产权管理系统耗散结构的形成进行实证验证分析。选取 2014～2017 年我国 30 个省份（西藏自治区数据对整体数据的标准化处理的干扰性较强，故将其剔除）的相关数据，利用前面提出的判断标准进行计算分析。考虑数据真实性、可获得性和客观性等，本书中反应物 A 设定为我国各省份 R&D 经费投入；反应物 B 设定为我国各省份新产品开发经费支出；数据来源于 2015～2018 年《中国科技统计年鉴》；本书 k_1、k_2、k_3、k_4 分别表示开发投入对知识产权开发管理影响滞后期倒数、知识产权成果转化时间倒数、知识产权转化能力对知识产权成果开发促进作用时间的倒数、知识产权开发成果对知识产权保护管理影响滞后期倒数。且设定 $k_1 = \frac{1}{4}$，$k_2 = 1$，$k_3 = \frac{1}{3}$，$k_4 = 1$。由于篇幅限制，本书仅以 2014 年为例进行具体计算分析，2014 年相关的原始数据如表 3-2 所示。

表 3 - 2   2014 年我国 30 个省份的原始数据

省份	R&D 经费支出（亿元）	新产品开发经费支出（万元）	省份	R&D 经费支出（亿元）	新产品开发经费支出（万元）
北京	1268.8	2971203	河南	400	2971713
天津	464.7	2559440	湖北	510.9	3646332
河北	313.1	2334622	湖南	367.9	3151100
山西	152.2	1004459	广东	1605.4	16233271
内蒙古	122.1	688680	广西	111.9	850464
辽宁	435.2	3173187	海南	16.9	116939
吉林	130.7	783328	重庆	201.9	1863801
黑龙江	161.3	844603	四川	449.3	2347013
上海	862	5875497	贵州	55.5	383864
江苏	1652.8	17649058	云南	85.9	605668
浙江	907.9	8960543	陕西	366.8	1710125
安徽	393.6	3685185	甘肃	76.9	480268
福建	355	2846972	青海	14.3	99766
江西	153.1	1291820	宁夏	23.9	176515
山东	1304.1	11603104	新疆	49.2	321291

资料来源：2015～2018 年《中国科技统计年鉴》。

由于 A 和 B 数据类型均为效益型，因此，依据式（3 - 11）对原始数据进行无量纲化处理

$$z_{ij} = \frac{x_{ij} - \min\limits_{1 \leqslant i \leqslant n} x_{ij}}{\max\limits_{1 \leqslant i \leqslant n} x_{ij} - \min\limits_{1 \leqslant i \leqslant n} x_{ij}} \tag{3 - 11}$$

式（3 - 11）中，z_{ij} 表示我国第 i 个省份的第 j 个指标的标准化处理的结果，x_{ij} 表示我国第 i 个省份的第 j 个指标的原始数据值。经过标准化处理后得到数据结果如表 3 - 3 所示。将表 3 - 3 中的标准化结果代入系统稳定性判定准则中，即根据 $k_2 k_4^2 B - k_4^3 - k_1^2 k_3 A^2$ 的符号对知识产权管理系统耗散结构的形成进行判定，得到 2014 年知识产权管理系统耗散结构的判别结果如表 3 - 4 所示。同理，可得到 2015 年、2016 年和 2017 年我国知识产权管理系统耗散结构的判定结果，如表 3 - 5 至表 3 - 7 所示。

表 3 - 3　　　　　　　　2014 年无量纲化处理结果

省份	R&D 经费支出（A）	新产品开发经费支出（B）	省份	R&D 经费支出（A）	新产品开发经费支出（B）
北京	0.7656	0.1636	河南	0.2354	0.1637
天津	0.2749	0.1402	湖北	0.3031	0.2021
河北	0.1824	0.1273	湖南	0.2158	0.1739
山西	0.0842	0.0516	广东	0.9711	0.9193
内蒙古	0.0658	0.0336	广西	0.0596	0.0428
辽宁	0.2569	0.1751	海南	0.0016	0.0010
吉林	0.0710	0.0390	重庆	0.1145	0.1005
黑龙江	0.0897	0.0424	四川	0.2655	0.1281
上海	0.5174	0.3291	贵州	0.0251	0.0162
江苏	1.0000	1.0000	云南	0.0437	0.0288
浙江	0.5454	0.5049	陕西	0.2151	0.0918
安徽	0.2315	0.2043	甘肃	0.0382	0.0217
福建	0.2079	0.1565	青海	0.0000	0.0000
江西	0.0847	0.0679	宁夏	0.0059	0.0044
山东	0.7872	0.6555	新疆	0.0213	0.0126

资料来源：2015 ~ 2018 年《中国科技统计年鉴》。

表 3 - 4　　　　　2014 年知识产权管理系统耗散结构判别结果

省份	判别式结果	耗散结构判定	省份	判别式结果	耗散结构判定	省份	判别式结果	耗散结构判定
北京	- 0.0137	否	浙江	0.0060	是	海南	- 0.0080	否
天津	- 0.0040	否	安徽	- 0.0009	否	重庆	- 0.0043	否
河北	- 0.0036	否	福建	- 0.0026	否	四川	- 0.0043	否
山西	- 0.0061	否	江西	- 0.0054	否	贵州	- 0.0074	否
内蒙古	- 0.0067	否	山东	0.0053	是	云南	- 0.0069	否
辽宁	0.0024	否	河南	- 0.0026	否	陕西	- 0.0053	否
吉林	- 0.0065	否	湖北	- 0.0018	否	甘肃	- 0.0072	否
黑龙江	- 0.0065	否	湖南	- 0.0020	否	青海	- 0.0080	否
上海	- 0.0004	否	广东	0.0091	是	宁夏	- 0.0078	否
江苏	0.0112	是	广西	- 0.0064	否	新疆	- 0.0075	否

资料来源：根据相关统计数据计算。

表 3 - 5　　　　　　2015 年知识产权管理系统耗散结构判别结果

省份	判别式结果	耗散结构判定	省份	判别式结果	耗散结构判定	省份	判别式结果	耗散结构判定
北京	-0.0138	否	浙江	0.0050	是	海南	-0.0080	否
天津	-0.0039	否	安徽	-0.0010	否	重庆	-0.0033	否
河北	-0.0036	否	福建	-0.0026	否	四川	-0.0051	否
山西	-0.0068	否	江西	-0.0052	否	贵州	-0.0073	否
内蒙古	-0.0069	否	山东	0.0034	是	云南	-0.0069	否
辽宁	-0.0037	否	河南	-0.0027	否	陕西	-0.0056	否
吉林	-0.0058	否	湖北	-0.0022	否	甘肃	-0.0074	否
黑龙江	-0.0068	否	湖南	-0.0020	否	青海	-0.0080	否
上海	-0.0012	否	广东	0.0112	是	宁夏	-0.0078	否
江苏	0.0085	是	广西	-0.0063	否	新疆	-0.0075	否

资料来源：根据相关统计数据计算。

表 3 - 6　　　　　　2016 年知识产权管理系统耗散结构判别结果

省份	判别式结果	耗散结构判定	省份	判别式结果	耗散结构判定	省份	判别式结果	耗散结构判定
北京	0.0207	是	浙江	0.0103	是	海南	-0.0078	否
天津	0.0021	是	安徽	0.0004	是	重庆	-0.0026	否
河北	-0.0009	否	福建	0.0003	是	四川	0.0026	是
山西	-0.0057	否	江西	-0.0044	否	贵州	-0.0068	否
内蒙古	-0.0054	否	山东	0.0169	是	云南	-0.0057	否
辽宁	-0.0011	否	河南	0.0011	是	陕西	-0.0001	否
吉林	-0.0056	否	湖北	0.0030	是	甘肃	-0.0066	否
黑龙江	-0.0053	否	湖南	0.0005	是	青海	-0.0080	否
上海	0.0111	是	广东	0.0120	是	宁夏	-0.0077	否
江苏	0.0182	是	广西	-0.0060	否	新疆	-0.0072	否

资料来源：根据相关统计数据计算。

表 3 - 7　　　　　　2017 年知识产权管理系统耗散结构判别结果

省份	判别式结果	耗散结构判定	省份	判别式结果	耗散结构判定	省份	判别式结果	耗散结构判定
北京	0.0186	是	浙江	0.0104	是	海南	- 0.0079	否
天津	- 0.0005	否	安徽	0.0008	是	重庆	- 0.0023	否
河北	- 0.0008	否	福建	0.0006	是	四川	0.0024	是
山西	- 0.0058	否	江西	- 0.0041	否	贵州	- 0.0067	否
内蒙古	- 0.0060	否	山东	0.0171	是	云南	- 0.0056	否
辽宁	- 0.0011	否	河南	0.0013	是	陕西	- 0.0005	否
吉林	- 0.0061	否	湖北	0.0032	是	甘肃	- 0.0068	否
黑龙江	- 0.0058	否	湖南	0.0009	是	青海	- 0.0080	否
上海	0.0113	是	广东	0.0120	是	宁夏	- 0.0076	否
江苏	0.0190	是	广西	- 0.0059	否	新疆	- 0.0073	否

资料来源：根据相关统计数据计算。

从表 3 - 4 至表 3 - 7 的判别结果中可以看出，2014 ~ 2015 年，我国大多数省份的知识产权管理系统耗散结构并没有形成。2016 年和 2017 年，部分省份的知识产权管理系统耗散结构逐渐形成。为了更清晰地分析知识产权管理系统耗散结构的形成，根据表 3 - 7 中数据绘制知识产权管理系统耗散结构判定值的散点图，如图 3 - 2 所示。从图 3 - 2 中可以发现，知识产权管理系统耗散结构形成的省份是北京、上海、浙江、江苏、安徽、福建、山东、河南、湖北、湖南、广东和四川这 12 个，相对于我国其他省份而言，这些中东部省份更加重视科技创新发展、知识产权开发、运营和保护能力较强，鼓励高技术企业和科研院所的自主知识产权开发，知识产权开发投入及成果投入力度均较大，位居全国前列。然而，截至 2017 年，形成耗散结构的省份占全国比例仅仅约为 40%。这一方面可能是由于我国大多数省份知识产权开发投入（R&D 经费支出）滞后于知识产权成果转化投入（新产品开发经费支出）导致两者匹配不均衡，使得区域知识产权管理系统的开发程度不够，进而导致系统主体的分工和协调能力较弱；另一方面是由于大多数省份知识产权管理系统主体（如企业、中介机构等）更注重提升知识产权成果转化率，以期实现知识产权的市场化和商业化，即通过知识产权的运营获得新产品销售收入和利润，却忽视了知识产权开发这一影响系统发展的重要前提条件。

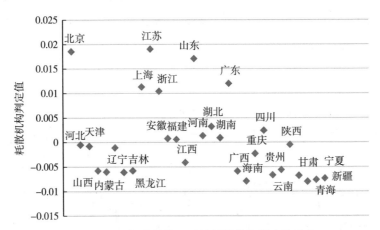

图 3 - 2　知识产权管理系统耗散结构判定值分布

资料来源：作者根据相关统计数据计算并利用 EXCEL 绘制。

甘肃、宁夏、新疆、青海、黑龙江、吉林等省份知识产权管理系统并没有形成耗散结构，这可能是由于地理条件或经济发展水平相对落后，系统内耗高，无序程度较大，因此，系统运行效率降低，需要借助外界影响并以他组织方式革新系统发展，从而促进系统打破原有平衡，进入失稳状态，通过巨涨落突变走向新的有序发展状态。

3.1.3　基于势函数的耗散结构形成条件

利用协同学中的势函数进一步分析 Brusselator 模型，由于该模型中化学反应式（3 - 3）是一个自催化过程，随着反应的进行，x 浓度不断增加，可以认为 x 是整个系统运行的一个序参量（慢变量）。利用绝热消去原理，令式（3 - 5）中的第二个式子右侧等于 0，则有：

$$y = \frac{k_2 B}{k_3 x} \tag{3 - 12}$$

将式（3 - 12）代入式（3 - 5）中第一个式子，则有：

$$x = k_1 A - k_4 x \tag{3 - 13}$$

由于整个系统的运行是由 x 主导的，对式（3 - 13）进行简化计算则有：

$$x = \frac{k_1 A}{k_4} \tag{3 - 14}$$

通过式（3 - 14）求系统的势函数，分析变量 x 的稳定性，得到：

$$\nu(x) = \frac{k_4 x^2}{2} - k_1 Ax \qquad\qquad (3-15)$$

将式（3－15）表示的势函数利用二维平面图描绘，如图3－3所示。其中，当$\frac{k_4}{k_1}>0$时，势函数为实线部分，此时平衡点稳定，系统倾向于进入无序状态；当$\frac{k_4}{k_1}<0$时，势函数为虚线部分，此时平衡点不稳定，系统可能从无序趋向有序发展状态。一方面我们发现，由于k_1、k_2、k_3、k_4分别表示开发投入对知识产权开发管理影响滞后期倒数、知识产权成果转化时间倒数、知识产权转化能力对知识产权成果开发促进作用时间的倒数、知识产权开发成果对知识产权保护管理影响滞后期倒数，均是大于零的参数，所以以本书的知识产权管理系统对应图3－3中的实线部分，即平衡点是稳定的，系统趋于无序状态，这也与上文中实证结果基本相符，即近年来我国大部分地区的知识产权管理系统耗散结构并没有形成；另一方面，可以通过调整代表反应速率的控制参数的大小，激发系统从无序状态演化发展进入有序状态。因此，为了促进我国知识产权管理系统朝向有序态发展，政府、企业、中介机构、高校和科研院所等系统内主体应积极参与知识产权管理，共同促进知识产权管理系统中不同要素的协同发展，协调好知识产权开发、运营和保护子系统三个系统之间的关系，加大知识产权开发投入及其成果的转化投入力度，提高知识产权成果转化效率，从而加速实现知识产权的市场化和商业化。

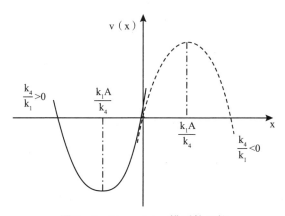

图3－3　Brusselator 模型势函数

资料来源：作者根据 Brusselator 模型基本原理及公式绘制。

考虑我国不同区域的经济发展水平和科技发展差异性，政府、企业、中介机构、高校和科研院所等主体应积极加入知识产权联盟，加强政产学研合作，并针对不同区域采取差异化和具有针对性的知识产权管理策略，共同促进知识产权管理系统发展。东部经济发达地区科技发展水平高，应该侧重于加强知识产权运营和保护管理，加大知识产权成果的转化投入，提高知识产权成果转化率，加速实现知识产权的市场化和商业化；经济发展相对落后的中西部地区，应该更加注重知识产权开发投入，大中型企业应该加大 R&D 经费支出和投入强度，提升研发能力，以扩大知识产权成果产出，提高知识产权开发能力，也为提升区域知识产权运营效率与保护能力奠定基础。

3.2 基于管理熵变和突变的知识产权管理系统演化的稳定性分析

3.2.1 知识产权管理系统的管理熵变分析

由系统科学理论及知识产权理论可知，知识产权管理系统必然具备一定的自然系统的特性，与此同时，也具备一定社会系统的特性。然而，知识产权管理系统并不是自然系统，不能简单地利用耗散结构理论或物理热力学第二定律对其演进发展进行分析。因此，需要利用熵理论将知识产权管理系统所具备的自然系统属性和社会系统属性联系起来，本书中将其定义为知识产权管理系统的"管理熵"。知识产权管理熵是指知识产权管理系统在一定的时空范围内所表征的系统内有序发展程度及其能量状态综合集成的非线性效能比率状态。系统内部存在着管理熵的矛盾运动，这种熵运动影响着系统的演进发展。

知识产权管理熵的公式表示为：

$$PRMS = k \ln P \tag{3-16}$$

式（3-16）中，知识产权管理熵 PRMS 表示知识产权管理系统有序程度的宏观状态；P 与系统有序程度的宏观状态相对应的微观状态值；k 是主体系数，为了消除不同主体要素的功能特征差异所导致的管理绩效、管理水平及效率的差异而设置的参数；使得不同主体要素能在同标准下衡量比较。微观状态值是知识产权管理系统运行过程中，各种物质、信息、知识及技术等能量（如研发人员、新产品销售、专利申请情况、注册商标情况、版权登记状况等等）在管理效应作用下呈现出的一种微观状态的具体量化的数值，这种微观状态的综合集成可以反映知识产权管理系统运行的混沌或有序程度及其演进发展状态或趋势。基于熵理论及相关研究基础上，可以构建如下具体表示式：

$$
\begin{cases}
\text{PRMS} = -k \sum_{i=1}^{n} \sum_{x_i \in X_i} P(x_1, x_2, \cdots, x_n) \log_2 P(x_1, x_2, \cdots, x_n) \\
\sum_{i=1}^{n} \sum_{x_i \in X_i} P(x_1, x_2, \cdots, x_n) = 1
\end{cases}
\tag{3-17}
$$

式（3-17）中，PRMS 是管理熵，$P(x_1, x_2, \cdots, x_n)$ 是知识产权管理系统的宏观状态（$X_1, X_2, \cdots, X_n$）的微观状态（$x_1, x_2, \cdots, x_n$）发生的联合概率，满足 $0 \leqslant P(x_1, x_2, \cdots, x_n) \leqslant 1$。知识产权管理熵越大，说明知识产权管理系统内部有序程度越低；反之，知识产权管理熵越小，说明知识产权管理系统内部有序程度越高。

在知识产权管理系统运行及演进发展过程中，伴随着系统内部与外界环境进行物质、信息等交换，产生资金、知识、技术、人才等流动，系统内知识产权管理熵增呈现明显变化，呈现出有效能量不断消耗、无效能量激增的现象，整个熵变过程是不可逆的，使得知识产权管理系统从有序或稳定状态朝着无序或混乱状态演进发展。

知识产权管理系统内部熵变即熵增分为与外部环境交互作用的系统自然状态下所产生的自然熵以及社会干预作用下的管理熵两个部分。其中，自然熵是知识产权管理系统自组织演化发展过程中，自然发展情况下所产生的恒大于零的熵 d_iS；管理熵是受到高校、企业、政府相关部门、科研院所及中介机构等主体要素的人为干预的作用，所产生的熵增 $d_{im}S$；知识产权管理系统与外部环境交互作用所产生的熵即熵减，是知识产权管理系统与外部环境相互作用过程中，从外部环境流入的能量、信息等熵因素所产生的熵流 d_eS。因此，知识产权管理系统总的知识产权管理熵的公式可以分解为：

$$
dPRMS = d_iS + d_{im}S + d_eS
\tag{3-18}
$$

将式（3-18）进一步转化可得到式（3-19）至式（3-21）：

$$
d_iS/dt = \sum \int \sigma_1 dt = \sum \int (c_1 + c_2 + \cdots + c_n) dt > 0
\tag{3-19}
$$

$$d_{im}S/dt = \sum \int \sigma_2 dt = \sum \int \left(\frac{PUT_{in}^1}{PUT_{out}^1} - 1 \right) + \left(\frac{PUT_{in}^2}{PUT_{out}^2} - 1 \right) + \cdots$$

$$+ \left(\frac{PUT_{in}^n}{PUT_{out}^n} - 1 \right) dt \qquad (3-20)$$

$$d_e S/dt = \sum \int \sigma_3 dt = \sum \int (\sigma_{in} - \sigma_{out}) dt = \sum \int [(K_{in} + T_{in} + \cdots + I_{in})$$

$$- (K_{out} + T_{out} + \cdots + I_{out})] dt \qquad (3-21)$$

在式（3-19）中，σ_1 表示知识产权管理系统内部在自然状态下运行发展所产生的各种熵因素的集合，是由 n 个主体要素在知识产权管理活动中所消耗的研发成本、运营成本及保护成本等费用的加总，因此有 $d_iS > 0$；在式（3-20）中，σ_2 表示知识产权管理系统受到主体要素的人为干预导致的管理熵增因素，它可以通过企业、高校、科研院所、政府部门及中介机构等的知识产权管理效率反映，知识产权管理效率可以通过知识产权活动投入与知识产权产出的比值关系 $\frac{PUT_{in}^i}{PUT_{out}^i} - 1$ 来衡量，由于该数值比例关系可能呈现出正数、负数和零三种不同的状态，因此，相应的 $d_{im}S$ 也会呈现三种不同状态；在式（3-21）中，σ_3 表示知识产权管理系统与外部环境交互作用所产生的熵因素，它可以通过知识流 K、资金流 C、技术流 T、信息流 I 等能量的流量来反映，这些能量流量可以表示为系统内部的流入量与流出量的差值，因此，在一定的时间范围内，d_eS 的数值可以呈现出正数、负数和零值三种不同的状态。根据热力学第二定律可知，d_iS 恒大于零，基于耗散结构理论可知，d_eS 可能是正数、负数或零，且 $d_{im}S$ 的数值可能为正数、负数或零。因此，对于知识产权管理系统而言，当 $|d_{im}S| > |d_iS|$ 时，则知识产权管理系统内部所产生的熵增总量 $d_iS + d_{im}S$ 不一定恒大于零，也存在着正数、负数和零三种情况，这与一般的自然系统内部熵增总量恒大于零的特征是具有差异性的。其中，$d_{im}S$ 不是在自然情况下产生的，而是在主体要素干预条件下的知识产权开发、运营及保护管理协同，知识产权创造及转化应用所产生的知识产权管理熵，比如高校、科研院所及企业等主体高效率的决策行为及其合作关系的构建、知识产权投入资源的配置优化、管理效率的提高等。

根据上述知识产权管理熵公式可知，知识产权管理系统内部自然产生的熵恒大于零，即 $d_iS > 0$。知识产权管理系统的开放性及复杂性推动系统不断产生熵变，促进系统的演化发展。外部流入的负熵 d_eS 的数值可能大

于零，也可能小于零，当 $d_e S < 0$ 且 $d_{im} S \geq 0$ 时，$|d_e S| > |d_{im} S| + |d_i S|$，则 $dPRMS = d_e S + d_i S + d_{im} S < 0$，或者当 $d_e S > 0$ 时，且 $d_{im} S < 0$，$|d_e S| + |d_i S| < |d_{im} S|$，则 $dPRMS = d_e S + d_i S + d_{im} S < 0$，系统呈现出可逆的演化态势；当 $d_e S \geq 0$ 时，且 $d_{im} S < 0$，$|d_i S| + |d_e S| > |d_{im} S|$，则 $dPRMS = d_e S + d_i S + d_{im} S > 0$，或当 $d_e S < 0$，$d_{im} S > 0$ 时，且 $|d_e S| < |d_{im} S| + |d_i S|$，则 $dPRMS = d_e S + d_i S + d_{im} S > 0$，系统呈现出不可逆的演化态势；可见，知识产权管理熵的不同特性、变化及冲突使得知识产权管理系统呈现出一定的演化发展趋势及规律。

知识产权管理系统的发展呈现出动态演化过程，具有一定的不确定性和复杂性，系统的熵变运动主要体现在三种情况：（1）当知识产权管理系统从外界环境引进负熵流，或者内部产生管理负熵，在与系统内产生的熵增相互作用的条件下，不断抵消系统产生的熵增，使得系统呈现出总熵小于零，系统处于稳定有序的发展状态，知识产权管理效率理想；（2）若知识产权管理系统从外界环境引进的熵流及内部产生的管理负熵的总和始终等价于系统内部自然情况下产生的熵增，系统的总熵保持不变，系统进入稳定发展阶段；（3）若系统从外界引进的负熵及内部自然情况下产生的管理熵总和不足以抵消系统内部所产生的熵增，系统的总熵量将增加，系统将打破原有的有序结构，各个要素运动趋向无序化，有效能量消失，系统功能发生障碍并恶化，走向无序混沌的状态，甚至出现系统崩溃状态，进入衰退阶段。

因此，知识产权管理熵增与知识产权管理负熵既具有内在一致性，又有矛盾性，前者体现了系统的无序与混乱，后者体现了系统的有序和稳定，二者的矛盾运动及变化决定了系统耗散结构的生成，影响系统的有序发展程度，推动了系统的演化发展，使得系统的演化发展呈现出生命周期规律。

3.2.2　知识产权管理系统演化的稳定性判定

突变理论最早由法国数学家雷内托姆于 1972 年提出，主要用于探究复杂性系统在动态演进过程中发生的不连续、突变现象。在该理论中，自然界和社会现象用某个特定的几何形状表示，当控制变量不超过 4 个变量时，可以呈现出不同的突变类型，如尖点突变、燕尾突变、蝴蝶突变、脐点突变等初等突变。

突变模型包含状态变量和控制变量两种类型的变量，其中，状态变量用势函数 $f(x)$ 来描述，表示系统的行为状态，当势函数 $f(x)$ 只有唯一的极值时，系统处于稳定的状态；当势函数 $f(x)$ 的极值个数大于 1 时，系统处于非稳定的状态。此时，随着势函数 $f(x)$ 中不同的参数变化，系统的状态发生跳跃或突变。控制变量是引起突变的具体影响因素，是相互作用且连续变化的因子。通过对势函数 $f(x)$ 进行求导，得到一阶导数为 0 时的平衡曲面，即 $f'(x)=0$，该曲面可以描述系统发生突变的具体过程和特征。进一步对平衡曲面方程 $f'(x)=0$ 进行求导，得到 $f''(x)=0$，此时可以获得平衡曲面的奇点集合，表示系统的突变状态集合。

1. 知识产权管理系统突变模型的假设

由于对于任意的一个系统而言，其总熵变均是受到系统从外部吸收的负熵流和内部产生的熵增相互矛盾运动的结果，可以用熵的势函数来衡量，因此，知识产权管理系统的状态也可以采用总熵变 dPRMS 的势函数 $S(x)$ 来衡量。假设知识产权管理系统内部熵增 d_iS 和外部负熵 d_eS 分别受到系统内部因素 v 和系统外部因素 u 的影响，则采用尖点突变模型，知识产权管理系统的势函数可以表示为：

$$S(x) = x^4 + ux^2 + vx \tag{3-22}$$

因此，知识产权管理系统的突变流形的函数表达式可以定义为：

$$S'(x) = 4x^3 + 2ux + v = 0 \tag{3-23}$$

知识产权管理系统的突变奇点集合的曲面流形的函数表达式定义为：

$$S''(x) = 12x^2 + 2u = 0 \tag{3-24}$$

根据式（3-23）可知，该一元三次方程的判别式为 $\Delta = 8u^3 + 27v^2$，是系统的分歧点集合，即系统的势函数发生突变情况下控制变量的数值。具体可以分几种情况：（1）当 $\Delta = 8u^3 + 27v^2 > 0$ 时，知识产权管理系统的突变流形有唯一的实数解，此时知识产权管理系统处于稳定的状态；（2）当 $\Delta = 8u^3 + 27v^2 = 0$，u = 0 且 v = 0 时，知识产权管理系统的突变流形有三个相等的实数解，此时知识产权管理系统处于临界状态；（3）当 $\Delta = 8u^3 + 27v^2 < 0$ 时，知识产权管理系统的突变流形有三个不相等实数解，此时知识产权管理系统是不稳定的，易发生突变，在非线性机制的作用下，系统将形成耗散结构状态。

2. 知识产权管理系统稳定性的判定

通过上述知识产权管理系统的突变模型可知，知识产权管理系统在演化发展过程中，通过控制系统内部要素、变量等使得系统处于形成耗散结构的理想状态，此时，$\Delta < 0$ 是系统处于耗散结构的一个充要条件。

根据知识产权管理系统内部熵变状况，结合外部熵流和内部熵增的特点，可以构建系统内熵增 d_iS 和负熵 d_eS 分别与控制变量 v 和 u 之间的关系：

$$\begin{cases} u = \sum w_i d_i S + \psi_i \\ v = \sum w_e d_e S + \psi_e \end{cases} \qquad (3-25)$$

式（3-25）中，w_i 和 ψ_i 分别表示知识产权管理系统内部熵增的权重及其修正系数，w_e 和 ψ_e 分别表示知识产权管理系统外部流入的负熵的权重及其修正系数。

将式（3-25）代入式（3-22）可将知识产权管理系统的势函数转化为式（3-26）：

$$S(x) = x^4 + \left(\sum w_i d_i S + \psi_i\right)x^2 + \left(\sum w_e d_e S + \psi_e\right)x \qquad (3-26)$$

将式（3-25）代入式（3-23），可得判别式：

$$\Delta = 8\left(\sum w_i d_i S + \psi_i\right)^3 + 27\left(\sum w_e d_e S + \psi_e\right)^2 \qquad (3-27)$$

通过式（3-27）可得到知识产权管理系统发生突变的临界条件及特征，并可以得到以下推论：

（1）当 $\Delta > 0$，即 $8\left(\sum w_i d_i S + \psi_i\right)^3 + 27\left(\sum w_e d_e S + \psi_e\right)^2 > 0$ 时，无论发生何种变化，知识产权管理系统均会保持一种稳定的状态，系统内部各个主体要素的数量及其关系、资源要素的集成、子系统发展效度等均处于线性增长时期。将此推论映射到知识产权管理系统的实际发展过程中，即随着经济全球化发展，世界各国大力提倡创新驱动发展，世界各国纷纷将知识产权战略纳入国家战略层面，知识产权管理系统逐渐壮大，系统内各个构成要素扩大并激增，呈现线性增长趋势，知识产权开发、运营及保护管理子系统相互作用，使得知识产权管理系统发展越来越复杂。同时，知识产权管理系统衍生了一定的不稳定性，知识产权侵权案件频发、知识产权执法力度不够等，导致知识产权管理系统的稳定发展受到阻碍。

受到经济发展、文化环境和政治环境等外部条件的影响，以及系统内部要素的完善程度、子系统的发展水平等的内部因素的综合作用，不同国家、地区的知识产权管理系统发展水平、演进状态也具有差异，因此，不同规模及发展水平的知识产权管理系统的内部熵变情况不同。从系统的突变视角来看，发达国家知识产权管理系统发展相对成熟，同等状态下系统内部熵增

d_iS 相对较小，同时，发达国家由于具有优越及完善的外部环境，具有大量优秀杰出人才，信息服务水平高，具备良好的知识产权服务平台，可以吸收更多的负熵流 d_eS，有效推动知识产权管理系统的演化发展。对于发展中国家的知识产权管理系统而言，经济发展水平低，技术发展滞后，优秀人才缺失等，知识产权政策制度不够完善，导致知识产权研发能力不足、知识产权运营绩效低、知识产权保护力度不够等问题，使得知识产权管理系统引入的负熵流 d_eS 相对较低，系统产生较大的熵增 d_iS。

（2）当 $\Delta = 0$，即 $8\left(\sum w_i d_i S + \psi_i\right)^3 = -27\left(\sum w_e d_e S + \psi_e\right)^2$，且满足关系：$\psi_i = -\sum w_i d_i S$，$\psi_e = -\sum w_e d_e S$ 时，在系统内部熵增和系统外部负熵流的综合作用下，两者的非线性耦合促进知识产权管理系统处在了混沌与突变的临界点。

随着知识产权管理系统内线性增长模式的发展，当系统内的势能增加到一定数值时，即势能达到某个阈值点，若给系统一个微弱的涨落波动，如一件知识产权侵权事件的发生、一个知识产权中介机构的倒闭或一次产学研合作的利益分配冲突等，均可能引起系统内产生突变。线性增长模式可以促进知识产权管理系统中某些主体要素、资源要素等要素的发展，但是当系统中不同要素的非线性耦合作用导致系统的整体效能激增并处于一定临界值时，在外部政治环境、经济环境及文化环境等条件的作用下，会使得系统发生突变。这种外部条件的作用，一方面和修正常数 ψ_i 和 ψ_e 密切相关，另一方面还与系统内熵增 d_iS 与外部负熵流 d_eS 的权重 w_i、w_e 有关。

（3）当 $\Delta < 0$，即 $8\left(\sum w_i d_i S + \psi_i\right)^3 < -27\left(\sum w_e d_e S + \psi_e\right)^2$ 时，知识产权管理系统内部发生了突变，在内部熵增和外部负熵流的综合作用下，逐渐形成了新的耗散结构。此时，随着系统内熵流的冲突运动，"微小涨落"逐渐形成"巨涨落"，知识产权管理系统内部不断产生突变。因此，在系统的非线性作用机制下，熵流的变化促进知识产权管理系统逐渐远离平衡态，并朝着有序方向发展。

对于不同地区的知识产权管理系统而言，受到经济发展水平、政治环境、文化环境等因素影响，不同规模及发展水平的知识产权管理系统的内部熵变情况不同，这些知识产权管理系统演化发展的模式可能具有一定差异性，但是其演进发展过程中均是不断产生突变，并朝着远离平衡态方向演进。不同国家、地区的知识产权管理系统，其内部企业、高校及科研院所等主体要素所选取的知识产权开发管理、保护管理及运营管理方式既依赖于各自的知识产权政策制度、经济发展水平和知识产权文化发展等方面的实际情况，又取决于当地的知识产权发展现状的客观需求，因此，因地制宜地采取高效的知识产权管理模式才能促进知识产权管理系统的良性稳定发展。

基于尖点突变模型可知，知识产权管理系统的演化发展具有以下突变特征。

知识产权管理系统演化在一定时间范围内呈现出稳定的状态。但是在知识产权管理系统的发展过程中，单一的线性增长机制并不能产生显著的促进作用，甚至会产生知识产权管理系统的退化问题。如知识产权的研发有助于知识产权管理系统的发展，但是若研发资金、研发人才等资源要素得不到有效配置，会引发系统的退化或衰落。所以，一方面要加强知识产权管理系统内部熵增因素的控制力度，借鉴一些发达国家或地区的先进经验，从源头上对知识产权管理风险及时加以治理与控制，另一方面要加强知识产权开发、保护及运营的协同发展，加大知识产权研发力度，完善知识产权保护制度措施，营造良好的知识产权运营环境，促进知识产权管理系统外部负熵流的不断流入。

在特定的条件下，在一定的时间范围内，知识产权管理系统会发生突变，形成系统演进发展的涨落机制。一方面，这主要来源于知识产权管理系统内主体行为需求变化，企业、高校及科研院所等主体的需求日益复杂、多元，研发更为具有创新性、竞争优势的知识产权产品，提高知识产权转化及市场化运营效益。另一方面，由于知识产权发展战略、知识产权保护政策制度等的调控作用，知识产权管理系统内部出现熵增，知识产权保护管理效率随之产生波动，如果对知识产权管理系统采取有效监管，加强知识产权侵权风险的监管协调，调整知识产权政策措施，可降低知识产权管理系统内部熵增，扩大系统外部的负熵流入。

知识产权管理系统在一定时间范围内具有多样性演进发展特征，即系统演化存在着众多的非线性作用机制。因此，不能简单地规划制定知识产权管理系统发展模式，而需要因地制宜、因时制宜制定本国或本地区知识产权管理系统的发展规划及战略，选择适宜的发展路径，所以知识产权管理系统演化发展路径及模式也具有多元化和差异性特征。

3.3　知识产权管理系统的演化方式

知识产权管理系统作为一个具有自组织性的复杂系统，系统的自组织过程可以划分为四个阶段：自创生阶段、自扩张阶段、自维持阶段和自退化阶段。第一个阶段是系统发展形成的雏形阶段，是系统从无序、混沌程度较高的简单组织状态朝着有序、复杂的组织状态发展重要时期。在这个阶段，系统内要素、结构及层次等逐渐形成并具有一定复杂性，因此，可以视为系统的创生过程，即自创生阶段。第二个阶段是系统组织形态已经较为成熟情况下，系统的复杂性增长阶段，系统内要素数量不断累积、结构及层次等复杂程度增加，可以视为系统在量上的扩张过程，即自扩张阶段。第三阶段是系统内要素、结构及组织形态不发生显著变化，具有稳定的发展状态的阶段，可以视为系统自我维持的过程，即自维持阶段。第四阶段是系统发展状态出现退化，从外部获得的物质、能量及信息等不足以维持系统演进发展的实际需求，系统的发展状态从较理想的有序状态退回到无序、不稳定的混沌状态，此时是系统的自退化阶段。

基于种群生态理论，考虑到系统在自退化阶段将面临知识产权市场混沌无序、知识产权违法现象、各主体管理职能退化甚至逐渐消失殆尽，系统将逐渐发生衰败现象，系统在外部环境及自组织作用下，将进入新一轮生命周期，步入新的自创生阶段。本书基于自组织理论和种群生态理论，借鉴相关研究成果，提出了知识产权管理系统的演化的三种形式：自创生、自重组和自稳定。

3.3.1　自创生的演化方式

知识产权管理系统的自创生演化是系统在自组织作用下内部要素、功能等逐渐累积，系统不断从外界环境中吸收、引入物质与能量，主体要素积极参与知识产权创造、运用与保护管理活动，知识产权客体要素产出质量和数量日益增加的演进过程。

在知识产权管理系统演进发展过程中，系统在自组织作用下，吸引高校、企业、科研院所等主体积极加入知识产权管理系统，开展知识产权创造、运营及保护活动，促进专利、商标、版权、商业秘密及技术秘密等客体要素的产出，从而加快系统内部能量流动。知识产权管理系统的自创生演化方式是企业、高校、科研院所、政府相关部门及中介机构等主体要素进行知识产权管理活动的必然结果，而为了更好地实现知识产权开发、保护和运营协调发展，实现知识产权经济效益和社会效益最优化的目标，主体要素之间加强沟通交流，通过知识共享、信息交流等，实现系统要素的不断补充、更新及流动，通过构建合作伙伴关系，形成良好的竞合行为，进而促进系统打破旧结构与功能，系统内发生知识产权管理模式的转变，引起系统内部的能量存量增加，系统内部结构、层次及功能的改变，从而引发系统从微涨落走向巨涨落，进而形成突变。系统内结构、功能的突变，使得系统具有连续性、阶段性的演进特点，在系统内各要素之间、各个子系统之间、系统与外部环境之间的相互影响的非线性作用下，随机涨落逐渐被放大，从而形成巨涨落而产生创新型的知识产权管理模式，推动系统进入自组织演化的第二个阶段即自扩张阶段。

3.3.2　自重组的演化方式

自重组的演化方式是系统打破旧的结构、功能和性质的行为，突破系统发展的临界值，不断产生新知识、新技术、新信息，形成新结构、新功能的演进过程。

在知识产权管理系统的内部资源要素、主体要素及外部环境因素的相互作用下，系统内微涨落逐渐扩大为巨涨落，并高于临界条件，使得系统出现分岔或突变，失去自稳定性，打破原有结构，随着知识产权管理活动的不断产生，使得传统的强调知识产权开发、运营及保护管理的单一旧模式发生转变，旧的知识产权政策制度被更新或替代，系统从混沌、无序的演进发展状态朝着有序、稳定的状态演进，从知识产权开发、运营与保护管理分散模式向开发—保护—运营管理协同发展模式转变，即自重组的演化方式。通过这种自优化、自完善的突变选择，知识产权管理系统内部的无序化程度降低，并朝着有利于系统整体稳定有序发展的管理模式转变，主体要素之间通过知识、技术、信息等物质能量的交换、传播等，采取竞争或合作的方式，推动系统内知识产权资源的重新组合、优化配置，实现知识产权管理的优化。

3.3.3　自稳定的演化方式

自稳定的演化方式是知识产权管理系统在传统的知识产权开发、运营与保护方式下进行渐进式的知识产权活动，是系统进入成熟稳定阶段的一种演进与发展形式。

在知识产权管理系统发生分岔之前，系统沿着原始知识产权管理的轨迹进行知识产权活动，在达到知识产权管理系统的状态临界点之前，系统内参与知识产权创造、知识产权成果转化及知识产权保护等活动的主体要素，如企业、高校、科研院所及政府相关部门等之间的关系比较稳定，在竞争或合作关系的作用下，各个主体之间依托于知识产权服务平台或产学研网络等实现了知识、技术及信息共享，产学研联盟或知识产权联盟中的各个主体实现利益分配，共担风险的合作目标。知识产权相关要素如知识、技术、物资和信息等源源不断地流入系统，保证了系统持续发展及稳定运行。因此，知识产权管理系统自稳定的演进过程，具有一定的可预测性、动态性和连续性的特征。系统内各种要素、资源及能量的积累及储备，为知识产权管理系统内知识产权开发、运营及保护活动提供物质基础，也正是在这些要素、子系统的相互作用下，系统保持稳定的状态，与知识产权管理系统演进发展密切相关的各种涨落因子、分岔或突变的临界条件均控制在阈值范围内，使得系统朝着预期的方向演进，减小了系统演进方向的不可预测性和模糊性。在知识产权管理系统演化过程中，当微涨落数值控制在阈值范围时，涨落将渐渐减弱或消失，系统不会发生分岔或突变，系统处于一种稳定的演进状态。

知识产权管理系统演化方式与系统发展的生命周期特征密切相关，当系统进入不同的自组织演化阶段系统将呈现出不同的演化形式。其中，自创生的演化方式对应着系统自组织过程的第一个阶段即自创生阶段，自重组的演化方式对应着系统自组织过程的第二个阶段即自扩张阶段，自稳定的演化方式对应着系统自组织过程的第三个阶段即自稳定阶段。

3.4　知识产权管理系统的演化路径分析

知识产权管理系统的演化过程既是一种转换活动过程，又是一种结果状态。其中，转换活动过程是知识产权管理系统对外部环境的一系列刺激的感知，到内部反应的动态、反馈及循环的过程，包括系统演进中的渐变与突变、涌现等环节。结果状态是知识产权管理系统演化过程中的一种瞬时状态。本节基于自组织理论、突变理论对知识产权管理系统演化路径进行分析，通过分析系统的演化活动转换过程及状态结果，挖掘系统演化轨迹及其特征；基于复杂系统理论构建数理模型，分析知识产权管理系统演化的动态适应过程。

3.4.1　知识产权管理系统演化的路径依赖

路径依赖理论提出，"在外部性偶然事件的作用下，如果一个具有正反馈机制的体系被系统接纳，这个体系则沿着一定的发展路径演进，便较难取代其他可能的或者更优越的体系"。路径依赖的过程是动态的、随机的过程，由于知识产权管理系统的演化发展也具有动态性、随机性特征，类似于物理学中的惯性，知识产权管理系统一旦形成，便会进入某个路径并沿着该路径发展，在惯性作用下不断自我强化，有效配置系统内知识、技术、信息等要素，优化系统要素及子系统的结构，系统可能对该路径产生一定的依赖。因此，本书将采用路径依赖理论剖析知识产权管理系统的演化路径。

参与知识产权管理活动的主体要素之前所做出的选择将影响其当前以及未来的选择，适应的路径将正向促进系统的发展，并通过惯性力量的作用推动系统内发生正向涌现效应，有利于系统协同发展；反之，不适应的路径将负向阻碍系统的发展，使得系统停滞在某个低效益、混乱无序的状态而无法进一步进化发展。同时，知识产权管理系统的演化路径也受到系统的初始状态的影响，若系统对初始状态中的某个随机、偶发事件较敏感，一旦采用该事件方案，则系统的演进路径呈现相互连贯、依赖的特点。可见，当改变知识产权管理系统的初始状态的某个条件或系统中某个要素参数，产生的微小波动或差异对系统整体的发展会十分明显，即系统的微涨落也会引起巨涨落，进而引起系统的突变。

3.4.2　知识产权管理系统演化的分岔和突变路径

知识产权管理系统是一个复杂适应性系统，具有动态性特征，即随着时间推移而发展变化。知识产权管理系统演化过程在一定时间范围内会保持趋于某个特定状态，即产生分岔或突变。这种突变主要来源于系统与外界环境的交互作用、相互影响，在系统内部产生了微涨落并不断扩大，产生整体的巨涨落，进而使得系统出现退化或衰退，或者呈现跃迁及稳定状态。

知识产权管理系统具有众多的要素，由多个子系统组成，在内部要素及子系统之间相互作用、相互影响下形成了非线性作用机制，推动系统的发展。同时，外部环境中的物质、信息及能量等源源不断地流入系统内，促进知识产权管理系统内要素的更新、结构的优化。正是在系统内外部环境的综合作用下，知识产权管理系统的演化轨迹产生分岔或突变的现象，在分岔临界点处，系统将打破原始旧的结构，转化为新的结构，此时系统发展轨迹呈现出不稳定状态。

1. 知识产权管理系统演化的分岔路径

对于知识产权管理系统而言，当系统内的变量参数发生改变，并达到特定的临界点时，系统将在非线性作用下平衡态发生变化，系统稳定性突然改变，这种系统发展变化的现象称为分岔。分岔通常是在系统内控制参数的小幅度改变情况下所产生的系统行为或状态的戏剧化改变。

设知识产权管理系统的状态变量为 $e \in E \subseteq R^n$，表示系统的状态属性，是随着时间推移不断改变的变量。虽然知识产权管理活动中涉及的变量众多，但是根据协同理论中的序参量支配原理，可知状态变量可以是能够突出反映知识产权管理过程的本质特点的某几个变量，由于知识产权管理的过程包括知识产权的开发、保护及运营等管理活动，最终将研发的知识产权产品实现市场化运营，因此本书将知识产权市场化的效益作为知识产权管理系统演化过程的状态变量。知识产权管理系统内控制参数为 $l = [l_1, l_2, \cdots, l_m] \in L \subseteq R^m$，表示系统发展的影响变量，是影响系统特性及功能的外部环境变量及内部要素变量。随着时间的推移，知识产权管理系统可以通过变量 e 在时刻 t 的数值来衡量系统在时间 t 的状态，对应的状态变量 e 数值的点集合刻画在 n 维空间坐标系上，可以形成对应的状态空间，对应的状态空间的点集合可以用曲线来表现，代表系统的发展轨迹。系统发展轨迹的函数为：

$$\hat{e} = g(e, l) \tag{3-28}$$

当系统的控制参数 l 发生变化时，系统结构状态将在临界点 $l_0 \in L$ 突然改变，演化轨迹呈现出分岔的现象，此时，临界点 $l_0 \in L$ 成为分岔点，在该点系统的一个微小涨落可能被放大出现巨涨落，系统沿着分岔方向发展。在分岔点处系统通过自组织实现自我"选择"，实现新的功能结构。在分岔点这一临界点处系统的选择行为至关重要，通过这种选择行为实现系统在"混沌"的非稳定状态与"有序"的稳定状态之间的转变，进而导致系统产生退化或崩溃、有序或跃迁等演化形态。

当知识产权管理系统的资源要素"知识—技术—信息—人才"等产生"流动—创新—共享—聚集"行为效应及这些资源要素之间相互作用关系发生变化时，系统内企业、高校、科研院所及中介机构等之间竞合关系的形成及发展，引起系统的结构及功能发生改变，促进系统的发展从某个状态朝向另一个状态转变。此时，在转变的临界点处，知识产权管理系统呈现出不同的结构特征，同时系统面临多个可能选择，导致系统发生分岔或突变，进而引起系统状态的改变。其中，知识产权管理过程具有知识产权管理主体与客体之间的交互作用、主体要素依赖惯例进行知识或技术的学习、搜寻与选择等对知识产权市场化效益的变化具有强化影响作用。在系统与外部环境相互耦合作用形成反馈机制的情况下，可以实现一种新稳定的状态，此时系统可以有效抵御不断变化的外部环境及内部要素的非线性作用，直到新的临界点产生扰动，引起反馈效应的扩大，从而产生新的分岔。

设知识产权管理系统内部控制参数 $l \in L$ 的相互作用下引起系统状态变量 $e \in E$（用来衡量系统的绩效或效用）发生变化，则系统内各种要素、子系统之间的这种非线性作用引起的系统演化过程出现了正反馈效益 $el(l > 0)$，然而，当系统内知识产权产品或服务不断产生及更新、满足市场化需求时，知识产权开发的学习、搜寻和选择活动将逐渐减弱，此时也有一部分阻碍因子将降低系统知识产权市场化效益，这些阻碍因子及其相互作用就构成了知识产权管理系统演化的负反馈机制，因此，系统内部要素、子系统及影响因素之间的相互作用所引起正负反馈机制为 $e(1-e)$。此外，由于知识产权管理系统与外部环境不断进行物质、信息等能量的交流，从而形成的影响效应具有一定的随机性，用 $e\lambda$ 表示不同影响效应对知识产权管理系统发展状态的随机作用（λ 表示受到随机作用影响的环境控制变量）。则知识产权管理系统状态的微分动力方程为：

$$\hat{e} = el \times e(1-e) - e\lambda \tag{3-29}$$

对式（3－29）做方程变换。首先，令 $\theta = \sqrt{l}e - \sqrt{l}/3$，则 $e = 1/\sqrt{l}\theta + 1/3$。对其进行时间求导可得：

$$\frac{de}{dt} = \frac{1}{\sqrt{l}}\frac{d\theta}{dt} \qquad (3-30)$$

然后将式（3－30）代入式（3－29），可进一步得到：

$$\frac{d\theta}{dt} = -\theta^3 - \left(\frac{3\lambda-1}{3}\right)\theta - \left(\frac{9\lambda-2l}{27}\right)\sqrt{l} \qquad (3-31)$$

再进一步对式（3－31）简化，令 $\alpha = \dfrac{1-3\lambda}{3}$，$\beta = \left(\dfrac{2l-9\lambda}{27}\right)\sqrt{l}$，可得到：

$$\hat{\theta} = -\theta^3 + \alpha\theta + \beta \qquad (3-32)$$

式（3－32）中，θ 表示知识产权管理系统演化的状态变量（或序参量），描述知识产权管理系统的整体运行发展情况，可以用绩效或效用来衡量；α 表示知识产权管理系统演化的内部控制变量，可以用系统内多个要素或子系统的耦合互动关系的多元函数式来表示；β 表示知识产权管理系统演化的外部控制变量，可以构建知识产权管理系统的环境条件函数式来表征。这些变量共同影响知识产权管理系统的演化方向和演化过程。

根据热力学中的绝热消去原理可知，在系统内变量满足阈值条件的情况下，系统能够较快形成有序结构，且系统受到的外部环境影响作用可以弱化或忽略，不考虑系统内部衰减较迅速的快变量变化情况，从而构建只有慢变量的系统序参量方程：

$$\hat{\theta} = -\theta^3 + \alpha\theta = -\theta(\theta^2 - \alpha) \equiv g(\theta, \alpha) \qquad (3-33)$$

令 $\hat{\theta} = 0$，得到系统的定态解为：$\theta_0(\alpha) = 0$；$\theta_{1,2}(\alpha) = \pm\sqrt{\alpha}$。同时，可得该方程解的曲线函数：

$$g'(\theta, \alpha) = -3\theta^2 + \alpha \qquad (3-34)$$

对于解曲线 $\theta_0(\alpha) = 0$，有 $g'(\theta, \alpha) = -3\theta^2 + \alpha = \alpha$，当 $\alpha < 0$，有 $g'(\theta, \alpha) < 0$，系统的平衡态逐渐趋向稳定，在该平衡态附近的其他状态将会沿着该轨迹趋向此平衡位置；当 $\alpha > 0$，有 $g'(\theta, \alpha) > 0$，此时系统的平衡态趋向不稳定。对于解曲线 $\theta_{1,2}(\alpha) = \pm\sqrt{\alpha}(\alpha \geq 0)$，有 $g'(\theta, \alpha) = -3\theta^2 + \alpha = -2\alpha \leq 0$，系统的平衡态逐渐趋向稳定。当系统控制参数发生改变时，知识产权管理系统演化发展状态的稳定平衡位置的连续动态变化的分岔情况可以用图3－4表示。

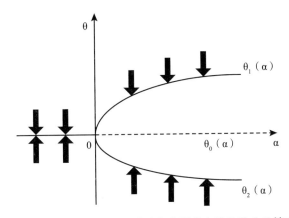

图 3 - 4　知识产权管理系统演化发展状态的临界分岔情况

资料来源：作者根据相关研究成果整理绘制。

在图 3 - 4 中，随着知识产权管理系统演化发展状态的控制变量 α 的变化，系统具有临界点 α = 0，在该临界点处系统面临三种不同状态的"选择"，控制变量的小幅度涨落会推动知识产权管理系统进入有序状态。当控制变量数值从负数逐渐增大达到临界点零点时，系统的状态解的数量增加，如图 3 - 4 所示。其中，随着控制变量不断增大，稳定态将失去稳定性而变为不稳定的分支（实线、虚线分别代表系统的稳定解与非稳定解），此时系统的特征发生明显变化，既有新的稳定态的创生，也有稳定性的变换，系统出现了叉式分岔，系统的稳定态性质发生显著变化，由旧的结构的稳定性退化或消失到新的结构的稳定性形成或增强的有序演化过程，有利于系统朝着新的有序稳定状态跃迁发展。

2. 知识产权管理系统演化的突变路径

通过上述针对知识产权管理系统演化的分岔情况的分析，可知，当系统内控制变量发生变化时，系统呈现出多重的稳定态，演化过程将是从某个稳定态过渡发展为另外的稳定态。但是对分岔过程的分析仅揭示了知识产权管理系统演化的连续状态变化情况，并没有深入分析知识产权管理系统突发的非连续变化的现象，因此，下面本节基于突变理论进一步分析知识产权管理系统演化的突变过程。

设知识产权管理系统 S_{PR} 具有一个势函数 $f(\theta, \alpha, \beta)$，则势函数的位差向量场 gradf 可表示为：

$$\text{gradf}(\theta, \alpha, \beta) = \left(\frac{\partial f}{\partial \theta_1}, \frac{\partial f}{\partial \theta_2}, \cdots, \frac{\partial f}{\partial \theta_n} \right) \qquad (3-35)$$

式（3-35）可以转化为：

$$\frac{d\theta}{dt} = - \text{gradf}(\theta, \alpha, \beta) = - \frac{\partial f(\theta, \alpha, \beta)}{\partial \theta_i}, \ i = 1, 2, \cdots, n \quad (3-36)$$

根据 $\frac{\partial f(\theta, \alpha, \beta)}{\partial \theta_i} = - \frac{d\theta}{dt} = -(-\theta^3 + \alpha\theta + \beta)$，式（3-32）的势函数可以表示为：

$$p(\theta, \alpha, \beta) = - \frac{1}{4}\theta^4 + \frac{1}{2}\alpha\theta^2 + \beta\theta, \ \theta \in R \qquad (3-37)$$

式（3-37）是典型的具有两个控制变量的尖点突变模型，该模型中控制变量共同描述状态变量的特征及变化情况。不同的控制变量参数数值构造出不同的势函数，令 $p'(\theta) = \frac{\partial p(\theta)}{\partial \theta} = 0$，可以得到势函数的临界点的集合，该集合在控制变量及状态变量构成的三维空间中形成的平衡曲面 D（即突变流形）为：

$$D: \{(\theta, \alpha, \beta) \mid -\theta^3 + \alpha\theta + \beta = 0\} \qquad (3-38)$$

平衡曲面 D 是三维空间中的一个光滑曲面，如图 3-5 所示。该突变流形是具有褶皱的曲面，从原点处开始，当 $\alpha \geq 0$ 时，曲面形成了一个逐渐扩展的三枝叶折叠区域，具有两个或三个临界点，跨越此折叠区域，系统将发生突变或跳跃。

令 $p''(\theta) = \frac{\partial^2 p(\theta)}{\partial \theta^2} = 0$，可得知识产权管理系统演化的奇异点集合 H 满足：

$$\frac{\partial^2 p(\theta)}{\partial \theta^2} = -3\theta^2 + \alpha = 0 \qquad (3-39)$$

通过式（3-38）和式（3-39）可得到知识产权管理系统发生突变时的分岔集 V 方程：

$$\Delta = 4\alpha^3 - 27\beta^2 = 0 \qquad (3-40)$$

从图 3-5 中可以看出，分岔集 V 对应的是突变流形在平面上的投影，使得知识产权管理系统的控制变量参数组合构成的控制空间分成 $\Delta > 0$ 和 $\Delta < 0$ 两个部分。当控制变量参数在 $\Delta > 0$ 空间内变化时，系统仅存在一个临界点；当控制变量参数在 $\Delta < 0$ 空间内变化时，系统具有三个临界点；当控制变量参数在 $\Delta = 0$ 范围内变化时，系统具有退化临界点。当控制变量参数连续地从 $\Delta < 0$ 部分经过 $\Delta = 0$ 变化到 $\Delta = 0$ 部分时，这种控制变量的连续变

化即"量变"引起系统的"质变",在 $\Delta = 0$ 时的分岔体现出知识产权管理系统演化过程中发生突变的阈值及具体位置。

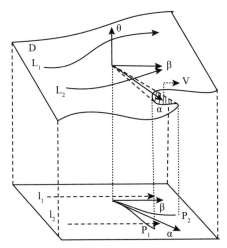

图 3-5　知识产权管理系统演化的突变流形及分岔示意

资料来源:作者根据相关研究成果整理绘制。

当知识产权管理系统内的控制参数 α 的取值为一定值时,系统的演化路径及突变流形的动态变化如图 3-6 所示。从图 3-6(a)和图 3-6(b)可以看出,当控制变量参数取值为 $\alpha \leqslant 0$ 时,控制变量参数的变化是连续平滑的,此时知识产权管理系统的演化是渐变的过程;当控制变量参数取值为 $\alpha > 0$ 时,突变流形曲面出现不稳定区域,随着控制参数 β 的变化引起突变流形曲面产生不连续的发展趋势,如图 3-6(c)所示。此时知识产权管理系统演化呈现出突变的过程。

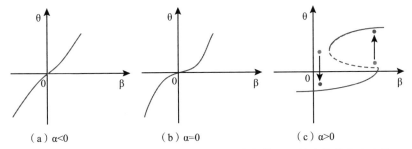

图 3-6　不同控制参数 α 取值条件下知识产权管理系统演化的突变路径

资料来源:作者根据相关研究成果整理绘制。

当知识产权管理系统内的控制参数 β 的取值为一定值时，系统的演化路径及突变流形的动态变化如图 3-7 所示。从图 3-7（a）和图 3-7（c）可知，随着控制变量参数 β 在 β>0 和 β<0 范围内变化时，控制变量参数 α 的变化将引起突变流形呈现出不连续的曲面。其中，当 α>α₀ 时，突变流形被分割成两个相互隔离、不相连的区域，曲面在此处出现了折叠特征，系统具有两个稳定解，知识产权管理系统演化出现了突变的过程；当 α<α₀ 时，系统存在唯一的稳定解，此时知识产权管理系统演化呈现出渐变的过程。当控制变量参数 β=0 时，控制变量参数 α 的变化将使突变流形具有连续的、平滑的曲面，如图 3-7（b）所示。此时，知识产权管理系统演化出现了超临界分岔，从一个稳定解渐变为两个稳定解。

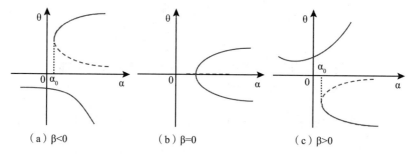

图 3-7　不同控制参数 β 取值条件下知识产权管理系统演化的突变路径
资料来源：作者根据相关研究成果整理绘制。

3.4.3　知识产权管理系统演化的涌现路径

复杂系统中整体行为的复杂程度远远高于各个部分行为的复杂程度，整体行为所体现出的功能特性有别于各部分的功能特性，这就是涌现性的一种体现。根据 Holland 提出的有关复杂系统中涌现性及涌现现象的基础理论，可知涌现性是整体区别于部分的特有性质，系统涌现性使得系统整体的功能大于部分的加总，或者是系统在高层级具备在低层级不具备的属性、行为或特征等。因此，换言之，复杂系统从简单的部分发展产生复杂的整体的过程即"涌现"。对于知识产权管理系统而言，涌现是系统中的企业、高校、科研院所及中介机构等主体要素为了适应外界环境变化，在自身行为规范约束作用下，主体要素之间进行非线性相互作用而产生的行为模式。知识产权管理系统中主体要素根据自身行为规则所产生的这种行为是未计划的实际行为，具有非预测性和非计划性。

知识产权管理系统的演化过程是一个非线性、螺旋式上升的动态过程，这个过程中知识产权管理系统的涌现性主要体现在系统从简单到复杂、从较低的管理效率到较高的管理效率，即系统的涌现性呈现出弱涌现向强涌现的转变。知识产权管理系统的整体涌现是参与知识产权管理活动的企业、高校、科研院所及中介机构等主体要素所具有的资金、技术、知识及信息等，通过系统内主体要素之间、子系统之间以及与外部环境之间交互作用、相互影响，从而实现知识产权管理系统内资源集聚共享、技术消化吸收、知识创新共享、信息扩散等效应，通过这些行为效应之间的相互作用、相互影响促进系统整体呈现出特有的性质功能或规律。因此，涌现性是针对系统的整体而言的，当知识产权管理系统形成并逐渐进入成长阶段，涌现性便随之产生，当知识产权管理系统衰败或瓦解时，涌现性随之消失。

1. 知识产权管理系统的涌现性来源

知识产权管理系统演化的涌现性主要来源于系统与外界环境的相互作用。知识产权管理系统与外界环境不断进行物质、信息等能量交互，逐步调整知识产权管理方式及发展策略，构建与外部环境相适应及协调的资源要素流动方式及渠道。在外界环境的作用下，知识产权管理系统内部不同的主体要素之间相互作用、相互影响，形成竞合关系或协同关系；不同的资源要素之间通过知识共享、技术引进吸收、信息传播扩散等发挥要素功效；各个子系统之间的相互作用引起系统功能的自我完善及优化，促进知识产权管理系统演化过程中不断涌现出新的结构及功能特征。然而，不同的系统规模大小影响不同的涌现性强度，使得系统功能差异化。当系统达到一定规模时，系统的涌现性才会凸显。此时，系统内聚集了一定数量的主体要素或资源要素，促进系统整体结构或功能的涌现，主要体现在知识产权管理系统内企业、高校及科研院所数量规模的扩大，新技术、新知识及新信息等资源要素的数量激增等使得知识产权管理效能的涌现；可见，系统规模效应也是知识产权管理系统演化的涌现性来源。此外，知识产权管理系统的整体涌现性不仅来源于量的规模效应，还来源于质的提升，只有具有一定知识产权创造、研发及转化能力基础的企业、高校及科研院所等主体要素，在一定空间时间范围内聚集，达成合作或协同关系，具有特定知识产权开发、保护及运营功能或性质的子系统的不断发展，才可能实现系统整体管理水平及效率的功能提升。

由于不同国家或地区、不同行业或企业的知识产权管理系统主体要素、资源要素或子系统之间的结构、功能等具有差异，这些要素或子系统的交互作用、互相影响所产生的整体涌现性具有明显差异。如不同地区虽然具有相似规模的主体，但是不同地区的不同类型主体交流学习、合作所产生的效应有显著差异，主体要素发挥的管理功能截然不同，其中，经济发达国家或地区的主体知识产权研发、保护及运营能力相对于发展中国家或欠发达地区较强。同一个地区或产业的知识产权管理系统，改变其内部主体要素、资源要素或子系统的组合方式，可能引起系统从较低层级跃迁到较高层级发展。如改变知识产权管理系统内企业、高校或科研院所、中介机构等布局及合作关系，调整控制系统内部知识、技术及信息等资源要素的流动方向及数量等，均可能导致系统演化发展呈现乘数效应或循环效应，即主体要素之间相关关系及相互影响促进关系网络的扩大，或资源要素在主体要素之间的循环流动促进有限资源得到最大化应用。因此，系统内要素或子系统的结构效应也是知识产权管理系统演化涌现性的重要来源。

2. 知识产权管理系统的涌现性表现

知识产权管理系统演化的涌现性突出体现在结构涌现和功能涌现两个方面。

（1）知识产权管理系统的结构涌现。从子系统层面来看，知识产权开发管理子系统、保护管理子系统及运营管理子系统之间通过不断地相互配合、相互适应，从而实现自我调整优化，在不同子系统作用关系中，涌现出各个子系统自身所不具备的新特征；从系统资源要素层面来看，知识产权管理系统内部资金、技术、知识及信息等要素的聚集及非线性作用，实现了知识产权研发、保护及市场化应用等，进而涌现出知识产权管理系统的内在结构。知识产权管理系统在既有的结构基础上，随着时间的推移，系统与外界物质、信息等能量进行交互，使得系统在内部熵增与外部负熵流的冲突运动中自我调整适应环境，系统能够具有更高级层次的结构。此时，系统可以实现从较为简单的涌现现象过渡到更为复杂的高层级涌现现象；从系统主体要素层面来看，知识产权管理系统的涌现性体现在系统内的适应性主体在一系列基本的、简单规则作用下，主体积极参与知识产权管理活动，并相互作用所产生的一种学习行为。同时，知识产权管理系统内各个主体要素之间具有相互耦合、相互关联的关系，系统的涌现性是系统内适应性主体要素相互作用的结果。主体要素间相互耦合作用充分体现了主体适应学习规则，通过自适应学习促进知识产权研发与知识产权转化的实现。

（2）知识产权管理系统的功能涌现。从子系统层面来看，在知识产权管理系统中，知识产权开发管理子系统、运营管理子系统及保护管理子系统三个子系统分别具有其特定的功能或性质，但是它们并不具备系统整体的功能特征。在各个子系统的聚集及非线性作用下，涌现出知识产权管理系统整体的"开发—运营—保护"于一体的功能特性，因此，在系统演化过程中创造了一系列的聚集，将不断产生新能量、新特性。随着知识产权管理系统的功能涌现表现得越来越明显，系统可以积极应对外界环境的不断变化，具有较好的适应能力，不断自我完善、调整优化进而增强系统的功能特征；从资源要素层面，资金的"集聚"、技术的"引进、消化"、知识的"创新、扩散"以及信息的"传播及共享"等，引起"知识产权研发投入配置""知识产权保护强度优化"及"知识产权协同管理"等新聚集体的更新及变化。由物质、信息等能量流入涌现出系统内复杂变化的"资金—技术—知识—信息"的"集聚—消化吸收—创新扩散—传播共享"等组分的组合效应。这一过程是由于系统中要素不断聚集促进了新类型、更高层级的构件或组分生成，原来的要素或组分在新的适宜环境中，应对不断变化的环境求得发展；从系统主体要素层面来看，知识产权管理系统内的适应性主体功能互补的特征，各主体要素通过构建"产—学—研—政—介"联盟等合作关系，参与知识产权管理活动，实施利益共享及风险共担等合作策略，进一步完善各主体要素功能或性质，弥补单一主体要素所不具备的功能或特征。同时，在各个主体要素之间的相互耦合作用下，各主体之间通过适应学习规则，不断交流学习、优势互补，进而促进知识产权产品有效产出、知识产权运营绩效的提升。

3. 知识产权管理系统的涌现过程层次

知识产权管理系统是具有多个层次、多个要素及多个子系统的复杂适应系统。企业、高校、科研院所及中介机构等主体要素之间具有"竞争—合作"多组合的复杂关系；基于知识产权管理活动的过程，分为知识产权开发管理子系统、保护管理子系统及运营管理子系统等子系统，各个子系统之间具有协同发展的复杂关系。正是由于知识产权管理系统的复杂关系，系统不可能一次性实现从内部要素功能或特征到系统整体功能或特征的涌现，而是要经历一系列中间状态层级的相互作用、相互影响而逐渐凸显出系统的整体涌现性，每个涌现等级表示一个层次状态，每当系统内要素的整合、流动及相互作用，使得系统经历一次涌现现象就形成了一个新层次状态，实现了从低层级逐渐向高层级状态的演进发展，最终形成知识产权管理系统的整体层次状态。

知识产权管理系统演化的涌现性是在系统内主体要素进化发展的基础上，系统整体在结构或功能上的突变的现象，既包括主体要素或资源要素等新的聚合而形成较大规模效应，也包括知识产权研发、保护及运营管理子系统在新的层次状态中的整合及优化等。知识产权管理活动中不断产生的新知识、新技术、新信息等，或已有知识、技术和信息的组合优化等，促进知识产权产品的创造，推动知识产权管理系统的演进发展。因此，知识产权产品在知识产权管理系统内的研发、转化及应用的过程正是知识产权管理系统演化的涌现过程。知识产权管理系统演化的涌现性层级表现在知识产权管理活动过程中不断进行"学习与交流、选择和搜寻"等行为，是系统内各个主体要素、资源要素、子系统之间相互作用所产生的不断提升系统层级结构及功能的结果。

基于复杂适应性系统理论可知，知识产权管理系统作为一个复杂的适应系统，在其演化发展的过程中，各个主体要素之间、主体要素与外界环境之间通过知识、技术、信息等物质能量的交互作用，不断进行适应性学习与交流活动，并产生反馈，从而进一步增强主体要素的学习能力，进而提升其知识产权创造、保护及运营能力。一方面，通过与其他类型主体要素的协同提升自身的适应性能力；另一方面，主体要素之间的竞争、合作行为促进新的层级涌现。在某个层级的涌现发生后，同一个层级的涌现性相互作用呈现出协同效应，演化为更高层次的涌现。因此，知识产权管理系统的演化是具有阶梯式涌现性，从简单到复杂、从低层级到高层级的递进式发展。

根据知识产权管理系统演化中规则搜寻、选择方式，系统将经历三个层级的涌现。（1）自组织式发展。知识产权管理系统主体要素能够进行规则的搜寻，寻找有效规则后在遵循该规则的基础上，不断采取"自我复制"，并推动系统朝着稳定有序方向发展。（2）模仿式发展。知识产权管理系统内主体要素不断进行规则全局性搜寻，一旦查寻到其他主体要素的成功规则，就因地制宜地、积极采取模仿行为策略。（3）创新式发展。知识产权

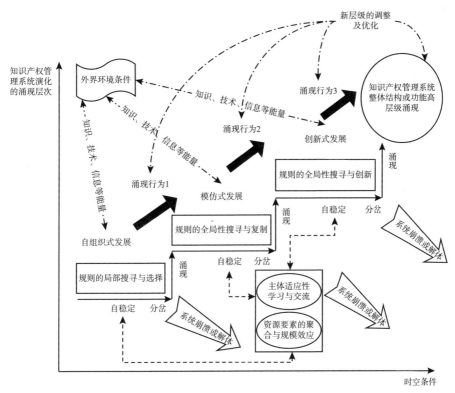

管理系统内主体进行全局性搜寻规则，一旦寻找到其他主体要素的成功规则，一方面积极进行模仿学习，另一方面不断进行规则重组优化，形成具有创新性的发展策略。基于以上分析，构建知识产权管理系统演化的层级涌现模型如图 3 - 8 所示。

图 3 - 8　知识产权管理系统演化的层级涌现模型

资料来源：作者根据相关研究成果整理绘制。

4. 知识产权管理系统演化的涌现路径类型

基于以上分析可知，知识产权管理系统演化的涌现路径主要取决于知识产权管理系统的各个主体要素的规则、搜寻局域范围及行为，以及系统内要素的适应性学习行为、资源要素的聚合及规模效应等，因此，本书将知识产权管理系统演化的涌现路径划分为自组织发展型、模仿发展型和创新发展型。

（1）自组织发展型。自组织发展型知识产权管理系统，其演化的涌现路径遵循主体局部搜寻规则，并对选择的规则采取自我复制以实现系统整体的涌现性。在规则选取过程中，利用信用分派机制，不断地进行适应性学习，并在过程中调整适应规则，强化对系统演化发展有利的规则。如果知识产权管理系统内部具有较强自我调整能力的主体要素，就有助于资源要素的流动与交互，促进子系统之间相互作用，推动系统整体的协调稳定发展。然而此类型的系统涌现路径一般具有较弱的环境敏感度，即在外界环境的变化中，不能动态适应规则的变化，更倾向于遵循并选择系统内部存在的现有规则，导致系统发展停滞不前，甚至走向崩溃或解体。

（2）模仿发展型。对于知识产权管理系统内主体而言，如果采用系统内原有规则的成本远超过搜寻新规则的成本，或较难预测外界环境变化下采用原有规则的效果，主体要素则将更加倾向于选择全局搜寻新规则以适应外界环境的变化。此时知识产权管理系统搜寻新规则是在外部环境变化下产生的动态选择行为，是较低适应性主体模仿较高适应性主体的过程。

（3）创新发展型。知识产权管理系统内主体要素根据其所处的外部环境条件的变化做出一定的判断和推理，并进行全局性搜寻，向其他主体要素积极学习先进成熟的规则，及时、快速地调整、重组及优化自身的规则，即通过不断地创新规则从而增强系统内部主体要素的功能多样化，朝着多元化发展。此时，系统内部主体要素能够敏锐地对环境改变做出反应，并不断更好地适应环境变化。

3.4.4 知识产权管理系统演化的适应路径

知识产权管理系统不断与外界环境进行物质、信息等能量的交互，受到来自系统外部的"刺激"。知识产权管理系统内的企业、高校、科研院所、中介机构等主体处于不断对变化的内外部环境中，积极做出调整行为并适应这种环境的变化。可见，知识产权管理系统演化中面对环境变化的一个基本表现形式就是"适应"，因此，适应过程也是描述知识产权管理系统的演化特征及主体选择行为的路径。

根据 CAS 理论中有关适应性主体的刺激—反应模型原理可知，知识产权管理系统作为复杂适应性系统的一个典型，具有能够感知、接收系统输入的特征，且系统内主体可以通过"探测器"探测信息并与规则进行匹配，

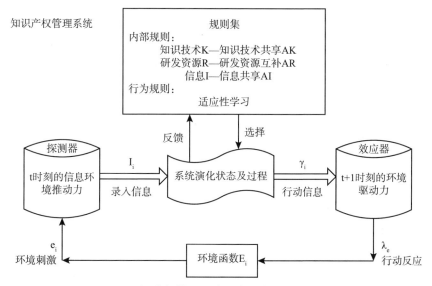

识别匹配的规则之后，能够激活"效应器"从而产生具体行为，或激活其他的匹配规则，整个反应过程是一个循环的、链式的过程。该模型说明复杂适应性系统演化过程取决于适应性主体的行为规则和具体状态。对于知识产权管理系统而言，系统的演化过程伴随着主体要素之间、系统内行为规则以及外部环境的相互影响与相互作用，其演化的本质是系统内适应性主体要素应对外部环境和内部环境条件的动态刺激变化，与环境条件、其他主体要素之间进行交互作用并做出反应的过程，在整个交互过程中进行规则及经验的学习，以此改变自身行为活动。本书构建知识产权管理系统演化的刺激—反应模型如图 3-9 所示。

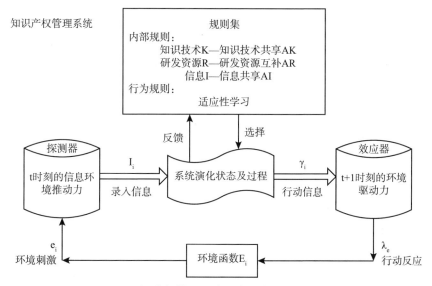

图 3-9　知识产权管理系统适应性主体刺激反应模型

资料来源：作者根据相关研究成果整理绘制。

在图 3-9 中，知识产权管理系统的演化是一个动态的变化过程，随着时间推移而不断进行调整及优化，其中，刺激是对环境变化的输入，反应是对环境变化的输出。知识产权管理系统中的主体要素通过探测器查询信息并与一定规则进行匹配，识别规则后激活另一个相匹配的行为规则。上述探测、匹配及激活的反应过程是循环的、链式的过程，即主体要素应对环境变化进行多规则的刺激反应活动。知识产权管理系统与环境变化的交互作用，产生刺激—反应活动具有一系列信息及规则：（1）在探测器与外部环境信息之间，如果外部环境刺激 e_i，则产生某个类型信息 I_i，用于知识产权研发与交易，即 $e_i \rightarrow I_i \rightarrow A_i$；（2）通过效应器输出并影响作用于知识产权管理系统外部环境的信息，如果系统内产生一定的行动信息 γ_i 刺激，如企业、高校及科研院所合作行为、竞争行为等，则这一系列行为 λ_e 反作用于外部环境 $\gamma_i \rightarrow \lambda_e$；（3）知识产权管理系统中一系列行为主体的规则不断发生作用，选择相匹配的成功规则 $A_i \rightarrow \gamma_i$。

从图 3-9 可知，知识产权管理系统内部的适应性刺激反应模型具备三个基本组成部分：探测器、效应器、规则集合和系统演化的状态及过程。其中，探测器的主要功能是接收、处理外部环境中输入的有关知识产权信息，是系统发生行为活动的基本条件，通过其归类与筛选，形成与知识产权管理系统演化发展相关的有效信息，是系统发展演化的信息基础；效应器主要功能是描述知识产权管理系统的行为方式，并输出一定的知识产权相关信息。通过有效信息的激活，效应器对环境产生一定作用，用来表示知识产权管理系统作用于外部环境条件的驱动力，是系统发展演化的行为基础。规则集合是从刺激到反应所产生的一系列信息规则的总和，包括系统的内部结构规则和行为规则。内部结构规则是由知识产权管理系统内部结构所决定的，系统内的知识技术、资源和信息等要素的流动、集聚、共享和学习等促进知识技术共享、信息共享和资源互补，内部结构模型是通过不断累积经验所产生的有标识和适应度的规律和规则，是适应性主体之间相互学习交流的综合结果。知识产权管理系统内部的行为规则是系统内主体要素接受来自外部环境的刺激，依据规则集合所产生的"学习行为"或"累积经验"活动，这种适应性学习能够剔除一些不合理规则，通过不断修正规则并及时做出反馈，产生新规则的过程，构成了知识产权管理系统演化的行为规则。知识产权管理系统的演化过程是系统外部环境条件对系统产生刺激活动的情况下，从刺激到反应的一系列信息与规则的相互作用的动态过程，某个瞬间结果是系统演化的状态。演化过程是系统状态的不断变化的过程，主要由系统内部结构规则、系统内部驱动力和系统外部环境推动力共同作用。

1. 知识产权管理系统演化的适应性

知识产权管理系统的适应性是在外部环境的作用下，系统结构不断进行改变及调整的过程。即知识产权管理系统的结构是产生一系列适应性行为的前提和基础，对于不同的适应过程阶段，知识产权管理系统的结构调整及变化具有一定的适应策略。当系统处于萌芽阶段，宜采取资源、知识技术和信息的"集聚"的适应策略；当系统处于成长阶段，研发资源互补、知识技术共享和信息共享的机制作用是适应策略；当系统处于成熟阶段，研发资源互补、知识技术共享和信息共享、适应性学习的机制耦合作用是适应策略。因此，不同的适应策略引起了不同的适应过程。

根据图 3-9 可知，当知识产权管理系统受到一定的环境刺激作用，系统在不同的适应策略 γ 下，会呈现出不同的适应性，采用适应性测度函数 $\lambda_e(A)$ 来表示。对于不同的知识产权管理系统而言，如中小企业的知识产权管理系统，其适应性主要体现在其知识产权管理能力的维持能力；大型企业或高技术企业知识产权管理系统的适应性主要体现在知识产权研发投入产出效率、知识产权保护强度等的高低，对于产业知识产权管理系统的适应性表现为产业经济效益和社会效益的提升等。

知识产权管理系统在环境的动态刺激下，系统内部结构将予以动态响应，适应性测度函数 $\lambda_e(A)$ 将发生动态变化，称为知识产权管理系统的适应性测度的适应性。如果系统的适应性测度函数的整体为 Ψ，那么在一定环境下，知识产权管理系统的结构测度 $\lambda_e(A)$ 是该整体的一个特定形式 $[\lambda_e(A) \in \Psi]$；在知识产权管理系统演化的适应过程中，如果系统的结构整体是 Φ，那么特定系统的结构 A 是 Φ 的一个特定形式（$A \in \Phi$）。正是由于知识产权管理系统是一个具有开放性、复杂性的系统，其所处的环境条件是动态改变的。在知识产权管理系统演化的适应过程中，某个时刻的环境条件 e_t 是演化周期内整体环境条件 E 的特定的形式（$e_t \in E$）。在某个时刻的环境条件 e_t 下，系统已经具有了适应性较为理想的结构，可能在下一个时刻的环境条件 e_{t+1} 中系统具有更为理想或更恶劣的结构。当在某个时刻的环境条件 e_t 下，某个系统结构呈现出较为理想的适应性时，适应策略的选择应当倾向于继续强化系统的结构；当在某个时刻的环境条件 e_t 下，某个系统结构呈现出较恶劣的适应性时，适应策略的选择应采取对系统结构进行重大改变及调整的方式。因此，在环境条件 e_t 下选择理想适合的适应策略，在另一个环境条件 e_{t+1} 下并不一定适用，而是需要将系统结构组成、系统内外部环境条件、适应性测度和适应过程的各种状态信息等进行综合分析，进而选取有效的适应性策略。总之，知识产权管理系统在环境的刺激作用下所反映出的系统内在结构，即与环境之间的"刺激—反应"所形成的系统结构空间的适应过程轨迹具有动态性，在不同的时刻或不同的环境刺激条件下形成不同的系统结构的适应过程轨迹，相应的适应策略具有显著差异，适应策略的适应性影响适应过程轨迹的动态变化。

2. 知识产权管理系统演化的适应性数理模型

通过上述对知识产权管理系统演化的适应性的分析，可知，知识产权管理系统演化的适应过程是不断动态调整和优化的过程，本节接下来基于生物遗传理论和复杂系统理论，通过构建该系统演化的适应性数理模型定量分析知识产权管理系统演化的适应过程。

设某个知识产权管理系统演化过程分为 T 个时间段，借鉴生物遗传理论中的有关"代"和"染色体"的基本概念，本书将知识产权管理系统结构用基因模式来表征，基于上文中所述，将知识产权管理系统划分为由知识产权开发管理子系统、知识产权运营管理子系统和知识产权保护管理子系统三个子系统构成，即其结构可以表示为长度为 3 的染色体集合 $A = (A_k, A_y, A_b)$，其中 $A_i = \{a_{i1}, a_{i2}, \cdots, a_{im}\}$，$i = 1, 2, 3$；$a_{im}$ 表示第 i 个染色体的第 m 个基因，表示知识产权管理系统内不同子系统的内部组成，如研发资源、知识和技术、信息等要素等数量和质量情况，则知识产权管理系统整体的结构空间为：

$$\Phi = A_1 \times A_2 \times A_3 = \prod_{i=1}^{3} A_i \qquad (3-41)$$

当时间段 t 时的知识产权管理系统结构为 A_t，则环境条件 e_t 输入的信息容量为 I_t，则在刺激—反应适应策略的作用下，能够产生新的知识产权管理系统结构：

$$\begin{cases} \gamma_t: A_t \times I_t \rightarrow A_{t+1} \\ A_{t+1} = \gamma_t(A_t, I_t) \end{cases} \qquad (3-42)$$

知识产权管理系统的演化过程与系统的历史状态有一定关系，因此，在新的知识产权管理系统的结构形成阶段，需要考虑外部环境变化的历史信息 $\delta_{e_t} = (I_1, \cdots, I_{t-1})$，将式（3-42）转化为：

$$\begin{cases} \gamma_t: A_t \times I_t \times \delta_{e_t} \rightarrow A_{t+1} \\ A_{t+1} = \gamma_t(A_t, I_t, \delta_{e_t}) \end{cases} \qquad (3-43)$$

且

$$\delta_{e_{t+1}} = \gamma_t(\delta_{e_t}, I_{t+1})$$

基于上述有关复杂系统的适应性策略分析可知，知识产权管理系统结构的动态变化过程是一个随机变化过程，当系统整体结构包含 n 个基因，即 $\Phi = \{a_1, a_2, \cdots, a_i, \cdots, a_n\}$，且当 $A_t = a_i(i = 1, 2, \cdots, n)$时，则下一个时间段的系统结构在一定的适应策略作用下为$A_{t+1} = \{a_w | w = 1, 2, \cdots, n\}$的概率是$P_t = \left\{p_t^w \middle| \sum_{w=1}^{n} p_t^w = 1\right\}$。因此，式（3-43）可以转化为：

$$\gamma_t: A_t \times I_t \times \delta_{e_t} \rightarrow P_{t+1} \qquad (3-44)$$

在与环境的刺激—反应的适应过程中，知识产权管理系统的结构对于环境的适应性测度（一般为正实数）可以表示为：

$$\begin{cases} \lambda_{e_t}: A_t \times e_t \rightarrow R^+ \\ \lambda_e(A_t) = \lambda_{e_t}(A_t \times e_t) \end{cases} \qquad (3-45)$$

此时，在时间段 t 内，外部环境向系统内输入的信息为：

$$I_t = \lambda_{e_t}(A_t) \qquad (3-46)$$

受到环境条件的刺激，系统内部结构发生改变和调整，此时系统做出适应性策略调整和优化，促进系统结构适应环境条件的不断变化。综合考虑知识产权管理系统的结构、环境条件和环境输入信息等，系统的适应性策略选择行为可以表示为：

$$\begin{cases} \chi: A_t \times I_t \times \delta_{e_t} \times \delta_{\gamma_t} \rightarrow \gamma_{t+1} \\ \gamma_{t+1} = \chi(A_t, I_t, \delta_{e_t}, \delta_{\gamma_t}) \end{cases} \qquad (3-47)$$

其中，δ_{γ_t}表示系统做出适应性策略调整的历史行为，即 $\delta_{\gamma_t} = (\gamma_1, \gamma_2, \cdots, \gamma_{t-1}, \gamma_t)$。

设在时间段 t 中，在环境条件 e_t 作用下，知识产权管理系统结构 A_t 的适应性为 λ_{e_t}，当系统应对环境条件的刺激—反应变化，适应性测度函数为：

$$\begin{cases} \gamma_t: \lambda_{e_t} \times A_t \times I_t \rightarrow \lambda_{e_{t+1}} \\ \lambda_{e_{t+1}} = \gamma_t(\lambda_{e_t}, A_t, I_t) \end{cases} \qquad (3-48)$$

伴随着知识产权管理系统的演化，在环境条件的刺激作用下，系统演化周期内的适应过程中，系统结构的适应性测度可以表示为：

$$R_T = \sum_{t=1}^{T} \lambda_{e_t} \qquad (3-49)$$

考虑到系统演化的适应过程中，选择的适应策略 $\delta_{\gamma_t} = \langle \gamma_1, \gamma_2, \cdots,$ $\gamma_{t-1}, \gamma_t \rangle$ 与其适应过程具有一定关系，则式（3-49）可以表示为：

$$R(T, \delta_{\gamma_t}) = \sum_{t=1}^{T} \lambda_{e_t}(\gamma_t) \qquad (3-50)$$

充分考虑到知识产权管理系统演化的适应过程的随机性，在选择的适应策略作用下的系统适应性测度为：

$$R(T) = \sum_{t=1}^{T} \sum_{i}^{n} \lambda_{e_t}(a_i) \times (p_i) = \sum_{t=1}^{T} \bar{\lambda}_{e_t} \qquad (3-51)$$

假设系统实现获得最大累计效益的适应策略为最佳策略：

$$R^*(T) = \max_{\gamma_i} \{\delta_{\gamma_{i,T}}\} \qquad (3-52)$$

根据控制论可知，对于一个任意的复杂系统来说，其适应计划 $R(\delta_{\gamma_{i,T}}) = \langle \gamma_{i,1}, \gamma_{i,2}, \cdots, \gamma_{i,t-1}, \gamma_{i,t} \rangle$ 满足的一定条件则称为是较满意的适应计划：

$$\lim_{T \to \infty} [R(\delta_{\gamma_{i,T}})/R^*(T)] = 1 \qquad (3-53)$$

当知识产权管理系统受到外部知识产权政策、经济或文化等环境条件的影响，发生环境变化时，对于某个特定的环境变化，即 $e_t(T) = (e_1, e_2, \cdots, e_{t-1}, e_t)$，如果：

$$R(\delta_{\gamma_{i,T}})/R^*(T) \geq 1 - \alpha \qquad (3-54)$$

式（3-54）中 α 表示十分小的实数，且 $\alpha \in [0, 1]$。此时就得到知识产权管理系统演化过程中的一个较为满意的适应策略。

3.5 基于 Logistic 模型的知识产权管理系统演化过程分析

3.5.1 知识产权管理系统的演化状态

根据上文中针对知识产权管理系统的演化条件、演化特征等的分析可知，知识产权管理系统是以适应性主体为核心的具有开放性、自组织性的多主体系统。作为一个由多个主体、多种要素和多个子系统构成的复杂系统，在系统演化发展过程中，系统的演化状态及过程受到主体要素之间、子系统之间、系统与环境之间的交互作用的影响。对于国家、产业或企业知识产权管理系统，其发展均受到自身资源、环境、文化和经济条件等方面的限制，即知识产权管理系统的发展不可能无限生长。本书采用经典的

Logistic 方程来剖析知识产权管理系统演化状态，以该曲线方程推导知识产权管理系统的演化发展趋势，对于知识产权管理系统演化轨迹可以构建如下数理模型：

$$\frac{dX(t)}{dt} = rX(t)\left(1 - \frac{X(t)}{K}\right) \tag{3-55}$$

在式（3-55）中，$X(t)$ 表示知识产权管理系统在时序 t 时的综合发展绩效，本书选取对应知识产权管理系统运行效率来表征，在一定的知识产权开发、运营与保护子系统结构中，系统与所处的内外部环境相互影响、相互作用，实现物质、能量和信息等的交流互动，促进系统实现知识产权研发、转化和应用，并不断成长完善的状态；$\frac{dX(t)}{dt}$ 表示知识产权管理系统运行效率的瞬时增长率；K 为知识产权管理系统运行效率的最大值，$\lim X_{max} = K$；r 表示不受到环境影响的知识产权管理系统的运行效率的平均增长率，主要与知识产权管理系统的利用研发资源的能力、知识产权转化能力、系统内主体要素的竞合关系和知识产权管理水平等方面相关；$\frac{X(t)}{K}$ 为知识产权管理系统运行效率与运行效率的最大值的比例。根据式（3-55）可知，知识产权管理系统的运行效率在任意一个时刻的增长速度具有非线性特征，其演化是一种具有自组织性的演化过程，该方程可以称作知识产权管理系统演化发展的速度模型。

对式（3-55）进行求解可得到知识产权管理系统运行效率的演化方程：

$$X(t) = \frac{K}{1 + \exp(-rt - p)} \tag{3-56}$$

其中，p 是积分常数，取决于知识产权管理系统演化发展的初始条件。设 $X(0) = \theta$，且 $0 \leq \theta \leq K$，可知 $p = \ln\frac{\theta}{K - \theta}$，则有：

$$X(t) = \frac{K}{1 + \left(\frac{K}{\theta} - 1\right)\exp(-rt)} \tag{3-57}$$

式（3-55）表示知识产权管理系统在某一时刻的运行效率的增长速度，式（3-56）表示知识产权管理系统运行效率的动态变化轨迹及状态；接下来，对式（3-55）二阶求导，得到：

$$\frac{d^2X(t)}{dt^2} = r^2X(t)\left(1 - \frac{X(t)}{K}\right)\left(1 - \frac{2X(t)}{K}\right) \qquad (3-58)$$

式（3-58）表示知识产权管理系统运行效率在某个时刻的增长的加速度。令 $\frac{d^2X(t)}{dt^2} = 0$，则得到知识产权管理系统动态变化轨迹的拐点为 $X_1(t) = 0$、$X_2(t) = \frac{K}{2}$、$X_3(t) = K$，由于 $0 < X(t) < K$，则知识产权管理系统动态变化的状态曲线的演化拐点是 $X^*(t_0) = \frac{K}{2}$。将该拐点数值代入式（3-55），得到对应的演化时刻 $t_0^* = \frac{\ln p}{r}$；此时，知识产权管理系统运行效率的增长速度为 $\frac{dX(t)}{dt}\bigg|_{t=t_0^*} = \frac{rK}{4}$。接下来对式（3-55）三阶求导，得到：

$$\frac{d^3X(t)}{dt^3} = r^3X(t)\left(1 - \frac{X(t)}{K}\right)\left(1 - \frac{6X(t)}{K} + \frac{6X^2(t)}{K^2}\right) \qquad (3-59)$$

式（3-59）反映知识产权管理系统运行效率增长加速度的变化情况，令 $\frac{d^3X(t)}{dt^3} = 0$，可得式（3-59）的拐点为 $X^*(t_1) = \frac{(3-\sqrt{3})K}{6}$、$X^*(t_2) = \frac{(3+\sqrt{3})K}{6}$。将拐点解代入式（3-55），得到对应的两个拐点为 $\frac{dX^*(t_1)}{dt} = \frac{dX^*(t_2)}{dt} = \frac{rK}{6}$。因此，在一个演化周期内，知识产权管理系统演化发展过程中具有三个重要时刻：t_0、t_1 和 t_2，且当 $t \to \infty$ 时，$X(t) \to K$，$\frac{dX(t)}{dt} \to 0$。

3.5.2 知识产权管理系统的演进阶段分析

根据上述针对知识产权管理系统演化过程的定量模型推导可知，知识产权管理系统的演化发展具有一定的周期性和动态性特征，根据种群生态理论和 Logistic 演进方程，系统的演化路径在特定周期内可以划分为不同的发展阶段。因此，结合上一节的模型推导可得到知识产权管理系统的运行效率的状态演化以及其演化速度的动态变化，如图 3-10 所示。

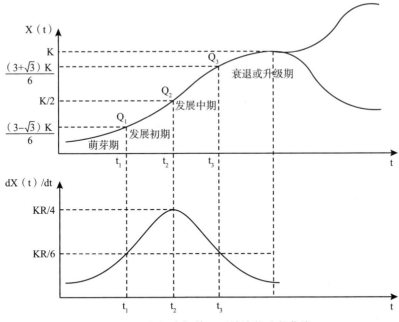

图 3 - 10　知识产权管理系统演化阶段曲线

资料来源：作者根据相关研究成果整理绘制。

从图 3 - 10 中可以看出，知识产权管理系统发展具有生命周期特征，系统发展状态随时间 t 的变化而呈现动态性和周期性，在系统演化的发展中期之后，系统将有可能进入两种发展趋势：一种情况是呈现 S 形的指数增长，并存在上界渐进线 $\lim X(t) \rightarrow K$，即随着时间的推移，知识产权管理系统发展状态水平越来越近最大值 K；另一种情况是出现跃迁升级发展态势，进入新一轮演化发展周期，呈现螺旋上升的发展趋势。

此外，根据式（3 - 55）的二阶导数和三阶导数为零的三个拐点，可将知识产权管理系统的演化过程分为萌芽期、发展初期、发展中期和衰退或升级期四个阶段，如表 3 - 8 所示。

表 3 - 8　　　　　知识产权管理系统的演进阶段及特征分析

阶段	时间	演进拐点	演进特征	增长速率	演进加速度	动态演进趋势
萌芽期	$(0, t_1)$	$\left(\varepsilon, \dfrac{(3-\sqrt{3})K}{6}\right)$	缓慢增长	>0	>0	>0
发展初期	(t_1, t_2)	$\left(\dfrac{(3-\sqrt{3})K}{6}, \dfrac{K}{2}\right)$	快速增长	>0	>0	<0

阶段	时间	演进拐点	演进特征	增长速率	演进加速度	动态演进趋势
发展中期	(t_2, t_3)	$\left(\dfrac{K}{2}, \dfrac{(3+\sqrt{3})K}{6}\right)$	减缓增长	>0	<0	<0
衰退或升级期	(t_3, ∞)	$\left(\dfrac{(3+\sqrt{3})K}{6}, K\right)$	趋于平稳	>0	<0	>0

资料来源：作者根据相关研究成果整理绘制。

（1）萌芽期。此时演进加速度和动态演进趋势均大于0，表明知识产权管理系统的演化速度缓慢，增长速度的加速度及加速度的变化率均大于0。增长速度曲线上升到速度演化曲线的拐点$\left(t_1, \dfrac{Kr}{6}\right)$时，加速度为最大值，此时知识产权管理系统内部知识产权管理资源要素、主体要素之间相互作用，所产生积累的能量开始不断集聚，在此期间，知识产权管理系统的运行效率状态水平量$X(t)$也由初期的θ增长到$\dfrac{(3-\sqrt{3})K}{6}$。该阶段作为知识产权管理系统演化发展的初始期，系统内部主体要素逐渐增强知识产权管理意识，参与知识产权活动，具有一定市场潜力的主体要素优先进入知识产权市场，政府部门颁布一定知识产权政策，重视加强完善知识产权政策体系，从而为有序的知识产权交易活动提供保障；在此阶段，知识产权管理活动的参与主体之间形成相互依存关系，同时它们与其他要素、系统内外部环境之间初步构建了一种耦合互动、共生的关系。虽然系统处于雏形阶段，但是已经基本实现了知识产权相关要素之间的交互作用，资金、知识、技术和信息等要素不断流入系统，与外部进行信息、能量的交换，知识产权管理系统逐渐形成并呈现缓慢增长的态势。

（2）发展初期。此时演进加速度大于0，动态演进趋势小于0，表明知识产权管理系统演化的状态水平变化速度快速增长，但是其演化状态变化增长速度的加速度开始减少，此时系统演化的状态水平量$X(t)$也由$\dfrac{(3-\sqrt{3})K}{6}$增长到$\dfrac{K}{2}$，该阶段是知识产权管理系统演化的快速发展阶段。在此阶段，企业、高校、科研院所等主体要素不断加强知识产权管理水平，加强合作，开始构建产学研联盟，参与知识产权活动，并加大其知识产权研发投入；政府部门一方面制定知识产权政策制度，推动知识产权发展，系统内高技术企业为知识产权开发提供一系列的知识、技术和信息支持，加快新产品产出，促进产品的更新换代、产品转型升级；另一方面规范知识产权交易市场，积极引导企业、高校、科研院所等开展知识产权活动，及时调整知识产权政策体系，加大知识产权研发的财政扶持力度，加强培育知识产权高端人才队伍，知识产权管理要素之间、子系统之间开始形成一种相互依存、相互促进的关系，系统内外部信息、技术、人才、资金等要素开始耦合互动，信息交流与能量交换启动，系统的演进发展逐渐呈现增长趋势，促进知识产权管理协同发展。此时，知识产权开发、运营和保护管理能力有显著提升，知识产权管理系统呈现加速演进发展的态势。

（3）发展中期。此时演进加速度和动态演进趋势均小于 0，说明知识产权管理系统演进的状态水平增长放缓，且其演进发展的动力减弱，这主要是由于系统内资源要素积累规模较大，达到一定极限时，主体要素之间竞争加剧，系统演进发展的状态水平趋于稳定；当系统演进发展的状态增长速度下降到 $\dfrac{Kr}{6}$ 时，系统演进发展的增长速度的加速度的负值绝对值达到最大值，系统演进的状态水平达到 $\dfrac{(3+\sqrt{3})K}{6}$。在此阶段，知识产权管理系统在自组织机制效应的作用下，开始出现有序发展的趋势，系统与外部经济、政治和文化环境相适应，与外部不断进行物质、信息和能量的交换，知识产权管理能力不断增强，大批新知识、新技术和新制度等涌现，高技术企业纷纷积极开拓技术市场份额，企业、高校及科研院所等主体合作机制形成，大量主体要素加强知识产权活动，通过加大知识产权研发投入、加速知识产权产品商业化交易，知识产权管理相关要素之间耦合互动效应逐渐增强，主体要素的规模及质量均趋向稳定，系统内部资源要素、与外部环境之间的物质、能量流动较为缓慢且逐渐呈现出饱和状态，知识产权管理水平达到一定稳定状态，知识产权开发、保护和运营能力较为理想，系统具有较完善的知识产权风险防范机制，系统整体上呈现较为稳定有序的发展状态。

（4）衰退或升级期。此时演进加速度小于 0，动态演进趋势大于 0，说明随着时间的迁移，系统的增长速度持续递减，增长速度的加速度不断递减，此时，由于系统内主体规模的不断扩大和要素资源的限制，内部资源、能量趋于饱和，知识产权管理系统的演化发展已呈现十分稳定的趋势，系统发展状态水平增长量趋于 0，状态总量越来越接近最大值 K。在此阶段，知识产权管理系统内部，知识产权开发、运营与保护活动趋向于规模化、有序化，由于此时系统内资源要素不断被消耗，此时，系统内部抵抗外部环境能力较低，一旦受到外界经济、文化和政治等条件的影响作用，系统内主体的知识产权管理能力将受到影响，系统内会出现涨落现象，此时系统的演进发展会呈现出混乱无序状态，系统将步入退化衰败阶段，反之，若系统能够及时吸收外部负熵，激发系统内主体的知识产权活力，则知识产权营商环境进一步优化，一大批高技术创新企业、知识产权密集型企业积极加入，促进资金、人才、技术和信息等更新、交流和学习，使得负熵流不断积累并抵消内部资源消耗所产生的熵增，则推动系统朝有序稳定的演进方向发展。

3.6 本章小结

本章为知识产权管理系统演化机理。首先，基于布鲁塞尔模型分析我国知识产权管理系统耗散结构形成条件。其次，基于尖点突变和熵理论对知识产权管理系统的稳定性进行分析判定；在此基础上，从自创生、自重组和自稳定三个层次，分析知识产权管理系统的演化方式；深入剖析知识产权管理系统演化路径，通过系统演化的路径依赖理论，进一步解析知识产权管理系统演化的分岔、突变和涌现、适应路径；最后，基于 Logistic 方程来剖析知识产权管理系统演化的过程，并根据种群生态理论剖析系统发展的演进阶段。

第4章 多主体视角下知识产权管理系统演化的动力机制

4.1 知识产权管理系统演化的动力因素初步识别

知识产权管理系统演化的动力因素是激发知识产权管理系统从外部环境中汲取物质与能量，促进企业、高校、科研院所、中介机构等主体要素之间相互作用、相互影响，推动系统整体运行发展的条件及因子。本章节在文献萃取的基础上，采用释意理论识别知识产权管理系统演化的动力要素。

4.1.1 释意理论的基本原理

释意理论能够在个体经验的基础上，利用推理、演绎的方式较好地解决具有模糊性、复杂性、不确定性或有压力作用的情景问题，得到具有一定结构或特征意义的过程结论。释意理论中主要涉及的概念及构成如图4-1所示。

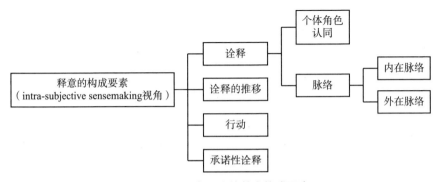

图4-1 释意理论的基本构成要素

资料来源：作者根据相关研究成果整理绘制。

图 4-1 中，个体角色认同主要是强调个体行为，要与个体的特殊角色保证一致，因此，其决定了个体的释意结果；脉络分为内在脉络和外在脉络两个层面，其中，内在脉络主要是与个体的认知关系紧密相关，外在脉络主要是与外在的条件及环境相关，属于外在环境脉络，决定于外部环境中的一系列不确定性因素，从这些模糊性和不确定性中发现结果；诠释的推移是指将某个诠释进行转换，形成另一个相关的诠释，从而对行为或角色进行辩解，进一步引起行动自身或者承诺性诠释；行动是指个体在进行承诺性诠释之前所实施的个体行为；承诺性诠释是指个体通过对自己的行动进行辩解，说服他人赞同并获得认可的过程。

4.1.2 基于释意理论的动力因素初步识别

1. 识别过程

本书基于相关学者的研究成果，借鉴有关释意理论的逻辑思路、研究过程，并根据国内外学者有关单个被调查者的特定释意过程、主题分析，通过共同点收敛及共同要素、一般化运作规则的领域分析、作图解析释意构成要素之间关系的格式塔分析，识别知识产权管理系统演化的动力要素。

由于不同类型的管理者对于知识产权管理系统的演化的推动作用具有差异，因此，本书从多主体视角分析不同主体之间形成的驱动目标、作用路径等。企业为了创造效益而实施知识产权创造、运营，具有知识产权保护意识，属于利益导向的主体；高校、科研院所为了知识创造，积极进行知识产权管理，具有知识产权研发、保护的意识，注重培养知识产权人才，属于知识技术导向的主体；中介机构为了便于其他主体进行知识产权管理，积极提供知识产权服务、共享知识产权信息，属于服务导向的主体；政府部门为了保障知识产权管理工作的有序、稳定运行，制定相关政策制度，具有知识产权保护意识，属于政策导向型的主体。

本书针对四种不同类型的主体，分别从中选取四类管理者，均是从事知识产权管里的中高层管理者，企业管理者就职于大中型制造企业，了解企业内部知识产权开发、运营情况，有多年的知识产权管理工作经验。高校及科研院所的管理者就职于高水平一流大学、研究院，熟练掌握知识产权的研发、保护管理，培养了大批知识产权人才。中介机构中的管理者是经过国家知识产权局批准设立、专门负责知识产权事务的正规服务机构内的中高层管理人员，具有多年知识产权代理服务、知识产权管理经验。

本书遵循释意理论的识别逻辑，通过调查问卷方式收集相关数据，采用实际调查访谈和网上填写问卷形式，并结合现场文字记录、解释特定的学术化语言和变量的意义及其在知识产权管理上的适用性的方式等进行相关信息的搜集和识别，并融合具有相似语意的信息及变量，借鉴相关文献、理论中的学术化语言，将知识产权管理领域相关的变量汇总，同时识别访谈意见及调查反馈信息。通过反复比较及归纳分析，得到基于释意理论的知识产权管理系统演化的动力因素的识别结果，如图 4 - 2 至图 4 - 6 所示。并得到基于释意理论的知识产权管理系统演化的动力因素的主轴识别结果如表 4 - 1 至表 4 - 5 所示。

表 4 - 1　　　　　企业管理者驱动系统演化的动力因素的主轴识别

释意类别	释意要素	种类及种类属性
释意来源	角色认同	认同自身在系统演化中的知识产权开发、知识产权保护及知识产权运营管理者角色
	内在脉络	知识产权质量、企业内部获得长期竞争优势的需求、安全经营及打造品牌的需要
	外在脉络	经济环境的变化 政策环境的变化 市场竞争环境的变化 竞争者的网络集群效应 知识产权侵权、纠纷事件的处罚、处理情况 产业结构的变化 产业文化
诠释的推移	诠释的推移	知识产权质量提升、知识产权保护意识增强
行动	行动	系统演化进程中的知识产权开发、保护及运营管理
承诺性诠释	承诺性诠释	知识产权管理绩效##、知识产权运营效率、知识产权产品产出

注：##表示凸显和关键的目标变量。

资料来源：作者根据相关研究成果整理。

表 4 - 1 的主轴识别结果和图 4 - 2 中以格式塔分析为切入点的基于释意理论识别结果显示，内在脉络包括知识产权质量、企业内部获得长期竞争优势的需求、安全经营的需要和打造品牌的需要；行动中的知识产权开发管理是企业内部获得长期竞争优势的需求的关键目标变量，企业内部获得长期竞争优势的需求主要影响知识产权开发管理，内在脉络中的安全经营需要是知识产权保护管理的关键影响因素，安全经营的需要导致凸显的关键行动知识产权保护管理。系统演化进程中的知识产权开发、保护及运营管理的外在脉络是表 4 - 1 中的竞争者网络集群效应、产业结构变化和产业文化。"诠释

的推移"中的知识产权质量提升与知识产权保护意识增强分别关键影响行动中的知识产权运营管理和知识产权保护管理。承诺性诠释是知识产权管理绩效。下文的表4-2至表4-5和图4-3至图4-6的分析内容类似于此分析思路，在此不赘述。

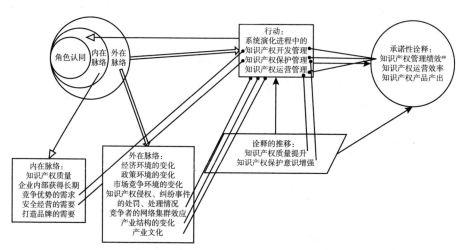

图4-2　以格式塔分析为切入点的企业管理者驱动系统演化的动力识别

资料来源：作者根据相关研究成果整理绘制。

表4-2　高校及科研院所管理者驱动系统演化的动力因素的主轴识别

释意类别	释意要素	种类及种类属性
释意来源	角色认同	认同自身在系统演化中的知识产权开发、知识产权保护及知识产权运营管理者角色
	内在脉络	知识创造的需要、技术研发的需要及人才培养的需求、科技成果转化及应用研究的需要
	外在脉络	经济环境的变化 政策环境的变化 文化环境的变化 产学研合作网络构建 研发外部投入的变化 科技创新奖励 知识产权成果转化
诠释的推移	诠释的推移	知识产权人才增加、知识产权研发力度加大
行动	行动	系统演化进程中的知识产权开发、保护及运营管理
承诺性诠释	承诺性诠释	知识产权管理绩效##、知识产权人才增量、知识产权产品产出、知识产权成果转化率

注：##表示凸显和关键的目标变量。

资料来源：作者根据相关研究成果整理。

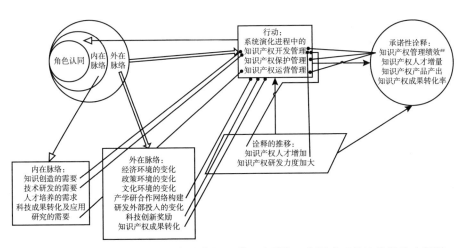

图 4 - 3　以格式塔分析为切入点的高校及科研院所管理者驱动系统演化的动力识别

资料来源：作者根据相关研究成果整理。

表 4 - 3　　　　中介机构管理者驱动系统演化的动力因素的主轴识别

释意类别	释意要素	种类及种类属性
释意来源	角色认同	认同自身在系统演化中的知识产权开发、知识产权保护及知识产权运营管理者角色
	内在脉络	知识产权法律法规的专业人才队伍建设 知识产权技术咨询 知识产权评估的需求 知识产权代理的需求 知识产权诉讼的需求
	外在脉络	经济环境的变化 政策环境的变化 知识产权侵权、纠纷事件的处罚、处理情况 知识产权服务多元化 知识产权信息需求变化
诠释的推移	诠释的推移	知识产权信息共享、知识产权服务质量提高
行动	行动	系统演化进程中的知识产权开发、保护及运营管理
承诺性诠释	承诺性诠释	知识产权管理绩效##、知识产权服务水平、知识产权代理机构数量

注：##表示凸显和关键的目标变量。

资料来源：作者根据相关研究成果整理。

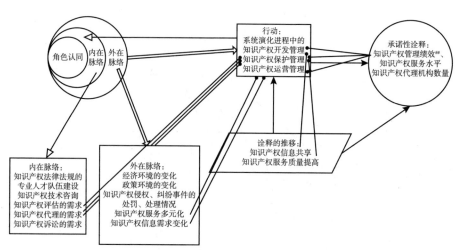

图 4 - 4　以格式塔分析为切入点的中介机构管理者驱动系统演化的动力识别

资料来源：作者根据相关研究成果整理。

表 4 - 4　　　　政府部门管理者驱动系统演化的动力因素的主轴识别

释意类别	释意要素	种类及种类属性
释意来源	角色认同	认同自身在系统演化中的知识产权开发、知识产权保护及知识产权运营管理者角色
	内在脉络	知识产权政策制度体系的构建及完善、知识产权战略规划的要求、知识产权服务的监督及协调的要求
	外在脉络	经济环境的变化 政策环境的变化 知识产权侵权、纠纷事件的处罚、处理情况 知识产权交易情况
诠释的推移	诠释的推移	知识产权政策制度的完善、知识产权保护意识增强
行动	行动	系统演化进程中的知识产权开发、保护及运营管理
承诺性诠释	承诺性诠释	知识产权管理绩效##、知识产权法律手段规范化、知识产权侵权违法事件减少

注：##表示凸显和关键的目标变量。

资料来源：作者根据相关研究成果整理。

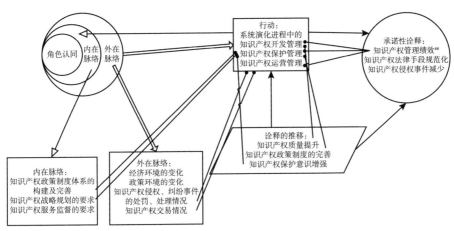

图 4 - 5　以格式塔分析为切入点的政府部门管理者驱动系统演化的动力识别

资料来源：作者根据相关研究成果整理。

2. 识别结果

基于释意理论可得到系统层面（剔除外在脉络中非系统层面的因素与变量）的动力因素的识别结果，并结合访谈结果，通过 KAPPA 一致性检验，进一步验证凸显信念（关键因素）的合理性。图 4 - 6 和表 4 - 5 表明，从多主体要素视角来看，驱动知识产权管理系统演化的动力因素的内在脉络包括企业内部获得长期竞争优势的需求、安全经营的需要、知识创造的需要、技术研发的需要、科技成果转化及应用研究的需要，知识产权评估、代理、诉讼的需求，知识产权政策制度体系的构建及完善、知识产权战略规划的要求；行动中的知识产权开发管理是企业内部获得长期竞争优势的需求、安全经营的需要、知识创造的需要、技术研发的需要的目标变量，这些因素主要影响知识产权管理系统演化过程中的知识产权开发；行动中的知识产权保护是安全经营的需要、知识产权评估、代理、诉讼的需求、知识产权政策制度体系的构建及完善、知识产权战略规划的要求的目标，这些因素主要影响知识产权管理系统演化过程中的知识产权保护；行动中的知识产权运营是科技成果转化及应用研究的需要的目标变量，它主要影响知识产权管理系统演化过程中的知识产权运营；影响行动知识产权管理系统演化过程中的知识产权开发、保护及运营管理的外在脉络是产业结构的变化，产业文化、研发外部投入的变化，科技创新奖励、知识产权成果转化情况，知识产权服务多元化、知识产权信息需求变化、知识产权侵权、纠纷事件的处罚、处理情况、知识产权交易情况；影响行动知识产权开发管理的诠释的推移是知识产权质量提升、知识产权人才增加、知识产权研发力度加大、知识产权信息共享；主要影响行动知识产权保护管理的诠释的推移是知识产权保护意识增强、知识产权服务质量提高、知识产权政策制度的完善；主要影响行动知识产权运营管理的诠释的推移是知识产权质量提升。

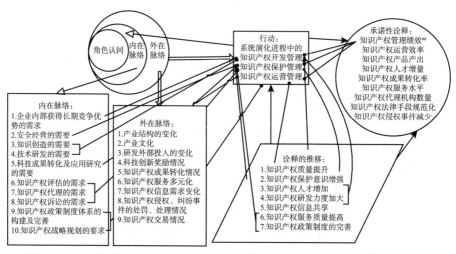

图4-6 以格式塔分析为切入点的知识产权管理系统演化的动力因素识别汇总

资料来源：作者根据相关研究成果整理。

表4-5   多主体视角下知识产权管理系统演化的动力因素的主轴识别和汇总

释意类别	释意要素	种类及种类属性
释意来源	角色认同	认同自身在系统演化中的知识产权开发、知识产权保护及知识产权运营管理者角色
	内在脉络	1. 企业内部获得长期竞争优势的需求 2. 企业安全经营的需要 3. 高校及科研院所知识创造的需要 4. 高校及科研院所技术研发的需要 5. 高校及科研院所科技成果转化及应用研究的需要 6. 中介机构知识产权评估的需求 7. 中介机构知识产权代理的需求 8. 中介机构知识产权诉讼的需求 9. 知识产权政策制度体系的构建及完善 10. 知识产权战略规划的要求

释意类别	释意要素	种类及种类属性
释意来源	外在脉络	1. 产业结构的变化 2. 产业文化 3. 研发外部投入的变化 4. 科技创新奖励情况 5. 知识产权成果转化情况 6. 知识产权服务多元化 7. 知识产权信息需求变化 8. 知识产权侵权、纠纷事件的处罚、处理情况 9. 知识产权交易情况
诠释的推移	诠释的推移	1. 知识产权质量提升 2. 知识产权保护意识增强 3. 知识产权人才增加 4. 知识产权研发力度加大 5. 知识产权信息共享 6. 知识产权服务质量提高 7. 知识产权政策制度的完善
行动	行动	知识产权开发、保护及运营管理
承诺性诠释	承诺性诠释	知识产权管理绩效##

注：##表示凸显和关键的目标变量。

资料来源：作者根据相关研究成果整理。

4.2　知识产权管理系统演化的动力因素识别及分析

本节基于文献萃取法从知识产权管理系统演化的主体推动力、内部驱动力和外部拉力三个层面构建知识产权管理系统演化的动力因素体系；采用 ISM 方法对知识产权管理系统演化的动力因素进行识别，对动力因素进行因素之间关系有无分析、关系强弱的评价，从而识别出系统演化的关键因素。

4.2.1　动力因素体系构建

1. 知识产权管理系统演化的动力因素层次划分

借鉴相关学者针对知识产权管理系统演化的驱动因素、动力因素、知识产权管理系统运行等相关研究成果，结合前文，从多主体视角，剖析知识产权管理系统演化的主体推动力因素，下面针对知识产权管理系统演化的动力因素进行层级划分。

（1）系统外部动力因素分析。知识产权管理系统外部环境的变化对系统演化发展产生直接或间接拉动，由于系统的演进发展必然需要不断地注入新的知识、技术、信息及资金等物质能量，才能够保证其稳定有序发展。知识、技术、信息等对推动知识产权管理系统演化产生重要的直接影响；人才资源、研发资金、文化氛围、中介服务平台等对推动知识产权管理系统演化产生重要的间接影响；良好的外界环境是知识产权管理系统演化发展的动力源。外部环境主要包括经济环境、社会文化环境、政治环境等，为系统实施知识产权开发、运营及保护管理活动提供外部支撑。

因此，本书将知识产权管理系统演化的外部动力因素概括为知识产权管理相关的政策制度、知识产权管理的经济文化环境和知识产权市场需求，这三个因素构成了知识产权管理系统演化发展的系统外部推动力，且这些因素之间交互影响，共同推动知识产权管理系统的演化发展。

一是知识产权管理相关的政策制度。随着国家知识产权战略的深入实施，我国政府加强构建知识产权管理体系，制定一系列知识产权制度，这些知识产权法律制度的颁布及实施是拉动知识产权管理系统演化的一个重要外部动力因素。知识产权相关政策体系是政府调控知识产权资源、保障知识产权开发、运营及保护活动、提升知识产权管理水平的重要政策工具和行政手段。这些相关政策制度是知识产权管理系统发展的动力基础，为实现国家知识产权强国的目标实现营造了良好氛围，是企业、高校及科研院所等管理者实施知识产权开发、运营及保护管理的动力源泉。政府部门的经费支持也为企业、高校及科研院所等主体在开展自主创新、加强知识产权保护、完善知识产权运营平台建设等方面提供资金保障，从而增加企业、高校、科研院所等的知识产权管理能力，提升其知识产权保护意识，促进知识产权成果产出，提高知识产权管理系统整体的发展及演化。

二是知识产权管理的经济文化环境。知识产权管理活动的实施需要理想的经济环境。对于企业及行业而言，需要政府提供良好的财政资金支撑，创造良好的知识产权研发经济环境。近年来，随着我国经济发展水平的不断提高，我国知识产权管理综合能力随之提升，为知识产权开发管理提供经济基础保障，同时保证了知识产权运营管理的有效实施。尤其是随着我国经济发展进入新常态阶段，我国经济增长状态由高速增长转向高质量发展，优化营商环境，积极加快经济体制改革，加强供给侧结构性改革，实行减税政策，积极推进稳健的货币政策，加快制造业高质量发展，提升企业创新水平，进一步加强了对企业知识产权保护和运用的支撑力度，形成了有效的知识产权管理激励机制。完善的经济体制和经济政策，能够为知识产权开发、保护和运营提供良好的经济环境，促进知识产权管理系统的企业、高校和科研院所等主体的创新热情，搭建完善的知识产权管理平台，推动知识产权管理系统朝着稳定有序方向演化发展。

知识产权管理活动的实施需要良好的社会文化氛围。社会文化氛围的渲染力支持并引导着知识产权管理行为，知识产权管理系统及其所处的环境处于社会文化氛围的影响作用中，因此，在知识产权管理系统的演化过程中，时刻受到知识产权文化氛围的影响。知识产权文化是知识产权管理的各个主体所处的社会文化氛围中与具体的知识产权管理实践活动相关，并且有助于实施知识产权管理行为的文化形态。在具有良好信任基础、注重知识产权保护、激励创新发展、构建合作共赢关系的知识产权文化环境中，相关知识产权管理的主体更加重视知识产权保护和自主创新，从而有利于提升知识产权管理水平，促进知识产权管理系统的演化发展。

三是知识产权市场需求。知识产权市场需求是促进知识产权管理系统演化发展的外部市场拉力，在激烈的市场竞争条件下，知识产权的市场需求可以促进企业、高校等主体积极开展知识产权开发活动，实施自主创新，从而增加知识产权产出，创造知识产权经济效益。在市场需求与激烈的市场竞争共同作用下，对知识产权管理系统内部的各个主体的知识产权管理行为构成威胁，迫使其产生知识产权开发、运营及保护的压力，从而催化知识产权管理系统不断的演化发展。

（2）系统内部动力因素分析。系统内部主要动力因素包括知识产权管理绩效最优化、竞争与协同共存和自主创新发展需求，它们之间相互作用、相互影响，构成了知识产权管理系统演化发展的内部驱动力。这些内部动力因素促进系统内各主体的知识产权管理行为、知识产权物质及能量的流动、系统的整体进化发展。

一是知识产权管理绩效最优化。对于知识产权管理系统其内部主体而言，应追求知识产权带来的经济效益最大化，通过提高知识产权研发效率，提高知识产权产出，从而提高知识产权成果转化与应用。与此同时，对于整个知识产权管理系统而言，追求的是知识产权管理绩效的最优化，通过积极引入具有活力的参与主体加入系统，吸收大量资金、技术、知识和信息等物质能量，实现知识产权研发、保护与运用的协调发展，促进知识产权管理绩效的提升。因此，知识产权管理绩效的最优化是推动知识产权管理系统演化发展的内部动力源。

二是竞争与协同共存。知识产权管理系统不断地与外界环境进行物质、能量和信息的交互，内部各个主体之间以及资源要素之间的协同关系推动系统演化发展，促进其从混沌无序状态转向稳定有序状态，从较低级的简单状态朝着较高级的复杂状态发展。知识产权管理系统内部的主体要素之间既存在合作协同的关系，也存在竞争关系，在这种竞争与协同共存的情况下，知识产权管理系统逐渐实现整体涌现，因此，竞争与协同共存是推动系统演化发展的内源动力。其中，竞争作为系统演化发展的最活跃的拉力，激烈的市场竞争有助于激发主体要素的知识产权研发活力，加强知识产权保护力度，强化知识产权运营水平，进而推动知识产权管理系统朝着有序方向演化发展。

三是自主创新发展需求。在知识产权管理系统的整个演化生命周期里，若要保证系统的长期稳定发展，需要自主创新发展做支撑。企业与高校、科研院所、政府部门、中介机构等主体之间形成合作协同关系，加强知识的交流与合作，同时，对知识采取必要的保护措施，防止引发知识产权侵权与泄密，建立完善的知识产权保护体系，增强知识产权保护能力，提高自主创新效率，提高创新绩效。同时，系统需要构建完善的知识产权归属制度、知识产权转让与分配制度，激励创新主体的研发活力与热情，从而营造良好的自主创新发展环境，提升知识产权创造能力。

（3）系统主体推动力因素分析。知识产权管理系统内的企业、高校及科研院所、政府以及中介机构等主体作为系统内支撑知识产权管理活动的重要因素，构成了知识产权管理系统演化的主体推动要素。从组织网络视角来看，知识产权管理系统可以看作一个由多维节点组成的知识流动网络。系统内有企业、高校、科研院所等核心节点，以及政府部门、中介机构等辅助节点，这些节点之间通过各种资金、信息、技术、人力等物质能量相互沟通交流，形成彼此相互连接的知识产权合作与知识共享的网络。一方面，不同主体之间知识共享和交互推动系统的演化发展；另一方面，不同主体的自身功能与职能可以促进系统内知识更新、扩散、传播和整合，带动系统内其他要素的不断更新和补充，进而推动系统整体的演化发展。根据第

4.1 节中有关多主体视角下的知识产权管理系统演化的动力因素的初步识别结果,下面从知识网络的视角将知识产权管理系统演化的主体推动力分为四类子动力。

一是企业的知识吸收能力与知识产权研发力。企业的知识产权研发能力和创新能力是知识产权管理系统演化的助推剂。尤其是对于高技术企业及制造企业而言,仅仅依靠自身具备的知识并不能有效转化为具有核心竞争力的知识产权产品,难以应对激烈的知识产权市场竞争环境。因此,如何有效提升其技术创新能力、提高知识吸收力,成为企业实施知识产权开发活动的重中之重。企业作为知识产权管理系统内的关键主体要素,其知识产权开发能力成为促进知识产权管理系统演化发展的关键。其中,企业的知识吸收能力是企业从外部获取新知识,进而消化吸收并转化应用的一种能力。企业的知识产权管理活动过程涉及复杂的、高技术含量的知识吸收和应用,开发具有核心竞争力的知识产权。此时,与企业具有合作关系的高校及科研院所、政府部门、中介机构等主体为企业的知识产权管理提供知识支撑,通过产学研合作关系实现知识共享与技术合作,同时企业积极消化吸收来自其他主体的知识并大力开展知识产权研发活动,加强知识产权保护,并支撑其他类型主体的知识产权管理活动。

二是高校及科研院所的知识扩散能力和知识产权创造力。知识产权管理系统内的高校与科研院所作为新知识的起源地,为系统不断地提供新知识,并将知识传播扩散到系统内其他主体,为其他主体开展知识产权管理活动提供知识基础,因此,高校与科研院所的知识扩散和知识产权创造力成为推动知识产权管理系统演化的核心力量。由于高校与科研院所具有高素质的知识人才,具备良好的知识扩散平台,既可以进行知识转化应用于知识产权的开发活动中,也可以将新创知识不断传播给企业与其他的主体要素,为其进行知识产权研发提供知识基础。同时,高校与科研院所通过与企业、政府部门和中介机构建立合作关系,将知识转化为企业的知识产权产品,将知识扩散给政府部门和中介机构,从而加强其知识产权的保护力度,增强其知识产权管理能力。

三是中介机构的知识整合力与知识产权服务力。中介机构作为连接高校、科研院所、企业的纽带,能够有效整合知识,并与这些主体之间进行交流与合作,为知识产权管理系统内其他主体的知识产权管理活动提供支持服务,进而促进知识产权管理系统的演化发展。中介机构通过传播整合知识,提供知识产权方面的咨询、法律等服务，通过与企业、高校及科研院所等主体之间的交流与沟通，及时获悉知识产权管理的环境条件，包括不同行业领域的知识产权研发数量与质量、知识产权成果转化率、知识产权侵权案件等有关数据与信息，能够把握相关知识存量与现状，加速知识产权信息的公开进度，减少其他主体的知识产权信息的搜索与调查成本，增加知识的流动效率，提高知识的整合能力。

四是政府部门的知识引导力与知识产权保护力。在知识产权管理系统中，政府部门作为知识产权市场的宏观调控者，通过一系列的经济调控手段、知识产权政策引导和知识产权法律制度颁布等措施来加强知识产权的保护管理，实现知识引导和协调，促进知识产权市场的规范化与合理化。政府部门内的知识产权相关执法队伍和知识产权预警体系为知识产权保护管理提供法律保障。同时，政府部门采用物资与精神双重激励的方式鼓励企业、高校、科研院所、中介机构等主体参与知识产权管理活动，通过资金支持与政策保障来搭建知识产权运营与交易平台，并通过与其他主体之间的沟通交流，协调处理知识产权侵权事件与违法乱纪事件，协调知识产权的输入与输出关系，提倡在引进消化吸收的同时提升再创造与自主研发能力，实现知识产权的有效转化与应用。

2. 知识产权管理系统演化的动力因素的 ISM 构建及分析

基于上文对知识产权管理系统演化的动力因素的剖析，结合现有学者对于知识产权管理系统的运行、协同发展等相关研究成果分析，邀请知识产权领域的专家学者、行业管理者 15 人组成 ISM 小组，对知识产权管理系统演化的动力因素进行讨论分析，本书归纳得到了知识产权管理系统演化的动力因素体系，如表 4 - 6 所示。

表 4 - 6   知识产权管理系统演化的动力因素体系

动力因素层级划分	动力因素	动力因素序号
外部拉动力	知识产权管理相关的政策制度	S_1
	知识产权管理的经济文化环境	S_2
	知识产权市场需求	S_3

续表

动力因素层级划分	动力因素	动力因素序号
内部驱动力	知识产权管理绩效最优化	S_4
	竞争与协同共存	S_5
	自主创新发展需求	S_6
主体推动力	企业的知识吸收能力与知识产权研发力	S_7
	高校及科研院所的知识扩散能力和知识产权创造力	S_8
	中介机构的知识整合力与知识产权服务力	S_9
	政府部门的知识引导力与知识产权保护力	S_{10}

资料来源：作者根据相关研究成果整理绘制。

4.2.2　基于 ISM 方法的关键动力因素识别

1. ISM 模型的基本原理

解释结构模型（interpretive structural model，ISM）是 20 世纪 70 年代由美国学者沃菲尔德创造的一种系统分析方法，它是将复杂系统分解成若干个子系统（或要素），寻找各子系统（或要素）之间相关关系的系统分析工具。这种相关关系可以是因果关系、隶属关系或上下游关系等，通过形成结构矩阵及结构图形，并进行矩阵的变换和演算，将复杂的、不确定的系统简单化、清晰化，从而构造多级递阶的结构模型，以利于识别系统内部结构及各个要素之间相关关系。ISM 模型的基本建模步骤如下：

（1）设定关键问题；

（2）选择构成系统的影响关键问题的主要因素；

（3）列举各因素的相关性；

（4）根据各要素的相关性，建立邻接矩阵和可达矩阵；

（5）对可达矩阵分解后，建立结构模型；

（6）根据结构模型，构建 ISM 模型。

知识产权管理系统是一个复杂的多主体管理系统，影响系统发展演化的动力因素及其之间的相互关系并不能通过确定的、简单的统计数据进行定量分析，因此，有关知识产权管理系统演化的各个动力因素具有一定的不确定性和模糊特征。本书采用解释结构模型作为建模工具，以便于对该类型变量众多且关系较为复杂、内部结构关系模糊的系统进行分析。

2. 基于 ISM 方法的动力因素识别过程

下文针对知识产权管理系统演化的动力因素的关键性进行识别，并确定各个动力因素之间的影响关系。首先，设知识产权管理系统演化的动力因素集合为 $S = \{S_1, S_2, \cdots, S_n\}$，即在知识产权管理系统中存在 n 个推动系统演化发展的主要动力因素。其次，确定系统中各个动力因素相互关系，即建立邻接矩阵。当知识产权管理系统演化过程中存在 n 个动力因素时，则动力因素之间的邻接矩阵可以表示为：$Y = [y_{ij}]_{n \times n}$，$(i, j = 1, 2, \cdots, n)$，其中，当 S_i 对于 S_j 有影响作用时，$y_{ij} = 1$；反之，当 S_i 对于 S_j 没有影响作用时，$y_{ij} = 0$；因此，邻接矩阵属于布尔矩阵，矩阵中的元素只包括 0 和 1 两种。ISM 小组成员通过个人经验和互相讨论，不断修正和确定了各个动力因素之间的相关关系，同时，为了尽可能保证对知识产权管理系统演化的动力要素之间关系研究的公正性和客观性，本书设计了有关知识产权管理系统演化的动力因素的相互关系强度认知调查问卷，通过网上和线下调查两种方式发放调查问卷共计 400 份，回收调查问卷 380 份。依据李克特五分量表方法，若对于两个动力因素 S_i 对于 S_j 的影响关系，第 $l(l = 1, 2, \cdots, m)$ 个调查对象认为这种影响关系十分重要，则 $y_{ijl} = 5$ 分；比较重要，则 $y_{ijl} = 4$ 分；不确定，则 $y_{ijl} = 3$ 分；不重要，则 $y_{ijl} = 2$ 分；十分不重要，则 $y_{ijl} = 1$ 分。通过问卷收集可以进行数据的简单汇总分析，计算各动力要素之间影响关系的作用数值，即 $Y_{ij} = y_{ij1} + y_{ij2} + \cdots + y_{ijm}$。若 $Y_{ij} < Y_{ji}$，那么 $y_{ij} = 0$，$y_{ji} = 1$；若 $Y_{ij} > Y_{ji}$，那么 $y_{ij} = 1$，$y_{ji} = 0$；若 $Y_{ij} = Y_{ji}$，那么 ISM 小组需要根据专家经验与共同探讨，再次针对 S_i 与 S_j 的影响关系进行判断并确定 y_{ij} 和 y_{ji} 的取值。按照以上思路方法最终可以得到各个动力因素之间的影响关系，构建邻接矩阵如表 4 - 7 所示。

表 4 - 7　　　　　知识产权管理系统演化的动力因素的相互关系

动力因素 S_i	其他要素 S_j									
	S_1	S_2	S_3	S_4	S_5	S_6	S_7	S_8	S_9	S_{10}
S_1	1	0	0	1	0	0	0	0	0	1
S_2	0	0	0	1	1	0	0	0	0	0
S_3	0	0	0	0	0	1	1	1	1	1
S_4	0	0	0	0	1	0	0	0	0	0

续表

动力因素 S_i	其他要素 S_j									
	S_1	S_2	S_3	S_4	S_5	S_6	S_7	S_8	S_9	S_{10}
S_5	0	0	0	0	0	0	0	0	0	0
S_6	0	0	1	0	0	0	1	1	0	0
S_7	0	0	0	1	1	1	0	0	0	0
S_8	0	0	0	0	1	1	0	0	0	0
S_9	0	0	0	1	1	0	0	0	0	0
S_{10}	1	0	0	1	0	0	0	0	0	1

资料来源：作者根据相关打分结果整理。

在表 4 - 7 中，10 个动力因素之间的相互关系通过逻辑元素 0 与 1 进行表征。这 10 个动力因素之间的逻辑关系可以构成邻接矩阵中的元素 $Y = \left[y_{ij} \right]_{10 \times 10}$，邻接矩阵表达式为：

$$Y = \left[y_{ij} \right]_{10 \times 10} = \begin{bmatrix} 1 & 0 & 0 & 1 & 0 & 0 & 0 & 0 & 0 & 1 \\ 0 & 0 & 0 & 1 & 1 & 0 & 0 & 0 & 0 & 0 \\ 0 & 0 & 0 & 0 & 0 & 1 & 1 & 1 & 1 & 1 \\ 0 & 0 & 0 & 0 & 1 & 0 & 0 & 0 & 0 & 0 \\ 0 & 0 & 0 & 0 & 0 & 0 & 0 & 0 & 0 & 0 \\ 0 & 0 & 1 & 0 & 0 & 0 & 1 & 1 & 0 & 0 \\ 0 & 0 & 0 & 1 & 1 & 1 & 0 & 0 & 0 & 0 \\ 0 & 0 & 0 & 0 & 1 & 1 & 0 & 0 & 0 & 0 \\ 0 & 0 & 0 & 1 & 1 & 0 & 0 & 0 & 0 & 0 \\ 1 & 0 & 0 & 1 & 0 & 0 & 0 & 0 & 0 & 1 \end{bmatrix} \qquad (4-1)$$

然而，式（4-1）的矩阵元素仅仅体现了各个动力因素相互之间是否具有影响关系，不能体现这些动力因素之间的影响关系类型，即直接影响或者间接影响。为了进一步确定知识产权管理系统演化的动力因素之间的影响关系作用情况，需要根据布尔运算法则求解邻接矩阵的可达矩阵。可达矩阵的具体计算规则：令 $Y_1 = Y + 1$，$Y_2 = (Y + 1)^2$，$\cdots$，$Y_r = (Y + 1)^r$，当矩阵满足 $Y_r = Y_{r-1} \neq Y_{r-1} \neq \cdots \neq Y_2 \neq Y_1$ 时，可得到可达矩阵 $R = Y_r = Y_{r-1}$，可达矩阵表达式为：

$$
R = \left[r_{ij} \right]_{10 \times 10} =
\begin{bmatrix}
1 & 0 & 0 & 1 & 1 & 0 & 0 & 0 & 0 & 1 \\
0 & 1 & 0 & 1 & 1 & 0 & 0 & 0 & 0 & 0 \\
1 & 0 & 1 & 1 & 1 & 1 & 1 & 1 & 1 & 1 \\
0 & 0 & 0 & 1 & 1 & 0 & 0 & 0 & 0 & 0 \\
0 & 0 & 0 & 0 & 1 & 0 & 0 & 0 & 0 & 1 \\
1 & 0 & 1 & 1 & 1 & 1 & 1 & 1 & 1 & 1 \\
1 & 0 & 1 & 1 & 1 & 1 & 1 & 1 & 1 & 1 \\
1 & 0 & 1 & 1 & 1 & 1 & 1 & 1 & 1 & 1 \\
0 & 0 & 0 & 1 & 1 & 0 & 0 & 0 & 1 & 0 \\
1 & 0 & 0 & 1 & 1 & 0 & 0 & 0 & 0 & 1 \\
\end{bmatrix}
\qquad (4-2)
$$

接下来对可达矩阵进行层级分解处理，设 $R(S_i)$ 是动力要素 S_i 的可达集合，表示在可达矩阵中的动力要素 S_i 所在行中，具有数值 1 这一元素对应的所有列元素构成的集合。$Q(S_i)$ 是动力要素 S_i 的先行集合，表示可达矩阵中动力要素 S_i 所在列中，具有数值 1 这一元素对应的所有行元素构成的集合。若 $R(S_i) = R(S_i) \cap Q(S_i)$，则有 $R(S_i)$ 是最高层级的动力要素集合即 L_1；在此基础上，删去所在的行和列，继续采用该规则进行层级的划分，即 $L_n = \{ S_i \in R - L_1 - \cdots - L_{n-1} \mid R_{n-1}(S_i) = R_{n-1}(S_i) \cap Q_{n-1}(S_i) \}$，采用该迭代算法可以求得其他层级的动力要素集合 L_2，L_3，$\cdots$，L_n。因此，可以得到知识产权管理系统演化的动力要素的可达集合 $R(S_i)$ 与先行集合 $Q(S_i)$ 及其交集，如表 4-8 所示。

表 4-8　　知识产权管理系统演化的动力因素的可达集合与先行集合

动力因素	$R(S_i)$	$Q(S_i)$	$R(S_i) \cap Q(S_i)$
S_1	S_1, S_4, S_5, S_{10}	S_1, S_3, S_6, S_7, S_8, S_{10}	S_1, S_{10}
S_2	S_2, S_4, S_5	S_2	S_2
S_3	S_1, S_3, S_4, S_5, S_6, S_7, S_8, S_9, S_{10}	S_3, S_6, S_7, S_8	S_3, S_6, S_7, S_8
S_4	S_4, S_5	S_1, S_2, S_3, S_4, S_6 S_7, S_8, S_9, S_{10}	S_4, S_5
S_5	S_5, S_{10}	S_1, S_2, S_3, S_4, S_5 S_6, S_7, S_8, S_9, S_{10}	S_5, S_{10}

续表

动力因素	R(S_i)	Q(S_i)	R(S_i)∩Q(S_i)
S_6	S_1, S_3, S_4, S_5, S_6, S_7, S_8, S_9, S_{10}	S_3, S_6, S_7, S_8	S_3, S_6, S_7, S_8
S_7	S_1, S_3, S_4, S_5, S_6, S_7, S_8, S_9, S_{10}	S_3, S_6, S_7, S_8	S_3, S_6, S_7, S_8
S_8	S_1, S_3, S_4, S_5, S_6, S_7, S_8, S_9, S_{10}	S_3, S_6, S_7, S_8	S_3, S_6, S_7, S_8
S_9	S_4, S_5, S_9	S_3, S_6, S_7, S_8, S_9	S_9
S_{10}	S_1, S_4, S_5, S_{10}	S_1, S_3, S_5, S_6, S_7, S_8, S_{10}	S_1, S_5, S_{10}

资料来源：作者根据相关打分结果计算整理。

从表 4 - 8 中可以看出，$R(S_4) = R(S_4) \cap Q(S_4)$，$R(S_5) = R(S_5) \cap Q(S_5)$，因此，最高层级的动力要素集合是 $L_1 = \{S_4, S_5\}$；采用上述迭代规则，划去 S_4、S_5 所在的行与列元素后得到新的可达矩阵表达式为：

$$R' = \left[r'_{ij} \right]_{8 \times 8} = \begin{bmatrix} 1 & 0 & 0 & 0 & 0 & 0 & 0 & 1 \\ 0 & 1 & 0 & 0 & 0 & 0 & 0 & 0 \\ 1 & 0 & 1 & 1 & 1 & 1 & 1 & 1 \\ 1 & 0 & 1 & 1 & 1 & 1 & 1 & 1 \\ 1 & 0 & 1 & 1 & 1 & 1 & 1 & 1 \\ 1 & 0 & 1 & 1 & 1 & 1 & 1 & 1 \\ 0 & 0 & 0 & 0 & 0 & 0 & 1 & 0 \\ 1 & 0 & 0 & 0 & 0 & 0 & 0 & 1 \end{bmatrix} \qquad (4 - 3)$$

再次进行可达集合与先行集合的求解，得到删去最高层级要素后的知识产权管理系统演化的动力因素的可达集合与先行集合，采取以上迭代算法类似求解，最终得到知识产权管理系统演化的动力因素解释结构模型，如图 4 - 7 所示。

从图 4 - 7 中可以看出，知识产权管理系统演化的动力因素及其之间的关系是一个具有 3 个层级的多级递阶结构。其中，第一层级是推动知识产权管理系统演化的核心要素，主要是内部驱动力，具体包括知识产权管理绩效的最优化、竞争与协同共存；第二层级是推动知识产权管理系统演化的重要

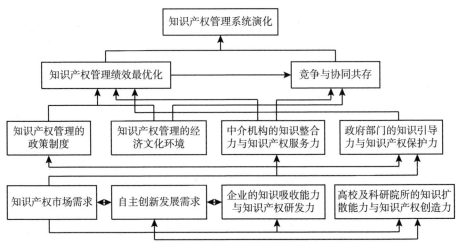

图4-7　知识产权管理系统演化的动力因素解释结构模型

资料来源：作者根据相关计算结果归纳绘制。

因素，具体包括知识产权管理的政策制度、知识产权管理的经济文化环境、中介机构的知识整合力和知识产权服务力、政府部门的知识引导力和知识产权保护力；第三层级是推动知识产权管理系统演化的基础因素，具体包括知识产权市场需求、自主创新发展需求、企业的知识吸收能力和知识产权研发力、高校及科研院所的知识扩散能力和知识产权创造力。这三个层级的动力因素共同推动着知识产权管理系统的演化发展，且三个层级的动力因素之间具有层层递进的关系，相互之间具有互动性和相关性。

4.2.3　动力因素识别结果分析

下面针对上述知识产权管理系统演化的动力因素的 ISM 模型结果，剖析这些动力因素对于整个系统演化发展的具体推动作用。本书将该解释结构模型中的动力因素划分为三个层次，分别是基础型动力因素、连接型动力因素和直接型动力因素。三个层次的动力因素逐层深入，交互推动着知识产权管理系统的演化发展。

1. 基础型动力因素

知识产权市场需求、自主创新发展需求、企业的知识吸收能力和知识产权研发力、高校及科研院所的知识扩散能力和知识产权创造力属于知识产权管理系统演化的基础动力因素，是推动知识产权管理系统演化发展的基础。

其中，知识产权市场需求是促进中介机构的知识整合力和知识产权服务力、政府部门的知识引导力和知识产权保护力的系统的直接外在动力，它也有利用企业的知识吸收能力和知识产权研发力、高校及科研院所的知识扩散能力和知识产权创造力的不断提升。同时，知识产权市场需求拉动着知识产权管理系统内主体开展自主创新，如企业将加大研发投入力度，重点研发具有核心竞争力的知识产权产品；高校及科研院所等将培育自主创新型知识产权人才，积极推进自主创新产品产出。

在日益激烈的知识产权市场上，自主创新发展需求的不断增加必将带来知识产权市场需求的增长，两者之间相互影响、相互作用；此外，企业的知识吸收能力和知识产权研发力与自主创新发展需求之间也有互动。为了在知识产权市场上占据主导地位，众多的高新技术企业深刻意识到要想取得绝对竞争优势，获得企业长期可持续发展，不能仅仅依靠技术引进与技术改造等方式开发新产品，而需要开发具有核心竞争力的自主知识产权，研发自主创新产品，使得自主创新发展需求随之不断增加，进而带动更多的企业开展自主创新生产，提升了企业的知识吸收能力和知识产权研发力。

同样，高校及科研院所的知识扩散能力和知识产权创造力与自主创新发展需求之间也具有相互作用关系。高校及科研院所的知识扩散能力和知识产权创造力的提升，扩大了知识产权数量，为了保障知识产权质量，自主知识产权的需求激增，因此，自主创新发展需求随之增长。随着自主创新发展需求的增加，高校及科研院所将加大知识产权人才队伍建设，培养具有自主创新型人才，研发自主知识产权，促进了其知识扩散及知识产权创造力的提高。

2. 连接型动力因素

知识产权管理的政策制度、知识产权管理的经济文化环境、中介机构的知识整合力和知识产权服务力、政府部门的知识引导力和知识产权保护力属于知识产权管理系统演化的连接型动力因素，是推动知识产权管理系统演化发展的中间力量。其中，知识产权管理的政策制度体系对于政府部门加强知识产权保护管理具有引导和监督作用，直接影响了系统的知识产权管理绩效，良好的知识产权管理政策制度有利于实现系统内知识产权管理绩效的最优化。因此，知识产权管理的政策制度对于知识产权管理系统的演化发展具有宏观导向作用。同时，良好的知识产权管理政策制度建立在整个国家宏观政治政策环境基础上，有助于政府部门加强知识引导，强化知识产权保护，提升政府部门的知识引导力度和知识产权保护力度。而政府部门的这种知识引导和知识产权保护也有助于国家在宏观层面上进一步完善知识产权管理政策制度。

良好的知识产权管理的经济文化环境保障知识产权开发管理、保护管理和运营管理的高效实施，为知识产权管理系统的运行与发展提供环境支撑，直接影响着系统的知识产权管理绩效，有利于实现系统知识产权管理绩效的最优化。同时，知识产权管理的经济文化环境促进了知识产权管理系统内部形成竞争与合作共存的局面，企业、高校及科研院所等为获得良好的知识产权产出效益，创造具有竞争优势的知识产权产品，导致知识产权市场竞争激烈，同时，很多企业、高校及科研院所等通过研发合作，构建合作伙伴关系，实现利益共享、优势互补，大大提高了系统的知识产权产出绩效。

中介机构的知识整合和知识产权服务，有助于系统及时获取相关知识产权的信息，通过咨询、法律等服务，获悉最新的知识产权研发情况、知识产权成果转化情况、知识产权侵权情况等数据，提高知识产权信息的公开程度，减少了其他主体的知识产权信息的搜索与调查成本，大大提高了知识产权管理的绩效，有利于系统实现知识产权管理绩效的最优化；中介机构与企业、高校、科研院所、政府部门等主体之间不断进行交流与合作，为其知识产权管理活动提供支持服务，通过传播整合知识，提供知识产权服务，促进这些主体之间信息共享与知识产权合作，与此同时，知识产权信息的公开化也增强了这些主体的知识产权保护意识，加强知识产权保护力度，必然带来这些主体之间激烈的知识产权市场竞争。

政府部门的知识引导和知识产权保护，促进知识产权市场的规范化与合理化，激励企业、高校、科研院所、中介机构等主体积极参与知识产权管理，增强其自主研发能力，实现知识产权的有效转化与应用，进而提高知识产权研发效率，提高知识产权产出，从而提高知识产权成果转化与应用，有利于实现知识产权管理绩效的最优化。

3. 直接型动力因素

知识产权管理绩效的最优化、竞争与协同共存是知识产权管理系统演化的直接型动力因素，是推动系统演化发展的内在驱动力。对于知识产权管理系统其内部主体而言，为实现知识产权的经济效益最大化，将提高知识产权研发效率，增加知识产权产出，作为知识产权管理的根本切入点；而整个知识产权管理系统追求的是知识产权管理绩效的最优化，只有使大量具有创新活力的主体加入系统内，引入丰富的资金、技术、知识和信息等物质能量，才能实现知识产权研发、保护与运用的协调发展，从而促进知识产权管理绩效的提升。为了实现知识产权管理绩效的最优化，系统内各类型主体要素、资源要素、其他物质和能量均将源源不断地流入、消耗、更新、进化，进而推动知识产权管理系统演化发展。

知识产权管理系统内部各个主体之间以及资源要素之间的协同关系，有助于推动系统内部子系统之间、系统整体的协同发展，促进其从混沌无序状态转向稳定有序状态，从较低级的简单状态朝着较高级的复杂状态发展。同时，系统内部主体之间也存在竞争关系，激烈的市场竞争有助于提高知识产权保护意识，提升知识产权保护水平，促进知识产权管理系统朝着有序方向演化发展。在这种竞争与协同共存的情况下，知识产权管理系统逐渐实现整体涌现，推动系统不断发展。

追求知识产权管理绩效的最优化，必然需要不断将参与主体要素吸收引入到知识产权管理系统内部，此时，如果新加入的主体要素知识产权管理能力并不完善，不具备雄厚的研发资源，可以采取合作模式，与其他主体构建合作伙伴关系，共同参与知识产权管理活动；如果新加入的主体要素具有丰富的知识产权资源，具有较强的知识产权研发能力，可以创造自主知识产权，以应对激烈的知识产权市场竞争。在知识产权管理系统内部追求知识产权管理绩效的最优化必然会带来竞争与协同共存的局面。

4.3　知识产权管理系统演化的动力机制模型

知识产权管理系统演化的动力是系统演化进入非平衡状态下所形成的一种逐渐趋向平衡态的驱动力量，根据上述针对知识产权管理系统演化的动力因素识别与分析，概括出系统演化的动力因素，包括三个层次：基础型动力因素、连接型动力因素和直接型动力因素。这三个层次的动力因素并不是独立的，它们之间相互作用，共同影响知识产权管理系统的演化进程。因此，本书认为知识产权管理系统演化的动力机制可概括为：在知识产权管理系统演化过程中，由推动知识产权管理系统不断演化发展的各个动力因素以及这些动力因素之间通过相互作用、相互影响综合而成的动力"装置"，即动力系统，此动力系统通过启动、传导及反馈等功能作用，不断激发、提升各动力因素及其相互作用关系，从而激励系统内部企业、高校、科研院所、中介机构及政府相关部门等主体的不断完善职能，引导知识产权开发管理子系统、保护管理子系统和运营管理子系统之间的协同发展，实现知识产权管理系统稳定有序演化的目标。

4.3.1 动力机制的 SFP 分析

本书接下来从结构—功能—原理的视角，剖析知识产权管理系统演化的 SFP 动力机制的构成，构建知识产权管理系统演化的动力机制模型。知识产权管理系统演化的动力机制可分解三个部分：动力机制的结构、动力机制的功能和动力机制的原理。其中，动力机制的结构是指知识产权管理系统演化过程中，各个动力因素构成与动力因素之间的相互关系，是知识产权管理系统演化动力机制的运行基础；动力机制的功能是在知识产权管理系统演化的过程中，各个动力因素及其之间的相互作用共同发挥的功能和效应，是知识产权管理系统演化动力机制的运行功效；动力原理是知识产权管理系统演化过程中，各个动力因素发挥作用的具体方式和相互作用的原理，是知识产权管理系统演化动力机制的运行规律。知识产权管理系统内的企业、高校及科研院所、政府以及中介机构等主体作为系统内支撑知识产权管理活动的重要因素，构成了知识产权管理系统演化的主体推动力要素。

1. 动力机制的结构

动力机制的结构是知识产权管理系统演化动力机制中最基本的构成要件，主要是指推动知识产权管理系统演化的各个动力因素及其之间的相互关系。从系统视角可以将其划分为主体推动力因素、系统内部动力因素和系统外部动力因素三个方面。其中，知识产权管理系统演化的外部动力因素主要是指知识产权管理相关的政策制度、知识产权管理的经济文化环境和知识产权市场需求，这些因素交互影响，共同形成了推动知识产权管理系统演化发展的外部拉力。系统内部动力因素主要包括知识产权管理绩效最优化、竞争与协同共存和自主创新发展需求，它们之间相互作用、相互影响，构成了知识产权管理系统演化发展的内部驱动力。

根据上一节中有关知识产权管理系统演化的动力因素的识别与甄选，可以将知识产权管理系统演化的动力机制的动力结构划分为三个层级：

（1）推动知识产权管理系统演化的核心要素，即知识产权管理绩效的最优化、竞争与协同共存；（2）推动知识产权管理系统演化的重要因素，具体包括知识产权管理的政策制度、知识产权管理的经济文化环境、中介机构的知识整合力和知识产权服务力、政府部门的知识引导力和知识产权保护力；（3）推动知识产权管理系统演化的基础因素，具体包括知识产权市场需求、自主创新发展需求、企业的知识吸收能力和知识产权研发力、高校及科研院所的知识扩散能力和知识产权创造力。为了进一步清晰显示知识产权管理系统演化的各个动力因素及其之间的相互关系，本书给出知识产权管理系统演化的动力机制的结构，即动力因素的具体构成方式，如图4-8所示。

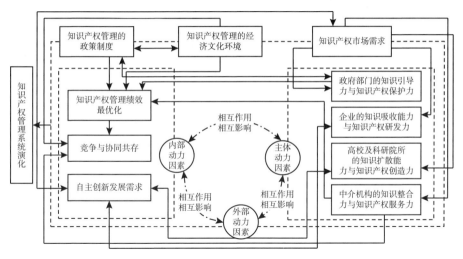

图4-8 知识产权管理系统演化的动力因素构成方式

资料来源：作者根据相关研究成果归纳绘制。

从图4-8中可以看出，在系统内部动力、系统外部动力及主体动力之间相互作用、相互影响下，知识产权管理系统实现了演化发展。系统外部动力因素为系统内主体的发展提供空间和市场，为系统的演化提供环境支撑。完善的知识产权管理政策制度为系统演化提供良好的政治环境，营造良好的知识产权保护氛围，对于系统内主体加强知识产权保护意识，相关政府部门提高知识产权管理水平，强化知识产权保护，有利于实现系统内知识产权管理绩效的最优化。从政治层面来看，知识产权管理的政策制度对于知识产权管理系统的演化发展具有宏观导向作用。

良好的知识产权管理的经济文化环境为知识产权开发管理、保护管理和运营管理提供理想的市场条件。在知识产权市场上，各种资源、信息、产品、技术等不断地交换与更新，知识产权市场需求不断变化和升级，开放的市场环境为知识产权管理系统与外界进行物质能量交换提供保障，这种交互作用可以促进负熵流动，推动系统的演化发展。同时，良好的知识产权管理的经济文化环境必然促进系统内部主体之间达成竞争与合作的关系，知识产权市场竞争激烈引发各个企业之间的知识产权之战，追求知识产权管理绩效的最优化。很多企业、高校及科研院所等之间形成合作伙伴关系，构成知识产权联盟，实现利益共享、优势互补。

知识产权市场需求的不断升级，为知识产权管理系统内主体实施知识产权开发、保护和运营提供反馈和引导。一旦知识产权市场需求发生波动变化，系统内企业、高校等主体将加大创新投入，积极进行知识产权创造，加强自主创新。为了在知识产权市场上占据主导地位，众多的高新技术企业深刻意识到，要想取得绝对竞争优势，获得企业长期可持续发展，不能仅仅依靠技术引进与技术改造等方式开发新产品，而需要开发具有核心竞争力的自主知识产权，研发自主创新产品，使得自主创新发展需求随之不断增加，进而带动更多的企业开展自主创新生产，提升企业的知识吸收能力和知识产权研发能力。

系统内部动力因素是系统内主体实施知识产权开发、保护和运营管理行为的源动力，是推动系统演化发展的核心。在知识产权管理系统的运行和演化发展过程中，整个系统追求的是知识产权管理绩效的最优化的目标，众多不同类型的主体加入系统，从外部引入丰富的资金、技术、知识和信息等物质能量，主体之间不断进行物质能量的交换和交流，积极开展知识产权开发、保护与运营管理活动，促进知识产权管理绩效的提升。各个主体为了实现经济效益最大化，追求知识产权管理绩效的最优化，纷纷加大知识产权研发投入，引进高素质知识产权人才，提高研发效率及知识产权产出，加强知识产权保护力度，强化知识产权运营水平，这必然引起激烈的知识产权市场竞争。同时会有一些主体之间形成合作关系，构建知识产权联盟，以利益共享、风险共担的方式，实现知识产权管理绩效的共赢。因此，知识产权管理系统内部呈现出竞争与合作共存的局面。

自主创新发展是保证知识产权管理系统长期稳定发展的重要支撑。面对激烈的知识产权市场竞争，知识产权市场需求不断变化，系统内各个主体为了取得竞争优势，积极创造知识产权，有些主体之间达成合作，组建知识产权联盟，优势互补，加强知识的交流合作，提高自主创新效率。

系统主体动力因素是系统内主体实施知识产权开发、保护和运营管理行为的源动力，是推动系统演化发展的核心。企业为了能够在激烈的知识产权市场中取得绝对竞争优势，必须创造具有核心竞争力的知识产权产品。企业的知识产权研发能力和创新能力是其在知识产权管理系统内获得长期发展的基础。随着知识产权市场需求的激增，企业需要生产制造具有较高技术含量的新产品，不断进行知识吸收与应用，创造自主知识产权，以适应不断变化的自主创新发展需求。

知识产权管理系统内的高校与科研院所具有高素质的知识人才，具备良好的知识扩散平台，既可以进行知识转化应用于知识产权的开发活动中，也可以将新创知识不断传播给企业与其他的主体要素，为其进行知识产权研发提供知识基础。高校及科研院所的知识扩散能力和知识产权创造力，有利于实现知识产权数量和知识产权质量的提高，不断促进知识产权需求的增加，进而带来自主创新发展需求的增长。随着自主创新发展需求的增加，高校及科研院所将加大知识产权人才队伍建设，培养具有自主创新型人才，研发自主知识产权，由此促进了其知识扩散及知识产权创造力的进一步提高。

政府部门的知识引导力和知识产权保护力促进知识产权市场的规范化与合理化，激励企业、高校、科研院所、中介机构等主体积极参与知识产权管理，增强其自主研发能力，实现知识产权的有效转化与应用，进而提高知识产权研发效率，提高知识产权产出，从而提高知识产权成果转化与应用，有利于实现知识产权管理绩效的最优化。此外，政府部门的这种知识引导力和知识产权保护力有助于国家在宏观层面上进一步完善知识产权管理政策制度。

中介机构作为连接其他主体的重要纽带，具有较强的知识产权服务能力。知识产权管理系统的其他主体可以通过中介机构提供的咨询、法律等服务，获悉最新的知识产权研发情况、知识产权成果转化情况、知识产权侵权情况等数据，实现知识产权信息的公开性和透明化，减少了其他主体的知识产权信息的搜索与调查成本，大大提高了知识产权管理的绩效，有利于系统实现知识产权管理绩效的最优化；中介机构为其他主体实施知识产权管理活动提供辅助性服务，促进主体之间信息共享与知识产权合作，同时，知识产权信息的公开化使得系统内其他主体能够及时了解获悉有关知识产权市场需求，积极开展知识产权开发、保护与运营管理活动，实施自主创新发展，由此带来主体之间激烈的知识产权市场竞争。

2. 动力机制的功能

动力机制的功能是在知识产权管理系统演化的过程中，各个动力因素及其之间的相互作用共同发挥的功能和效应，是知识产权管理系统演化动力机制的运行功效。知识产权管理系统演化动力机制的功能主要体现在以下几个方面。

（1）触发与维持功能。知识产权管理系统的演化过程是一个具有生命周期的动态过程，是系统状态的转变过程。知识产权管理系统的演化是系统从一种状态或阶段朝向另一种状态或阶段发展，这种转变过程具有动态性和复杂性，并伴随着突变、分岔及涌现等特征，这种状态的转变需要一定的内部和外部条件来刺激，因此，知识产权管理系统演化的动力机制具有十分关键的功能——触发功能。企业、高校及科研院所、中介机构和政府部门实施知识产权开发、运营与保护管理行为，通过该机制中各个主体追求知识产权管理绩效的最优化，以及这些主体之间形成的竞争与协同关系，不断激励其进行自主创新发展，刺激知识产权管理系统内部非平衡态与平衡态的转化，推动系统从某个状态或演化阶段向另一种状态或演化阶段转变，然而在系统演化过程中，由于资源不断消耗、系统内主体之间的竞争等带来一系列的阻碍因子，系统内部产生熵增，使得系统演化发展受到牵制，因此，知识产权管理系统演化过程进入一种非平衡态或稳态时候，需要一定的物质能量等外力进行维持。知识产权管理系统演化的动力机制具有维持功能，动力机制可以促进系统不断产生负熵，以抵制系统所产生的熵增，并最终能够实现知识产权管理系统朝着稳定有序方向演化发展。

（2）转化与应用功能。知识产权管理系统演化的过程中，知识产权管理相关政策制度、经济文化环境、知识产权市场需求作为外部动力因素，会传递知识、技术、文化、信息等物质能量，实现知识的吸收转化、技术的创新、文化的渗透、信息的共享等，并借助动力机制实现知识产权的开发、运用，促进知识产权的转化与应用，创造出一系列具有竞争优势的知识产权产品。同时，知识产权管理系统演化动力机制中的主体因素是促进知识产权创造、知识产权成果转化与应用的核心力量。其中，企业的知识吸收能力是企业从外部获取新知识，进而消化吸收并转化应用的一种能力。企业的知识产权研发能力是企业通过投入资金、知识、技术和人才等资源要素，且从外界环境中不断吸收物质、能量等，最终将其转化为知识产权成果的创新能力。高校与科研院所的知识扩散能力可以将新创知识不断传播给企业与其他的主体要素，将知识转化应用于知识产权的开发活动中。中介机构提供知识产权方面的咨询、法律等服务，通过与企业、高校及科研院所等主体之间的交流与沟通，及时获悉知识产权管理系统演化的动力机制的内部与外部因素情况，如政策制度、经济文化环境因素、知识产权市场需求情况等，将其转化为与系统内主体因素密切相关的知识产权信息与数据。

（3）反馈与协调功能。知识产权管理系统演化动力机制的反馈功能主要体现在：随着知识产权市场需求、自主创新需求不断得到满足，知识产权管理系统内部企业、高校及科研院所、中介机构、政府部门等主体的知识产权管理绩效提升，知识产权市场竞争激烈，主体之间的竞争与协同关系共存局面产生，动力机制的内部动力因素将知识产权管理现状及知识产权数量、质量反馈给知识产权市场，对市场需求有了反馈作用。此外，在知识产权管理系统的外部动力因素如知识产权管理相关政策、经济文化环境的作用下，系统与外界环境进行物质能量的交换与交流，将系统内部知识、技术、文化与信息等流动反馈给外部动力要素，以及时完善调整相关政策制度，提升经济文化发展水平。

知识产权管理系统演化的过程中，知识产权管理相关政策制度、经济文化环境、知识产权市场需求作为外部动力因素，促进知识、技术、文化、信息等在主体之间、子系统之间交互作用、交换流动，实现知识产权开发、保护与运营之间的协调发展。知识产权管理系统内部的企业、高校及科研院所、中介机构和政府部门等主体因素之间相互交流与合作，构建产学研联盟或知识产权联盟，通过利益共享、风险共担，促进知识产权开发、保护与运营的协同发展，以实现知识产权管理绩效的最优化。因此，知识产权管理系统演化的动力机制具有十分重要的协调功能，不仅可以协调各个主体因素之间的竞争与合作关系，协调知识、技术、信息、文化等资源要素的流动与交换，而且可以协调知识产权开发、保护与运营子系统之间的协同发展。

3. 动力机制的原理

知识产权管理系统演化的动力机制通过一系列推动系统演化的动力因素，发挥其功能作用，实现系统状态的改变及系统功能的演化。下面本节将分析知识产权管理系统演化的动力机制的原理，深入剖析该动力机制是如何通过动力因素推动系统从混沌无序状态向稳定有序状态演化的过程。结合国内外有关知识产权管理系统或体系的演变动力及规律，本书将知识产权管理系统演化的动力机制原理概括为以下四个子机制。

（1）经济与社会效益机制。知识产权管理系统演化过程中，系统内企业、高校及科研院所、中介机构、政府相关部门等主体追求知识产权的经济效益与社会效益的最大化，知识产权管理绩效的最优化，因此，知识产权管理系统演化的动力机制的原理基础就是经济与社会效益机制，如图4-9所示。演化动力机制的动力功能需要经济与社会效益机制来实现，进而推动知识产权管理系统的演化发展。对于企业而言，是否实施知识产权研发、知识产权自主创新动力的强弱，主要在于知识产权开发、运用能否给其带来经济效益，经济效益是否理想。在激烈的知识产权市场竞争中，企业只有通过自主创新，研发具有竞争优势的知识产权，并转化应用为有核心竞争力的知识产权产品，才能在市场上获得绝对竞争优势。对于高校及科研院所而言，具备高素质的知识产权研发人才队伍，良好的知识转化及扩散平台，进行技术创新与知识产权创造，以追求知识产权带来的经济效益和社会效益。对于中介机构而言，为其他主体提供良好的知识产权服务，获悉知识产权信息，了解行业、企业的知识产权研发情况，搭建良好的知识产权信息共享平台，减少其他主体的信息搜索与调查成本，因此，中介机构的知识产权服务力能够为其实现良好的知识产权社会效益。政府相关部门从宏观层面对知识产权管理系统内其他主体的知识产权管理行为进行调控和监督，是知识产权市场的引导者和协调者，强化知识产权的保护管理，协调处理知识产权侵权、违法乱纪案件等，促进知识产权市场的规范化与合理化。政府部门鼓励企业、高校、科研院所、中介机构等主体积极参与知识产权管理活动，并通过加大财政资金投入力度，支持其他主体进行知识产权开发、运营与保护管理活动，为知识产权的有效转化与应用提供制度保障，带来良好的知识产权社会效益。

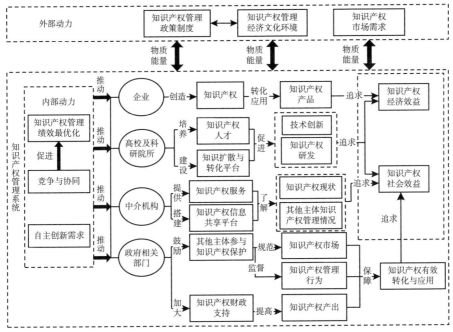

图 4 – 9　基于经济与社会效益机制的知识产权管理系统演化的动力原理

资料来源：作者根据相关研究结果归纳绘制。

（2）竞争协同机制。知识产权管理系统内部各个主体之间职能不同，存在竞争关系，也具有协同合作的关系，这种竞争与协同共存的情况下，系统逐渐实现整体涌现，推动系统的不断演化发展。因此，竞争协同机制是知识产权管理系统演化的动力机制的重要部分。其中，竞争是系统演化发展的最活跃的拉力，激烈的知识产权市场竞争有助于激发主体要素的知识产权研发活力，加强知识产权保护力度，强化知识产权运营水平，进而推动知识产权管理系统的演化发展，如图 4 – 10 所示。

以制造业企业知识产权管理系统为例，在激烈的知识产权市场竞争作用下，企业之间在技术创新、新产品研发上投入大量的资金、技术、人才等，进行知识产权的自主创新，以提升自身的核心竞争力。随着知识产权资源不断被消耗，企业之间在资源的分配与利用、资源的投入与共享等方面产生了知识产权资源抢夺与竞争，促进知识产权研发与技术创新，各个制造企业之间形成了激烈的新产品竞争局面。同时，制造产业链条上各组织机构之间竞争也十分激烈，主要体现在产业链条上供应商企业、制造企业、销售与零售企业、物流企业、包装仓储企业、科研机构、中介机构、金融机构等相关企

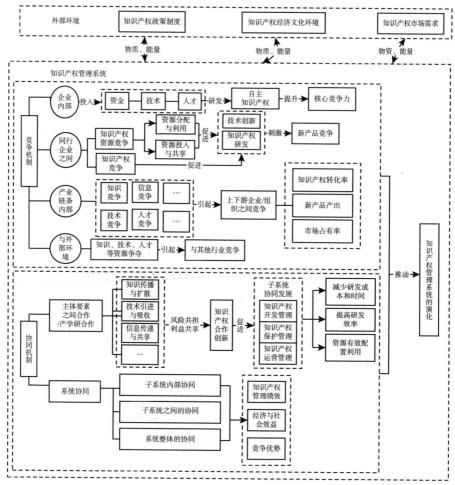

图4-10 基于竞争协同机制的知识产权管理系统演化的动力原理

资料来源：作者根据相关研究结果归纳绘制。

业与组织之间的竞争，通过上下游企业之间知识、技术、信息及人才等资源竞争，在知识产权转化率、新产品产出与市场占有率等方面形成了产业内部知识产权运营竞争局面。此外，制造产业与外部环境之间也存在竞争。因为制造产业与其他行业具有相关联性，需要与其他不同产业密切联系、相互影响与制约。

知识产权管理系统内部各个主体之间的合作关系主要存在于知识产权开发、保护与运营管理过程，主体要素之间相互合作，通过知识传播与扩散、技术引进与吸收、信息传递与共享等，促进知识产权的研发合作。对于制造企业而言，面对激烈的知识产权市场竞争，为了追求知识产权经济效益，很多企业选择与不同领域的企业构建合作关系，通过合作创新的方式，获得互补性资源，解决资金匮乏、技术短板、人才缺失等一系列问题所带来的技术创新性不足，研发水平较低，知识产权信息不足等风险。通过利益共享，风险共担，学习吸收合作企业的知识与技术，合作开发知识产权，实现资源的有效配置利用。此外，企业也可以通过与高校、科研院所等之间达成合作关系，形成产学研合作，通过借助学研机构的知识、技术及人才力量，将新知识与技术直接应用于新产品的研发，减少了企业的自主创新时间精力与资金，促进资源的有效配置利用，从而提高其知识产权研发效率与创新水平。

（3）创新学习机制。知识产权管理系统内各个主体要不断地进行交互学习、持续创新，才能提高自身知识产权管理能力，适应知识产权市场需求，保持其核心竞争力，实现其知识产权经济效益与社会效益，进而推动知识产权管理系统的演化，促进系统朝着有序稳定方向发展。

创新学习机制是知识产权管理系统演化的动力机制的重要组成，它是以竞争协同机制为基础，以经济与社会效益机制为条件，在系统主体相互耦合、相互影响下形成的重要机制，如图 4 - 11 所示。在知识产权管理系统演化的创新学习机制中，企业、高校、科研院所、中介机构等是学习与创新的主体，知识、技术、信息是学习与创新的对象，知识产权人才是学习与创新的载体。从整个知识产权管理系统的演化发展生命周期来看，学习与创新是推动系统从初始阶段过渡到成熟阶段的主要动力。在系统演化发展的初始时期，主体刚刚参与知识产权管理活动，以资源禀赋为前提，较少进行物质能量交换，随着知识产权资源的不断消耗，系统内部知识、技术、信息的不断累积，主体之间竞争加剧，它们逐渐进行学习、交流来提升自身的竞争优势。在系统主体之间的交流学习过程中，在外部的知识产权政策制度、经济文化、市场需求等影响作用下，系统内不断产生新知识、新技术、新信息等物质能量，主体之间逐渐形成了相互学习、创新、合作的氛围，通过知识的传播与扩散，技术吸收与消化，信息的传递与交流，不同类型的主体之间相互学习，实现了知识、技术与信息的共享，从而促进不同子系统之间的相互耦合、相互协调，带动整个知识产权管理系统的演化发展。

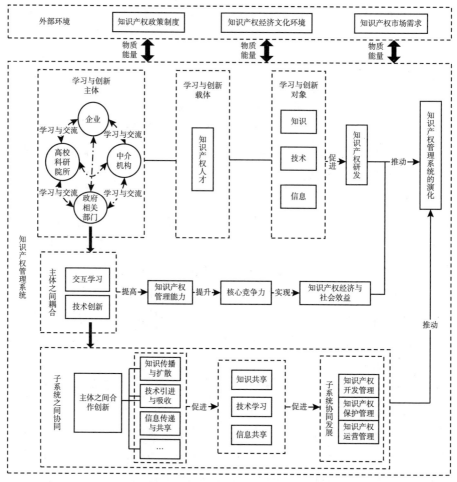

图 4–11 基于创新学习机制的知识产权管理系统演化的动力原理

资料来源：作者根据相关研究结果归纳绘制。

（4）辅助支持机制。知识产权管理系统演化的辅助支持机制是一种推动系统演化的辅助性动力机制，也可以称为系统演化的服务性动力机制。该机制的两大核心主体要素是政府相关部门和中介服务机构，如图 4–12 所示。其中，中介服务机构作为知识产权管理系统的服务型主体，为企业、高校、科研院所和政府部门的知识产权开发、保护与运营管理提供服务与支持，促进知识、技术、信息的传递与共享，为知识产权运营与交易提供便利服务，以降低其知识产权信息搜查、产品技术的调研成本，支撑这些主体之间交互学习与创新，有利于主体之间相互耦合互动，构建产学研合作创新关系，实现主体之间的协同发展。政府是知识产权管理系统的行政型主体，政府通过制定知识产权政策制度和规章条例，强化知识产权保护，监督和约束其他主体的知识产权管理行为，规范知识产权市场，为优化知识产权营商环境提供政策支持。同时，政府部门的相关经费支出，也为企业、高校、科研院所等在实施自主创新、完善知识产权运营体系等方面提供资金支撑，从而增加企业、高校、科研院所等的知识产权研发与运营管理能力，促进知识产权成果产出，实现知识产权有效转化与应用，从而促进知识产权管理系统整体的发展及演化。

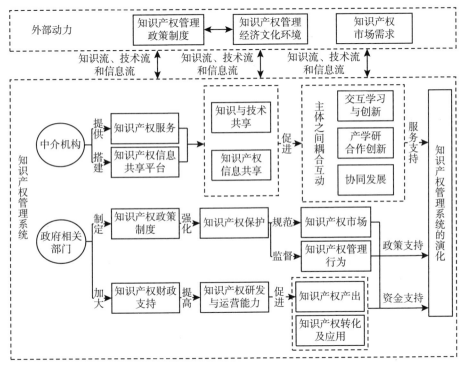

图 4 – 12　基于辅助支持机制的知识产权管理系统演化的动力原理

资料来源：作者根据相关研究结果归纳绘制。

4.3.2　动力机制模型构建及分析

通过对知识产权管理系统演化的动力机制的 SFP 分析可知，知识产权管理系统演化的动力机制由动力结构—动力功能—动力原理三个部分共同组成。结合上一节中概括得到的知识产权管理系统演化的主要动力要素，构建知识产权管理系统演化的动力机制模型，如图 4 – 13 所示。

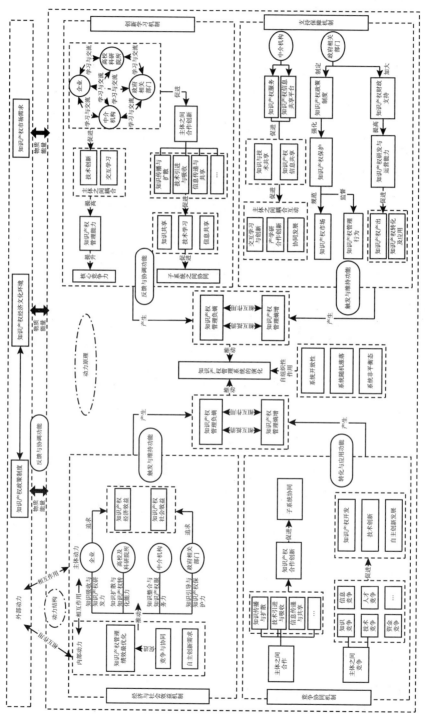

图 4 - 13 知识产权管理系统演化的动力机制模型

资料来源：作者根据相关研究结果归纳绘制。

　　从图 4 - 13 中可知，知识产权管理系统演化的动力因素主要分为内部动力、外部动力和主体动力三个层次。这三个层次的动力因素相互作用，共同影响知识产权管理系统的演化进程，构成了知识产权管理系统演化的动力机制的动力结构。在知识产权管理系统演化过程中，受到外部环境中的物质能量的负熵作用，系统内部不断流入新技术、新知识、新信息等，使得系统内主体产生知识产权活力，在动力机制的触发、维持、转化、协调及反馈等功能作用下，激发、提升各动力因素及其相互作用，从而激励系统内部企业、高校、科研院所、中介机构及政府相关部门等主体提高知识产权管理能力，引导知识产权开发管理子系统、保护管理子系统和运营管理子系统之间的协同发展，系统在动力因素及不同动力因素相互作用下，形成了经济与社会效益机制、竞争与协同机制、创新学习机制与辅助支持机制的动力原理；随着系统内知识产权管理活动的运行，系统自身会产生知识产权管理熵增，与系统引入的知识产权管理负熵相互抵消，在两者相互作用、相互影响下，推动知识产权管理系统的不断演化发展。

　　由于知识产权管理系统是一个开放性复杂系统，它与外界环境源源不断地进行物质、能量等交换，从系统外部引入熵流，包括知识熵流、技术熵流、人才熵流、信息熵流、资金熵流、政策制度熵流、经济文化熵流等，为系统的演化发展注入新鲜活力，促进知识产权管理系统形成耗散结构。系统内部企业、高校、科研院所、中介机构、政府相关部门等主体之间存在竞争与协同，具有不同的功能职责，因此，在系统演化发展过程中，系统内部不同主体的演化发展也具有差异性。对于企业而言，其演化发展主要以追求知识产权经济效益为目标，创造知识产权，实现知识产权成果产出；对于高校及科研院所而言，其演化发展主要以培养知识产权人才、传播知识与技术，开展技术创新，实现知识产权社会效益为目标；对于中介机构等服务型机构而言，其在演化发展过程中，通过提供知识产权服务，为其他主体的演化发展提供信息支持，实现其知识产权社会效益；对于政府相关部门而言，通过制定知识产权政策制度，加大知识产权财政资金投入等，为知识产权管理提供政策保障。虽然不同主体都有各自的发展目标和利益诉求，但是它们有共同的利益追求，即实现知识产权经济效益或社会效益，促进它们之间产生合作、协同、竞争与博弈，使得知识产权管理系统内部呈现出非平衡态，形成系统演化发展的序参量，影响系统的演化发展。同时，知识产权管理系统内部的各个资源要素、主体要素等构成要素、子系统之间相互作用、相互影响，在竞争与协同共同作用下，呈现非线性特征。因此，在知识产权管理系统的自组织性作用下，当影响系统运行发展的一系列涨落因素发挥作用，知识产权管理系统将从不稳定状态跃迁发展形成新的稳定有序结构。知识产权管理系统的生命力体现在它能够利用自身的开放性，不断从外界环境吸收熵流，促进远离平衡态，发生突变与随机涨落，朝着有序稳定方向演化发展。

企业、高校、科研院所等主体动力因素是推动知识产权管理系统演化的核心力量。主体之间通过竞争与协同，一方面提高其自身的知识产权管理能力，另一方面推动整个系统的演化发展。因此，为了保障知识产权管理系统演化的动力机制稳定运行，需要为主体提供完善的竞争与合作平台。企业应该提升知识产权研发水平，加强技术创新，积极与高校、科研院所等主体进行合作，实现其知识产权的经济效益；还应该积极与政府部门、中介机构进行知识产权政策需求、人才需求、技术与信息公开等方面的反馈与沟通，以构建良好的知识产权信息交流平台；高校及科研院所应积极创造新知识、培养高素质的知识产权人才队伍，为知识产权管理系统的演化发展提供智力支持；政府部门应该根据知识产权市场运行情况、知识产权管理现状，制定完善的知识产权管理制度与政策，为知识产权管理系统的演化提供政策支撑；中介机构应该加强服务能力与服务技能，针对知识产权相关法律、政策及信息等方面进行培训学习，构建良好的中介服务管理体系，搭建健全完善的知识产权运营与交易信息共享平台，为知识产权管理系统演化提供服务支持。

系统外部动力因素为系统内主体的发展提供空间和市场，为系统的演化提供环境支撑。政府部门制定完善的知识产权相关政策、法律条例，有利于规范系统内主体的知识产权管理行为，规范知识产权市场，提高全社会的知识产权保护意识。知识产权管理的经济文化环境是知识产权管理系统演化的经济与市场条件，因此，对于企业等主体而言，应该构建良好的企业激励机制促进员工的技术创新能力，提高知识产权产出；应该营造良好的企业文化氛围，促进创新思维产生，推动知识与技术创新的融合，提高知识产权转化与应用。高校及科研院所等主体应该提升学术研究水平，营造学习型的文化环境，鼓励研究人员加强知识产权保护与自主创新。政府部门应加大对知识产权密集型企业的财政支持，提供优惠的知识产权政策，鼓励其进行知识产权保护与开发，营造良好的知识产权管理经济环境。

知识产权市场需求为知识产权管理系统内主体实施知识产权开发、保护和运营提供反馈和引导。因此，系统主体应该充分利用知识产权信息交流平台，及时了解获取相关知识产权信息，以利于自主知识产权的创造，提升其核心竞争力。

系统内部动力因素是推动系统演化发展的源动力。在知识产权管理系统的运行和演化发展过程中，不同主体以追求知识产权经济效益或社会效益为目标，系统以实现知识产权管理绩效的最优化为目标。主体之间通过不断进行物质能量的交换与交流，开展知识产权管理活动，追求知识产权效益，加大自主创新，形成竞争与协同共存局面，促进知识产权管理绩效的提升。因此，政府部门应该构建良好的知识产权市场管理体系，规范各个主体的知识产权管理行为，企业、高校、科研院所等主体应该兼顾知识产权数量和知识产权质量，高度重视加强知识产权保护，保障知识产权成果的有效转化及应用，维持知识产权市场秩序。面对激烈的知识产权市场竞争，知识产权市场需求不断变化，系统内各个主体应该积极开展自主创新，创造自主知识产权，提升知识产权竞争优势；主体之间应该积极构建合作关系，组建知识产权联盟，利益共享、风险共担，形成优势互补，提高自主创新效率，实现知识产权管理绩效的共赢。

4.4 本章小结

本章论述了知识产权管理系统演化的动力机制。从多主体视角出发，基于释意理论对知识产权管理系统演化的动力因素进行初步识别；采用 ISM 方法对知识产权管理系统演化的关键动力因素进行识别；在此基础上，基于结构—功能—原理对知识产权管理系统演化的动力机制内部构成、功能及运行原理进行剖析，构建知识产权管理系统演化的动力机制模型，并对其进行了进一步解析。

第5章 多主体视角下知识产权管理系统演化的共生机制

5.1 知识产权管理系统演化的共生要素解析

知识产权管理系统内部包括多个知识产权活动的个体，如企业、科研院所、高校、政府部门以及中介机构，除了这些基本的主体要素之外，也包括知识传播及转移、技术创新及转化、信息能量流动、制度政策改革及创新等一些软环境支持。由于系统演化发展的动力既包括来自系统内部的主体之间的合作、竞争，也包括来自系统外部环境变化，因此，本章基于生物种群理论、共生理论、知识产权理论，将知识产权管理系统演化的共生要素归纳为共生单元、共生平台、共生界面、共生网络，在此基础上针对知识产权管理系统演化过程中的共生机制进行深入分析。

5.1.1 知识产权管理系统演化的多主体共生单元

知识产权管理系统的共生单元是参与知识产权活动的主体性因素，各企业、高等院校、科研院所、政府部门、中介机构等实体单元为系统的共生单元，它们是知识产权管理系统演化共生机制的构成条件与能量单位，这些共生单元具备了知识、信息、技术、人才等知识产权活动所必需的物质与能量。一定数量的共生单元在市场需求作用下，在实施知识产权开发、知识产权运营、知识产权成果转化等过程中，自发进入知识产权管理的共生选择状态。通过共生单元知识产权管理的生态位重新布局，各个主体追寻知识产权管理绩效最大化的目标，并在知识产权管理链中寻找适合自身的管理"生态位"，因此演化出了分工合作式、竞合发展式的共生路径。系统会产生自组织能力，能够规避外界风险因素的干扰，自我诊断影响系统演化发展的阻碍因素，进而修复这些不利要素及因素，同时，在演化发展过程中能够产生变异进化的能力，产生更适应知识产权管理系统的管理基因，提升系统的知识产权开发、保护及运营管理能力，进而提升系统的协同演化发展能力。

共生单元的选择遵循生态学中的"耐受定律"，即受一定环境约束的影响，一定区域内所能承载的生物种群的数量是既定的，种群数量高于环境承载量可能导致区域共生关系的破坏。因此，在知识产权管理系统的演化发展过程中，应当控制系统种群数量的阈值，种群不可以无限制地进入群落，而应界定好共生单元知识产权管理的边界，以保持系统的稳定有序发展。

由于在知识产权管理系统中，参与知识产权开发、保护与运营管理活动最为直接的主体是企业，针对企业进行知识产权活动及合作，需要在系统内部选择相应的共生单元。本书将各共生单元按与企业间的合作依赖关系，划分为核心型种群、支撑型种群和寄生型种群这三种类型。其中，核心型种群是以创造知识产权产品，追求知识产权效益最大化为目标的高技术企业群或制造企业群，这些企业主要进行知识产权开发、运营管理活动；支撑型种群包括政府、高校、科研机构；寄生型种群主要是中介机构，包括知识产权代理、咨询服务机构、技术创新服务中心、知识产权信息情报中心等。各共生单元在知识产权管理系统的演化发展过程中形成一种相互依存、相互作用的结构关系，它们之间不断产生知识、技术、信息、资金及人才的流动，从而促进知识产权管理系统的稳定有序发展，如图 5 - 1 所示。

1. 核心型种群

在知识产权管理系统中，企业充当了整个系统与外界市场连接的直接主体，具体包括进行知识产权开发、运营与保护管理活动的高技术企业、制造企业等知识产权密集型企业。根据各共生单元的生态位及其地位的不同，将其划分为具有一定合作或竞争关系的同质型企业和异质型企业。其中，同质型企业之间进行知识产权管理的合作，可以实现优势互补，利益共享；异质型企业之间进行知识产权管理的合作，可以节约知识产权研发成本和资源，提高知识产权运营效率，加快知识产权成果转化。

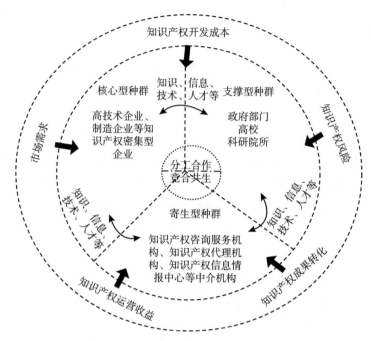

图 5－1　知识产权管理系统的共生单元

资料来源：作者根据相关研究成果整理绘制。

2. 支撑型种群

在知识产权管理系统发展过程中，高校、科研机构和政府部门等主体提供的人才、技术和资金、政策保障等，是系统稳定发展的重要支撑，该类型共生单元共同组成了系统的支撑型种群。其中，政府为系统的演化发展创造良好的政策环境，知识产权法律制度、政策体系的引导和激励是保障知识产权管理活动有序进行的行政支撑主体。高校和科研院所是培养知识产权人才、创新知识和技术的基地，为知识产权研发及成果转化提供根本保障。

3. 寄生型种群

在知识产权管理系统内，中介机构作为具有知识产权咨询、代理、评估和诉讼等服务功能的主体，是连接其他主体的重要纽带。当系统内的企业及其相关种群规模增长到一定程度时，知识产权咨询服务机构、知识产权代理机构、知识产权信息情报中心等应运而生，为其他的主体提供信息服务和平台，有利于其他主体的进化发展，这些中介机构并不是独立存在的，它的进化发展往往依存于其他的主体要素，因此构成了知识产权管理系统中的寄生种群。

5.1.2　知识产权管理系统演化的多主体共生平台

共生平台是多个共生单元的集合。在知识产权管理系统的演化过程中，共生单元与共生平台之间通过双向激励促进主体要素之间的合作创新，提高知识产权研发效率，通过构建合作机制、伙伴选择机制、利益共享机制、竞争机制等有效机制，促进知识产权管理系统演化过程中多主体的共生协同发展，从而有利于系统的稳定协同发展。一方面，企业、大学、科研院所、政府等共生单元在共生模式下，具有参与系统内知识产权管理活动的积极性；另一方面，在系统知识产权成果产出时，实现各个共生单元的利益共享。共生平台可以保证系统在共生机制良性与稳定发展条件下，维持各个共生单元的利益均衡，进而实现系统整体的稳定发展。

共生平台中既包含了一些知识产权密集型产业的聚集所形成的创新创业孵化器、研发平台、技术交流对接平台等多种形式的平台，也包括了知识产权密集型产业汇聚所发展起来的知识产权政策、知识产权法律制度等政策环境，知识产权企业、知识产权密集型产业所处的区域经济发展水平的经济环境，以及这些知识产权密集型企业或产业所处地域的文化氛围、社会习俗、知识产权文化和创新文化等社会文化环境。正是在多种复杂经济环境、政策环境和文化环境的综合影响作用下，知识产权管理系统形成了多个主体共生发展的平台，成为企业、高校、科研院所、中介机构等实施知识产权管理活动的文化氛围及政策、经济和社会环境。这些经济环境、政策环境和文化环境等作为系统内多主体共生的软环境，是系统多主体在与外部环境能量物质交换过程中逐渐构建形成的，具有流动性和不可复制特征。因此，共生平台包括了有形平台和无形平台，共同推动系统的共生发展和演化。其中，知识产权政策、知识产权制度等政策环境，以及文化氛围、社会习俗、知识产权文化和创新文化等社会文化环境，内嵌于具体的孵化器、研发平台、技术交流对接平台中，共同构成了知识产权管理系统共生平台，如图 5 - 2 所示。

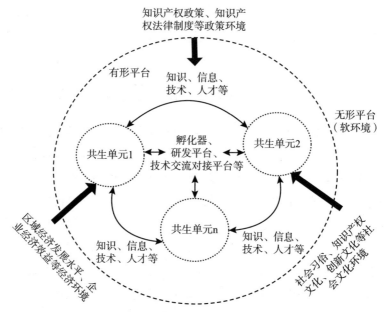

图5-2 知识产权管理系统的共生平台

资料来源：作者根据相关研究成果整理绘制。

5.1.3 知识产权管理系统演化的多主体共生界面

共生单元之间源源不断地进行着能量、信息和物质等的交换和相互作用，这些相互作用、相互联系的总和形成了共生界面。在知识产权管理系统的演化发展过程中，伴随着这些知识、技术、信息、人才、资金等物质能量的联系与提升，为系统内共生关系的形成与发展提供保障。在系统的共生界面中，通过知识传播、技术学习及创新、产学研合作、信息交换等共生介质的中介作用，实现各个共生单元之间的信息、物质和能量的交换和传输等，有利于知识产权管理系统内部结构、功能的改变，推动系统的演化发展进程。

从微观上来看，知识产权管理系统的共生界面存在于单独主体要素或单独的知识产权管理中，从这个层面来看，知识产权管理的共生界面是实现知识产权研发资源的最优有效配置。从中观层面看，知识产权管理系统的共生界面存在于产业或区域之间，即对应的是区域知识产权管理系统或产业知识产权管理系统。其中，从区域层面来看，将不同区域的知识产权管理统筹在同一个共生界面，从而获得经济效益；从产业链的层面来看，把产业链的知识产权管理活动统筹于一个共生界面上，从而获得产业层次上的经济效益及社会效益等。从宏观上来看，知识产权管理系统的共生界面存在于国家知识产权管理系统中，不同的产业知识产权管理系统群落、不同的国家知识产权管理机构或组织之间的知识产权交流共生于共生界面之上，以追求创造国家知识产权运营效益最大化的目标。

从系统自身建构视角来看，可以将知识产权管理系统的共生界面分为两个层面，即内部界面和外部界面。其中，内部界面是知识产权管理活动之间的知识以及技术层面的相互作用、相互联系，主要是知识产权开发模块的交互机制，产品创造、知识传播、技术交流等属于内部界面的内容；外部界面是知识产权管理活动与外部经济、文化、政策环境等之间的交流互动机制，经济发展水平、文化氛围、知识产权政策体系、市场监督机制等属于外部界面的内容。内部界面与外部界面相互作用、相互影响，促进共生界面的形成与发展。其中，外部界面是知识产权管理系统共生的具体体现，内部界面约束着外部界定的发展，同时，内部界面很大程度上受制于外部界面的发展情况。

此外，系统共生的内部界面与外部界面都有开放性的特征，内部界面的开发度根据产品创造、知识传播、技术交流等协调、联系的密切程度而发生改变，外部界面的开放度是按照知识产权管理活动与外部经济、文化、政策环境等之间的交互作用程度而划分的。根据开发程度划分的共生界面的分类信息如图 5 - 3 所示。

从图 5 - 3 可以看出，在知识产权管理系统的共生界面分类中，象限 Ⅰ 的内部界面与外部界面的开放程度均较高，说明知识产权管理活动本身开放性较强，知识产权管理模块通用性较强，同时所处的经济环境发展水平理想，市场化程度高，具有良好的文化氛围及知识产权政策体系。象限 Ⅲ 的内部界面与外部界面开放程度均较低，说明知识产权管理活动本身开放性较弱，知识产权管理模块通用性较差，同时所处的经济环境发展水平较低，市场化程度不高，缺乏良好的文化氛围及健全的知识产权政策体系。象限 Ⅱ 的内部界面开放程度较高，外部界面开放程度较低，知识产权管理活动的开放性较强，具有理想的知识产权开发、运营及保护模块，但是外部经济发展水平不理想，知识产权政策体系不健全，知识产权成果的转化应用并不理想，需要通过市场机制或行政监督等方式激发知识产权管理主体的创新活力，加

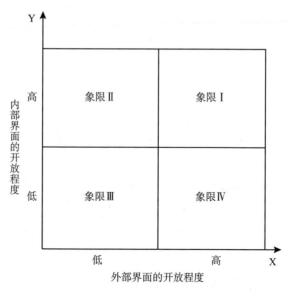

图 5 – 3　知识产权管理系统共生界面的分类

资料来源：作者根据相关研究成果整理绘制。

快知识产权成果转化与应用。象限Ⅳ的外部界面开放程度高，内部界面开放程度较低，虽然系统所处的经济环境发展水平理想，市场化程度高，具有良好的文化氛围及知识产权政策体系，但是知识产权管理模块本身的开放性较弱，知识产权开发、运营及保护的能力不足，应当从知识产权管理活动本身着手，从知识、信息、技术等方面来激发知识产权管理的活力。

5.1.4　知识产权管理系统演化的多主体共生网络

知识产权管理系统内的共生界面之间相互作用，共生平台之间相互交流，共生单元之间相互影响，在三者的共同作用下逐渐演化形成了系统的共生网络。知识产权管理系统中的共生单元通过知识、技术、人才、信息等方面的相互作用和影响构建了一种共生关系，随着这种共生关系在广度上的延伸以及深度上的拓展，不断形成了相互交流学习的共生平台，如创新创业孵化器、研发平台、技术交流对接平台等。通过这些共生平台之间的相互交流作用，这种共生关系不断升级，形成了共生界面，如知识产权示范科技园区等，此时的共生关系逐渐延伸到更加复杂的政府主导发展的共生界面。这些共生界面之间相互联系、相互作用，使得共生关系逐渐演化为共生网络，不同的知识产权管理系统之间也存在共生的关系，如两个产业、两个地区的知识产权管理系统之间的相互影响与作用。此时的共生关系不仅仅体现为共生单元增多引起的共生关系的深化，还体现在两个不同系统之间关于系统层面之间的共生，而这一层次的共生关系更多体现为系统与系统的相互联系、相互交流，如图 5 – 4 所示。

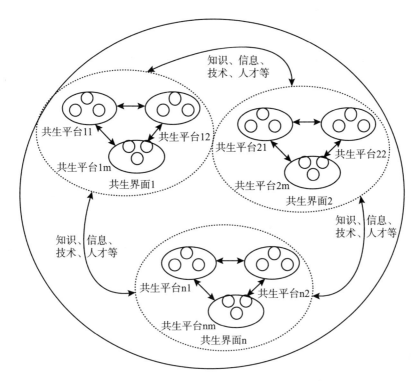

图 5 – 4　知识产权管理系统的共生网络

资料来源：作者根据相关研究成果整理绘制。

5.2　知识产权管理系统演化的共生模式

5.2.1　竞争共生

知识产权管理系统演化过程中，参与知识产权活动的各企业、高等院校、科研院所等共生单元借助个体力量或群体的作用，驱赶其他不利于系统发展的个体或者群体的排他行为，体现了一种共生的基本状态，即典型的竞争共生模式。

在这个过程中，通过竞争取胜的主体能够参与到知识产权管理活动，进入知识产权管理系统中，而在竞争中失败的主体将被排挤出知识产权管理系统。通过竞争共生的模式，通常情况下会产生一方取胜、稳定均衡或不稳定均衡这三种类型的共生结果。其中，一方取胜是指在竞争过程中，共生单元中的某个主体凭借其压倒性优势（如知识优势、信息优势、技术优势、人才优势或资金优势等）将其他主体要素排挤退出系统的行为。这些主体要素之间一直处于竞争共生的状态，直至某个主体将其他主体彻底排挤退出系统；稳定均衡是指多个主体在市场中的管理能力不相上下，它们处于较为稳定的系统中，任何主体均不可能将其他主体排挤退出系统，它们分别具有一定的知识产权管理绩效和市场份额，虽然它们之间具有较为激烈的竞争，但仍呈现出和谐稳定的局面；不稳定均衡是指共生单元之间知识产权管理能力不相上下，但是这些共生单元处于不稳定的状态下，如果某一个主体呈现出压倒性优势，将立即打破当前和谐共生的状态，其中一个主体在竞争过程中取胜。在原来不稳定均衡条件下，共生单元之间呈现出温和的竞争状态，如果这种共生竞争状态被打破，将呈现出更加激烈的竞争态势，处于劣势地位的主体将被排挤出系统。

5.2.2　合作共生

企业、政府、科研院所或高校等知识产权管理主体的知识产权活动之间存在一定的合作关系，它们通过功能上、要素上等多方面的相互补充、相互依托，形成了互惠互利的共生关系，此时，作为系统最为核心的共生模式，合作共生关系有利于主体之间形成合作伙伴关系，系统内部形成产学研合作平台，保证知识产权管理活动的有效实施，推动系统稳定有序的演化发展。知识产权管理系统内部的多主体合作共生包括四种模式：寄生型共生、互利型共生、依托型共生、偏利型共生。

寄生型共生是指两个主体之间是依附关系，在进行知识产权管理活动的合作过程中，主体 A 作为知识产权管理活动的组织者，依托资金、信息、资源等与其合作主体 B 相互联系，对于主体 B 而言，它的知识产权管理活动所需的资源必须从主体 A 获取，其发展受制于主体 A。主体 A 的发展不受制于主体 B，是具有独立发展能力的创新主体，然而主体 B 对于主体 A 产生一定微弱的不利影响，这种关系类似于生物界中的寄生关系。因此，这种共生合作关系通常被称作寄生型共生模式。

互利型共生是指在知识产权管理系统演化发展过程中，两个或两个以上主体之间逐渐形成了优势互补、利益共存的共生关系。不同主体的功能结构、知识水平、技术发展、信息存量、运营方式等均可以在一定程度上相互补充和匹配，实现知识产权管理活动之间信息的传播、知识及技术的共享，这些主体之间通过双向的物质或能量流动，促进互利型合作共生关系的形成。

依托型共生是指在知识产权管理系统的某个知识产权开发链条上的主体组成的线性连接结构，两两之间存在知识产权业务关系，处于链上的某一个知识产权活动通过选择其上下游中与之相配套的另一个知识产权管理活动来保持这种知识产权业务关系，或者通过拓宽这两项知识产权活动的业务范畴，增加知识产权管理带来的影响效应。依托型共生的含义与寄生型共生相对，其知识产权管理活动之间的能量流动可能是单向的或者是双向的。处于主导地位的主体将对处于依托地位的主体产生重要影响或贡献，这种影响或贡献远大于处于依托地位的主体对于主导地位的主体的影响或贡献。

偏利型共生是指，对于参与某个知识产权管理活动的多个主体而言，其中受益者只能是某个主体，其他的主体在整个知识产权管理过程中，既没有获取相应的效益或利益，也没有产生不利或损失。即这些主体从参与到知识产权管理活动的时候，未受到知识产权管理活动的影响，具有自身的演化发展路径，当演化发展达到了一定的规模和水平时候，则积极开展知识产权管理活动，但是由于处于主导地位的主体具有绝对的竞争优势，使得这些处于弱势地位的主体获得的期望经济效益并不理想，这影响了其继续留在知识产权管理系统、参与知识产权管理活动的积极性。

5.2.3　竞合共生

在知识产权管理系统的演化发展过程中，最符合实际的一种共生模式是竞合共生。因为在现实的知识产权管理活动中，某两个共生单元之间共生的表现形式通常是既有竞争又有合作的状态，两者是相互伴随、共同存在的，所以一般不可能出现只有竞争或者只有合作的局面。在知识产权管理系统演化发展过程中，在不同发展阶段，系统所呈现出的竞争或合作状态可能有所差异。比如，可能在某一发展阶段中，竞争的倾向大于合作，然而在另一个发展阶段中，合作的倾向大于竞争。此时，系统内竞合共生模式可以概括为两种形式：偏竞争共生模式和偏合作共生模式。在现实知识产权管理过程中，由于不可能存在两个共生单元完全是合作共生或竞争共生的模式，因此，通常情况下共生单元之间是始终存在一种竞合共生关系。在不同条件或发展阶段下，共生单元之间的共生模式或者偏向于竞争共生，或者偏向与合作共生。

5.3 知识产权管理系统演化的共生机制构建及分析

5.3.1 知识产权管理系统演化的共生机制模型构建

共生理论（symbiosis theory）指出，共生体的稳定性受到合作伙伴选择机制、竞争与合作机制以及沟通交流机制等的影响。合作伙伴的选择是主体共生的主要途径，竞争与合作是主体共生的基本模式，主体之间沟通交流是共生的前提，三者之间形成相互作用、相互促进的耦合互动关系。因此，在知识产权管理系统演化过程中，多主体之间的合作伙伴选择机制、竞合机制和沟通交流机制是构成多主体共生机制的三个重要子机制，如图 5-5 所示。

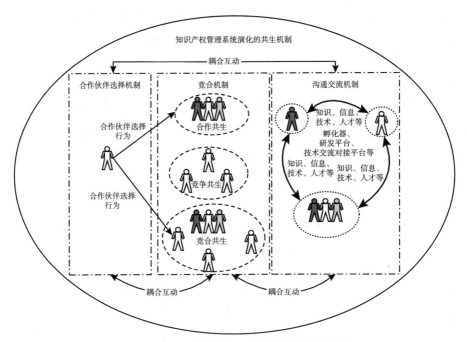

图 5-5　知识产权管理系统的共生机制模型

资料来源：作者根据相关研究成果整理绘制。

　　知识产权管理系统的演化过程中，信息不对称、研发周期长、知识产权侵权等一系列风险因素制约着系统的演化进程，为了保障系统的持续稳定发展，需要构建合作共同体来实现信息共享、风险共担及利益分配等共生目标，共同实施知识产权管理活动，从而打破单一主体、同质型主体的局限性，因此，系统内的多个共生单元在参与知识产权管理活动过程中，通过知识、技术及人才等方面的互补，选择较为理想的合作伙伴成为保持共生关系的一个十分重要的任务。

　　在知识产权管理系统内，多主体的共生演化的内核机制既包括竞争共生机制，也包括合作共生机制，竞争是推动系统发展的根本动力，合作作为一种与竞争相对立的作用方式，为共生系统内部要素、主体的发展积蓄了能量。在知识产权管理系统演化过程中，多主体之间的合作关系主要体现在两个方面。一是异质型主体之间的合作。系统内高校、科研院所等与企业形成产学研联盟，中介机构与高校、企业、科研院所等主体之间通过提供代理、融资、咨询等服务实现互惠合作。二是同质型主体之间的合作共生。如以一些研发实力雄厚的知识产权密集型大型企业为核心，形成中小型企业依托大型企业的共生群体。大型企业将其配套服务或辅助性技术外包给小型企业，吸收大批知识产权企业加入知识产权管理系统中，实现共同合作生产，提高知识产权产出效率。知识产权管理系统的内部结构、功能正是在竞争与合作的相互作用下，不断得以调整修正，促进系统整体的演进发展，因此，竞争与合作成为知识产权管理系统多主体共生演化的内核驱动力。由于知识产权管理系统是一个多主体之间相互作用、相互影响而形成的复杂系统，其演化的一个重要源泉正是各个主体之间的竞争与合作，简言之，知识产权管理系统的演化过程实际上是一个系统主体的竞争与合作共生演化过程，具有与生物相似的竞争性、合作性的特征。因此，系统内的多个共生单元在参与知识产权管理活动过程中，通过构建竞合机制依托多主体之间的不同共生模式实现知识产权管理系统的持续稳定演化发展。

　　在知识产权管理系统演化过程中，不同类型主体之间的有效沟通交流可以促进主体之间的学习、创新，通过知识共享、转移及扩散，提高主体的知识产权管理水平，进而促进系统的结构升级、功能优化，推动系统的稳定有序发展。通过多主体之间的有效信息沟通，为实现主体之间合作共生与伙伴选择提供基础，依托研发平台、孵化器、技术对接平台等共生平台实现多主体之间的公平、透明化的交流沟通渠道，在不同主体之间实现知识、技术、人才和信息的交流学习，从而减少由于信息不对称导致的系统内主体的退化，营造良好的合作共生氛围，促进负熵流的涌入，进而推动系统的有序稳定演化发展。

5.3.2 知识产权管理系统演化的共生合作伙伴选择机制

在知识产权管理系统中，企业、高校和科研院所、政府、中介机构等主体之间的知识产权管理活动并不是孤立的，根据前文对共生单元、共生模式等共生关系的分析可知，各个共生单元在合作和竞争的情况下，会形成利益共同体，通过协议或承诺，实现信息共享、风险共担及利益分配等共生目标，共同实施知识产权管理活动，从而打破单打独斗造成的技术创新风险高、知识产权成果转化效率低等僵局，因此，系统内的多个共生单元在参与知识产权管理活动过程中，选择较为理想的合作伙伴成为保持共生关系的一个十分重要的任务。选择合作伙伴有利于共生单元之间优势互补、保障共生关系的稳定，从而提高系统的稳定有序发展。对于知识产权管理系统而言，内部主体要素如能够选择合适的合作伙伴，可以为系统的协同发展提供基础动力，进而推动知识产权管理系统的演化发展。

由于知识产权管理系统具有开放性的特征，内部共生单元之间、内生单元与外部环境不断进行着知识、技术、资金、信息等物质能量的交换。通常，各个共生单元在实施知识产权管理活动中，面临的内外部环境具有不确定性和复杂性，这使得系统在进行多主体共生合作伙伴的选择过程中，需要从大量信息中筛选出有效信息，通过识别、过滤、甄选信息等信息处理环节，保证选择合作伙伴的决策过程能够更加科学合理。因此，如能够从海量决策信息中抽取出决策属性指标，采用较为科学的决策方法进行伙伴选择，最终选择较为理想的合作伙伴是一个十分关键的多属性决策问题。然而，在知识产权管理系统的演化发展过程中，多主体共生伙伴的选择需要综合考虑知识产权开发能力、信息共享能力、知识产权成果转化能力和知识产权保护意识等属性指标，这些属性的数据往往较难统计获取，需要在决策过程中结合决策专家和知识产权管理实践情况，进行决策属性指标数据的量化估计。由于决策者给出的属性指标信息具有模糊性和不确定性，因此决策属性指标的估计值通常是以模糊数或区间数等形式给出。此外，由于在现实的知识产权管理系统中，多主体共生伙伴选择的过程并不是简单的静态决策问题基于时间维度的动态直觉模糊多属性决策模型，集结多阶段决策属性信息进行综合决策。鉴于此，下面基于直觉模糊理论，考虑时间维度构建动态直觉模糊多属性决策模型，对知识产权管理系统的多主体合作伙伴选择做进一步探讨。

1. 直觉模糊理论概述

自从模糊集的概念被首次提出（Zadeh L A，1965），模糊理论及其方法引起了学术界的广泛关注。有学者在模糊集基础上，进一步提出了直觉模糊集合及区间直觉模糊集的概念（Atanassov K，1986，1989），可以同时表达隶属度、非隶属度和犹豫度等方面的信息，从而全面刻画事物的模糊性及不确定性。在此基础上，有部分学者相继提出了利用区间直觉模糊数、三角直觉模糊数、梯形直觉模糊数等描述决策信息，能够相对有效刻画决策问题的模糊性。然而，在现实经济社会系统中，存在众多的服从或者近似服从正态分布规律的社会现象和自然现象，直觉模糊数并不能准确刻画这些随机现象。相比于其他几种模糊数，直觉正态模糊数是直觉模糊数和正态模糊数的进一步扩展，可以更好地反映具有正态分布特征的决策问题。下面针对直觉正态模糊相关概念做简单介绍。

定义 1 实数域上，隶属函数

$$\widetilde{A}(x) = e^{-\left(\frac{x-a}{\sigma}\right)^2} (\sigma > 0) \qquad (5-1)$$

的模糊数称为正态模糊数，记为 $\widetilde{A} = (\alpha, \sigma)$，全体正态模糊数的集合记为 $\widetilde{N}$。

定义 2 设 $\widetilde{A}, \widetilde{B} \in \widetilde{N}$，记 $\widetilde{A} = (\alpha, \sigma)$，$\widetilde{B} = (\beta, \tau)$，则有

$$\lambda\widetilde{A} = \lambda(\alpha, \sigma) = (\lambda\alpha, \lambda\sigma), \quad \lambda > 0$$

$$\widetilde{A} + \widetilde{B} = (\alpha, \sigma) + (\beta, \tau) = (\alpha + \beta, \sigma + \tau)$$

直觉正态模糊数的定义和运算法则可以进一步扩展到区间直觉正态模糊数中，具体定义如下：

定义 3 设 X 是给定论域，则称 $\widetilde{A} = <(\alpha, \sigma), \widetilde{\mu}_A, \widetilde{\upsilon}_A>$ 为区间直觉正态模糊数，隶属函数和非隶属函数分别是式（5-2）和式（5-3）。

$$\mu_A(x) = \widetilde{\mu}_A e^{-\left(\frac{x-a}{\sigma}\right)^2} (x \in X) \qquad (5-2)$$

$$\upsilon_A(x) = 1 - (1 - \widetilde{\upsilon}_A) e^{-\left(\frac{x-a}{\sigma}\right)^2} (x \in X) \qquad (5-3)$$

其中，$\widetilde{\mu}_A$ 和 $\widetilde{\upsilon}_A$ 分别表示区间数，即有 $\widetilde{\mu}_A = [\mu_1, \mu_2]$ 和 $\widetilde{\upsilon}_A = [\upsilon_1, \upsilon_2]$，分别表示元素 x 隶属和非隶属于正态模糊数 (α, σ) 的程度，且满足 $\widetilde{\mu}_A \in [0, 1]$，$\widetilde{\upsilon}_A \in [0, 1]$，$\mu_2 + \upsilon_2 \leqslant 1$。当 $\mu_1 = \mu_2$，$\upsilon_1 = \upsilon_2$ 时，区间直觉

正态模糊数退化为直觉正态模糊数。全体区间直觉正态模糊集记为 IINF。

定义 4 设 $A = <(\alpha, \sigma), [\mu^-, \mu^+], [\upsilon^-, \upsilon^+]>$, $A_1 = <(\alpha_1, \sigma_1), [\mu_1^-, \mu_1^+], [\upsilon_1^-, \upsilon_1^+]>$ 和 $A_2 = <(\alpha_2, \sigma_2), [\mu_2^-, \mu_2^+], [\upsilon_2^-, \upsilon_2^+]>$ 是任意三个区间直觉正态模糊数，$\lambda > 0$，则有以下区间直觉正态模糊数运算规则：

(1) $A_1 \oplus A_2 = <(\alpha_1 + \alpha_2, \sigma_1 + \sigma_2), \left[\dfrac{|\alpha_1|\mu_1^- + |\alpha_2|\mu_2^-}{|\alpha_1| + |\alpha_2|}, \dfrac{|\alpha_1|\mu_1^+ + |\alpha_2|\mu_2^+}{|\alpha_1| + |\alpha_2|}\right],$

$$\left[\dfrac{|\alpha_1|\upsilon_1^- + |\alpha_2|\upsilon_2^-}{|\alpha_1| + |\alpha_2|}, \dfrac{|\alpha_1|\upsilon_1^+ + |\alpha_2|\upsilon_2^+}{|\alpha_1| + |\alpha_2|}\right]>;$$

(2) $A_1 \otimes A_2 = <\left(\alpha_1\alpha_2, \alpha_1\alpha_2\sqrt{\dfrac{\sigma_1^2}{\alpha_1^2} + \dfrac{\sigma_2^2}{\alpha_2^2}}\right), [\mu_1^-\mu_2^-, \mu_1^+\mu_2^+],$

$$[\upsilon_1^- + \upsilon_2^- - \upsilon_1^-\upsilon_2^-, \upsilon_1^+ + \upsilon_2^+ - \upsilon_1^+\upsilon_2^+]>;$$

(3) $\lambda A = <(\lambda\alpha, \lambda\sigma), [\mu_1^-, \mu_2^+], [\upsilon_1^-, \upsilon_2^+]>;$

(4) $A^\lambda = <(\alpha^\lambda, \lambda^{1/2}\alpha^{\lambda-1}\sigma), [(\mu^-)^\lambda, (\mu^+)^\lambda], [1 - (1 - \upsilon^-)^\lambda, 1 - (1 - \upsilon^+)^\lambda]>$。

定义 5 设 $A_1 = <(\alpha_1, \sigma_1), [\mu_1^-, \mu_1^+], [\upsilon_1^-, \upsilon_1^+]>$ 和 $A_2 = <(\alpha_2, \sigma_2), [\mu_1^-, \mu_2^+], [\upsilon_2^-, \upsilon_2^+]>$ 是任意两个区间直觉正态模糊数，则它们之间的欧式距离为：

$$d(A_1, A_2) = \frac{1}{2}\sqrt{\begin{array}{c}\left(\dfrac{1+\mu_1^- -\upsilon_1^- +1+\mu_1^+ -\upsilon_1^+}{2}\alpha_1 - \dfrac{1+\mu_2^- -\upsilon_2^- +1+\mu_2^+ -\upsilon_2^+}{2}\alpha_2\right)^2 \\ +\dfrac{1}{2}\left(\dfrac{1+\mu_1^- -\upsilon_1^- +1+\mu_1^+ -\upsilon_1^+}{2}\sigma_1 - \dfrac{1+\mu_2^- -\upsilon_2^- +1+\mu_2^+ -\upsilon_2^+}{2}\sigma_2\right)^2\end{array}}$$

$$(5-4)$$

定义 6 设 $A = <(\alpha, \sigma), [\mu^-, \mu^+], [\upsilon^-, \upsilon^+]>$ 是区间直觉正态模糊数，其记分函数为：

$$S_1(A) = \frac{\mu^- -\upsilon^- +\mu^+ -\upsilon^+}{2}\alpha, \quad S_2(A) = \frac{\mu^- -\upsilon^- +\mu^+ -\upsilon^+}{2}\sigma \quad (5-5)$$

则其精确函数为：

$$H_1(A) = \frac{\mu^- +\upsilon^- +\mu^+ +\upsilon^+}{2}\alpha, \quad H_2(A) = \frac{\mu^- +\upsilon^- +\mu^+ +\upsilon^+}{2}\sigma \quad (5-6)$$

设 $A_1 = <(\alpha_1, \sigma_1), [\mu_1^-, \mu_1^+], [\upsilon_1^-, \upsilon_1^+]>$ 和 $A_2 = <(\alpha_2, \sigma_2), [\mu_2^-, \mu_2^+], [\upsilon_2^-, \upsilon_2^+]>$ 是任意两个区间直觉正态模糊数，则具有如下比

较规则：

（1）若 $S_1(A_1) < S_1(A_2)$，则 $A_1 < A_2$；

（2）若 $S_1(A_1) = S_1(A_2)$，$H_1(A_1) > H_1(A_2)$，则 $A_1 < A_2$；

（3）若 $S_1(A_1) = S_1(A_2)$，$H_1(A_1) = H_1(A_2)$，则

　　若 $S_2(A_1) > S_2(A_2)$，则 $A_1 < A_2$；

　　若 $S_2(A_1) = S_2(A_2)$，$H_2(A_1) > H_2(A_2)$，则 $A_1 < A_2$；

　　若 $S_2(A_1) = S_2(A_2)$，$H_2(A_1) = H_2(A_2)$，则 $A_1 = A_2$。

定义 7　设 $A_i = <(\alpha_i, \sigma_i), [\mu_i^-, \mu_i^+], [\upsilon_i^-, \upsilon_i^+]>(i = 1, 2, \cdots, n)$ 为一组区间直觉正态模糊数，且 IINFWAA：$\Omega^n \to \Omega$，则：

$$IINFWAA(A_1, A_2, \cdots, A_n) = \sum_{i=1}^{n} \omega_i A_i \qquad (5-7)$$

式（5-7）为区间直觉正态模糊加权算术平均算子，简称 IINFWAA 算子。其中，$\omega = (\omega_1, \omega_2, \cdots, \omega_n)^T$ 为 $A_i(i = 1, 2, \cdots, n)$ 的加权向量，$\omega_i \in [0, 1]$ 且 $\sum_{i=1}^{n} \omega_i = 1$。

2. 基于动态区间直觉正态模糊算子的合作伙伴选择决策模型

由于知识产权管理系统的共生伙伴选择过程近似符合正态分布，决策专家的信息具有模糊性和动态特征，鉴于此，本书考虑时间维度，给出两种动态区间直觉正态模糊数集结算子及其相关性质，在此基础上，提出了一种基于时间度和动态区间直觉正态模糊集结算子的多属性妥协决策方法，以科学合理地得到合作伙伴排序结果。

该方法将偏主观经验的灰色关联度法和基于决策数据信息的离差最大化法相结合，通过主客观组合赋权方法求解属性权重；将时间权重分解为时间常权向量和时间变权向量，采用时间度函数，并结合信息熵和 Logistic 函数求解时间变权；然后根据区间直觉正态模糊数的运算法则，采用提出的动态区间直觉正态模糊加权平均算子集结不同时序的区间直觉正态模糊决策矩阵，构造动态区间直觉正态模糊综合决策矩阵；并利用 VIKOR 法兼顾群体效用最大化与个体后悔最小化的确定决策方案妥协折中排序，得到与理想解最近的最优方案。

（1）动态区间直觉正态模糊数集结算子。

定义 8　设 $A_{t_k} = <(\alpha_{t_k}, \sigma_{t_k}), [\mu_{t_k}^-, \mu_{t_k}^+], [\upsilon_{t_k}^-, \upsilon_{t_k}^+]>(k = 1, 2, \cdots,$

p)为第 t_k 个时序的区间直觉正态模糊数，通常情况下 α_{t_1}，α_{t_2}，$\cdots$，α_{t_k} 符号同向，设 DIINFWAA：$\Omega^n \rightarrow \Omega$ 且 $\eta_{t_k} = (\eta(t_1)$，$\eta(t_2)$，$\cdots$，$\eta(t_p))^T$ 为时序权重向量，$\eta_{t_k} \in [0, 1]$，且 $\sum_{k=1}^{p} \eta(t_k) = 1$，则：

$$\text{DIINFWAA}(A_{t_1}, A_{t_2}, \cdots, A_{t_p}) = \sum_{k=1}^{p} (\eta(t_k) A_{t_k}) \quad (5-8)$$

式（5-8）为动态区间直觉正态模糊加权算术平均算子，简称 DIINF-WAA 算子。

定理 1 设 $A_{t_k} = <(\alpha_{t_k}, \sigma_{t_k}), [\mu_{t_k}^-, \mu_{t_k}^+], [\upsilon_{t_k}^-, \upsilon_{t_k}^+]>(k = 1, 2, \cdots, p)$是第 t_k 个时序的区间直觉正态模糊数，则由式（5-8）集成得到的结果仍是区间直觉正态模糊数，即：

$$\text{DIINFWAA}(A_{t_1}, A_{t_2}, \cdots, A_{t_p}) = \sum_{k=1}^{p} (\eta(t_k) A_{t_k})$$

$$= <(\sum_{k=1}^{p} (\eta(t_k)\alpha_{t_k}), \sum_{k=1}^{p} (\eta(t_k)\sigma_{t_k})),$$

$$\left[\frac{\sum_{k=1}^{p} (\eta(t_k)|\alpha_{t_k}|\mu_{t_k}^-)}{\sum_{k=1}^{p} (\eta(t_k)|\alpha_{t_k}|)}, \frac{\sum_{k=1}^{p} (\eta(t_k)|\alpha_{t_k}|\mu_{t_k}^+)}{\sum_{k=1}^{p} (\eta(t_k)|\alpha_{t_k}|)}\right],$$

$$\left[\frac{\sum_{k=1}^{p} (\eta(t_k)|\alpha_{t_k}|\upsilon_{t_k}^-)}{\sum_{k=1}^{p} (\eta(t_k)|\alpha_{t_k}|)}, \frac{\sum_{k=1}^{p} (\eta(t_k)|\alpha_{t_k}|\upsilon_{t_k}^+)}{\sum_{k=1}^{p} (\eta(t_k)|\alpha_{t_k}|)}\right]> \quad (5-9)$$

其中，$\eta_{t_k} = (\eta(t_1)$，$\eta(t_2)$，$\cdots$，$\eta(t_p))^T$ 为时序权重向量，$\eta_{t_k} \in [0, 1]$ 且 $\sum_{k=1}^{p} \eta(t_k) = 1$。

根据定义 8 易得到 DIINFWAA 算子具有以下性质特征。

性质 1：幂等性。

设 $(A_{t_1}, A_{t_2}, \cdots, A_{t_k})$ 是一组区间直觉正态模糊数，若对于 $\forall A_{t_k}(k = 1, 2, \cdots, p)$，都有 $A_{t_k} = A_{t_0}$，则

$$\text{DIINFWAA}(A_{t_1}, A_{t_2}, \cdots, A_{t_p}) = A_{t_0} \quad (5-10)$$

性质 2：单调性。

设 $(A_{t_1}, A_{t_2}, \cdots, A_{t_k})$ 和 $(B_{t_1}, B_{t_2}, \cdots, B_{t_k})$ 是两组区间直觉正态模糊数，若对于 $\forall k(k = 1, 2, \cdots, p)$，均有 $A_{t_k} \leqslant B_{t_k}$，则：

$$\text{DIINFWAA}(A_{t_1},\ A_{t_2},\ \cdots,\ A_{t_p}) \leqslant \text{DIINFWAA}(B_{t_1},\ B_{t_2},\ \cdots,\ B_{t_p})$$

$$(5-11)$$

性质 3：边界性。

设（A_{t_1}，A_{t_2}，$\cdots$，A_{t_k}）是一组区间直觉正态模糊数，若它的最大值和最小值分别为 A^- 和 A^+，则

$$A^- \leqslant \text{DIINFWAA}(A_{t_1},\ A_{t_2},\ \cdots,\ A_{t_k}) \leqslant A^+ \qquad (5-12)$$

定义 9　设 $A_{t_k} = <(\alpha_{t_k},\ \sigma_{t_k}),\ [\mu_{t_k}^-,\ \mu_{t_k}^+],\ [\upsilon_{t_k}^-,\ \upsilon_{t_k}^+]>(k=1,\ 2,\ \cdots,\ p)$ 为第 t_k 个时序的区间直觉正态模糊数，通常情况下 α_{t_1}，α_{t_2}，$\cdots$，α_{t_k} 符号同向，令 $\eta_{t_k} = (\eta(t_1),\ \eta(t_2),\ \cdots,\ \eta(t_p))^T$ 为时序权重向量，$\eta_{t_k} \in [0,\ 1]$ 且 $\sum_{k=1}^{p} \eta(t_k) = 1$，则：

$$\text{DIINFWGA}(A_{t_1},\ A_{t_2},\ \cdots,\ A_{t_p}) = \prod_{k=1}^{p} A_{t_k}^{\eta(t_k)} \qquad (5-13)$$

式（5-13）为动态区间直觉正态模糊加权几何平均算子，简称 DIINFWGA 算子。

定理 2　设 $A_{t_k} = <(\alpha_{t_k},\ \sigma_{t_k}),\ [\mu_{t_k}^-,\ \mu_{t_k}^+],\ [\upsilon_{t_k}^-,\ \upsilon_{t_k}^+]>(k=1,\ 2,\ \cdots,\ p)$ 是第 t_k 个时序的区间直觉正态模糊数，则由式（5-13）集成得到的结果仍然为区间直觉正态模糊数，即

$$\text{DIINFWGA}(A_{t_1},\ A_{t_2},\ \cdots,\ A_{t_p}) = \prod_{k=1}^{p} A_{t_k}^{\eta(t_k)}$$

$$= < \left(\prod_{k=1}^{p} \alpha_{t_k}^{\eta(t_k)},\ \prod_{k=1}^{p} \alpha_{t_k}^{\eta(t_k)} \sqrt{\sum_{k=1}^{p} \frac{\eta(t_k)\sigma_{t_k}^2}{\alpha_{t_k}^2}} \right),\ \left[\prod_{k=1}^{p} (\mu_{t_k}^-)^{\eta(t_k)},\ \prod_{k=1}^{p} (\mu_{t_k}^+)^{\eta(t_k)} \right],$$

$$\left[1 - \prod_{k=1}^{p} (1-\upsilon_{t_k}^-)^{\eta(t_k)},\ 1 - \prod_{k=1}^{p} (1-\upsilon_{t_k}^+)^{\eta(t_k)} \right] > \qquad (5-14)$$

其中，$\eta_{t_k} = (\eta(t_1),\ \eta(t_2),\ \cdots,\ \eta(t_p))^T$ 为时序权重向量，$\eta_{t_k} \in [0,\ 1]$ 且 $\sum_{k=1}^{p} \eta(t_k) = 1$。

（2）融合主客观组合赋权的属性权重。

设 $S = \{S_1,\ S_2,\ \cdots,\ S_n\}$ 为 n 个备选方案集，$G = \{G_1,\ G_2,\ \cdots,\ G_m\}$ 为由 m 个属性所组成的指标集，$T = \{t_1,\ t_2,\ \cdots,\ t_k\}$ 为 k 个决策时间段所组成的决策阶段集合。在不同决策时间段 t_k 下第 i 个方案 S_i 在属性 G_j 下的属性值用区间直觉正态模糊数表示，记为 $A_{ij}^k = <(\alpha_{ij}^k,\ \sigma_{ij}^k),\ [\mu_{ij}^{-k},\ \mu_{ij}^{+k}],$

$[\upsilon_{ij}^{-k}, \upsilon_{ij}^{+k}] >$。因此，决策时间段 t_k 的区间直觉正态模糊数决策矩阵可表示为式（5-15）。

$$A(t_k) = (A_{ij}^k)_{n \times m} = (A_{ij}^k = <(\alpha_{ij}^k, \sigma_{ij}^k), [\mu_{ij}^{-k}, \mu_{ij}^{+k}], [\upsilon_{ij}^{-k}, \upsilon_{ij}^{+k}] >)_{n \times m} =$$

$$\begin{bmatrix} <(\alpha_{11}^k, \sigma_{11}^k), [\mu_{11}^{-k}, \mu_{11}^{+k}], [\upsilon_{11}^{-k}, \upsilon_{11}^{+k}] > \cdots <(\alpha_{1m}^k, \sigma_{1m}^k), [\mu_{1m}^{-k}, \mu_{1m}^{+k}], [\upsilon_{1m}^{-k}, \upsilon_{1m}^{+k}] > \\ <(\alpha_{21}^k, \sigma_{21}^k), [\mu_{21}^{-k}, \mu_{21}^{+k}], [\upsilon_{21}^{-k}, \upsilon_{21}^{+k}] > \cdots <(\alpha_{2m}^k, \sigma_{2m}^k), [\mu_{2m}^{-k}, \mu_{2m}^{+k}], [\upsilon_{2m}^{-k}, \upsilon_{2m}^{+k}] > \\ \vdots \qquad\qquad \ddots \qquad\qquad \vdots \\ <(\alpha_{n1}^k, \sigma_{n1}^k), [\mu_{n1}^{-k}, \mu_{n1}^{+k}], [\upsilon_{n1}^{-k}, \upsilon_{n1}^{+k}] > \cdots <(\alpha_{nm}^k, \sigma_{nm}^k), [\mu_{nm}^{-k}, \mu_{nm}^{+k}], [\upsilon_{nm}^{-k}, \upsilon_{nm}^{+k}] > \end{bmatrix}$$

$$(5-15)$$

设在不同时间段的属性权重不同，在第 k 时段的属性权重向量 $\omega^k = (\omega_1^k, \omega_2^k, \cdots, \omega_m^k)^T$ 是未知的，且 $\sum_{j=1}^{m} \omega_j^k = 1$，$\omega_j^k \in [0, 1]$。时间权重向量 $\eta_{t_k} = (\eta(t_1), \eta(t_2), \cdots, \eta(t_p))^T$ 也是未知的，且 $\sum_{k=1}^{p} \eta(t_k) = 1$，$\eta(t_k) \in [0, 1]$。下面本书针对属性权重和时间权重均未知的情境下，对近似服从正态分布规律的知识产权管理系统主体共生伙伴选择问题进行动态决策。其中，科学合理地确定属性权重十分重要。为了避免单一权重确定法存在的偏主观性或过于依赖于数据的问题，本书将偏主观经验的灰色关联度法和基于决策数据信息的离差最大化法相结合，通过主客观赋权方式来求解属性权重，以全面反映属性的重要程度。

灰色关联度分析法主要用于样本量小、信息贫瘠的不确定性系统的评判，可以评判系统变量之间的关系或影响程度，基本思想是根据样本数据序列的曲线形状对序列之间关系进行判断。

设在第 k 时间段，各属性下的正、负理想解分别为：

$$A_j^{+k} = <(\max_{1 \leqslant i \leqslant n} \alpha_{ij}^k, \min_{1 \leqslant i \leqslant n} \sigma_{ij}^k), [\max_{1 \leqslant i \leqslant n} \mu_{ij}^{-k}, \max_{1 \leqslant i \leqslant n} \mu_{ij}^{+k}], [\min_{1 \leqslant i \leqslant n} \upsilon_{ij}^{-k}, \min_{1 \leqslant i \leqslant n} \upsilon_{ij}^{+k}] >$$

$$(5-16)$$

$$A_j^{-k} = <(\min_{1 \leqslant i \leqslant n} \alpha_{ij}^k, \max_{1 \leqslant i \leqslant n} \sigma_{ij}^k), [\min_{1 \leqslant i \leqslant n} \mu_{ij}^{-k}, \min_{1 \leqslant i \leqslant n} \mu_{ij}^{+k}], [\max_{1 \leqslant i \leqslant n} \upsilon_{ij}^{-k}, \max_{1 \leqslant i \leqslant n} \upsilon_{ij}^{+k}] >$$

$$(5-17)$$

根据定义 5 中有关区间直觉正态模糊数的距离公式，计算在 k 时间段每个方案与正、负理想解之间的距离 $d_{ij}^+(A_{ij}^k, A_j^{+k})$ 和 $d_{ij}^-(A_{ij}^k, A_j^{-k})$，在此基础上，计算在 k 时间段第 i 个方案在属性 j 下与正、负理想解的关联系数：

$$\varepsilon_{ij}^{+k} = \frac{\min_i \min_j d_{ij}^+(A_{ij}^k, A_j^{+k}) + \rho \max_i \max_j d_{ij}^+(A_{ij}^k, A_j^{+k})}{d_{ij}^+(A_{ij}^k, A_j^{+k}) + \rho \max_i \max_j d_{ij}^+(A_{ij}^k, A_j^{+k})} \qquad (5-18)$$

$$\varepsilon_{ij}^{-k} = \frac{\min_{i}\min_{j}d_{ij}^{-}(A_{ij}^{k},\ A_{j}^{-k}) + \rho\ \max_{i}\max_{j}d_{ij}^{-}(A_{ij}^{k},\ A_{j}^{-k})}{d_{ij}^{-}(A_{ij}^{k},\ A_{j}^{-k}) + \rho\ \max_{i}\max_{j}d_{ij}^{-}(A_{ij}^{k},\ A_{j}^{-k})} \quad (5-19)$$

其中，ρ 是分辨系数，$\rho \in [0,\ 1]$，一般令 $\rho = 0.5$。

设 $\chi^{k} = (\chi_{1}^{k},\ \chi_{2}^{k},\ \cdots,\ \chi_{m}^{k})$ 是第 k 时间段的属性权重向量，$\chi_{j}^{k} \in [0,\ 1]$，$\sum_{j=1}^{m}\chi_{j}^{k} = 1(k = 1,\ 2,\ \cdots,\ p)$。由于在第 k 时间段正理想方案与自身的关联系数向量为 $(1,\ 1,\ \cdots,\ 1)$，所以第 i 个方案与正理想方案之间的综合关联度偏差之和为：

$$\gamma_{i}^{k}(\chi^{k}) = \sum_{j=1}^{m}\left[(1 - \varepsilon_{ij}^{+k})\chi_{j}^{k}\right]^{2} \quad (5-20)$$

基于所有方案与正理想方案之间的综合关联度偏差之和最小的思想，构建如下非线性规划模型（M-1）：

$$(M-1)\begin{cases}\min\gamma^{k}(\chi^{k}) = \sum_{i=1}^{n}\sum_{j=1}^{m}\left[(1 - \varepsilon_{ij}^{+k})\chi_{j}^{k}\right]^{2} \\ s.\ t.\ \sum_{j=1}^{m}\chi_{j}^{k} = 1(k = 1,\ 2,\ \cdots,\ p)\end{cases}$$

构建拉格朗日函数，见式（5-21）：

$$L(\chi_{j}^{k},\lambda) = \sum_{i=1}^{n}\sum_{j=1}^{m}\left[(1 - \varepsilon_{ij}^{+k})\chi_{j}^{k}\right]^{2} + 2\lambda(\sum_{j=1}^{m}\chi_{j}^{k} - 1) \quad (5-21)$$

令偏导数为零，得到式（5-22）：

$$\begin{cases}\dfrac{\partial L}{\partial\chi_{j}^{k}} = 2\sum_{i=1}^{n}\left[(1 - \varepsilon_{ij}^{+k})^{2}\chi_{j}^{k} + (1 - \varepsilon_{ij}^{+k})\right] + 2\lambda = 0 \\ \dfrac{\partial L}{\partial\lambda} = \sum_{j=1}^{m}\chi_{j}^{k} - 1 = 0\end{cases} \quad (5-22)$$

求解式（5-22），可得到：

$$\begin{cases}\lambda = -\left[\sum_{j=1}^{m}\left(\sum_{i=1}^{n}(1 - \varepsilon_{ij}^{+k})^{2}\right)^{-1}\right]^{-1} \\ \chi_{j}^{k} = \left[\sum_{j=1}^{m}\left(\sum_{i=1}^{n}(1 - \varepsilon_{ij}^{+k})^{2}\right)^{-1}\right]^{-1} \times \left[\sum_{i=1}^{n}(1 - \varepsilon_{ij}^{+k})^{2}\right]^{-1}\end{cases} \quad (5-23)$$

本书考虑到基于样本数据客观信息和属性对方案排序的鉴别能力差异，采用离差最大化法确定属性的相对重要程度，客观地求解不同时间段下的属性权重向量。该方法的基本思想：若某个属性对于所有方案的属性值有较小差异，则该属性对方案决策排序的鉴别能力较小，则属性赋权较小；反之，则属性赋权较大。

设 $P_{ij}(\phi^k)$ 表示第 i 个方案关于属性 j 与其他所有方案的离差，$d(A_{ij}^k, A_{kj}^k)$ 表示区间直觉正态模糊数 A_{ij}^k 和 A_{kj}^k 之间的距离，则：

$$P_{ij}(\phi^k) = \sum_{i=1}^{n} d(A_{ij}^k, A_{kj}^k)\phi_j^k (j=1, 2, \cdots, m) \qquad (5-24)$$

设 $P_j(\phi^k)$ 表示关于属性 j 所有方案与其他方案的离差之和，因此，基于离差最大化的思想，求解的属性权重向量应该使得所有属性对所有方案的总离差最大，构建如下线性规划模型（M-2）：

$$(M-2) \begin{cases} \max P(\phi^k) = \sum_{j=1}^{m} P_j(\phi^k) = \sum_{i=1}^{n} \sum_{j=1}^{m} \sum_{k=1}^{n} d(A_{ij}^k, A_{kj}^k)\phi_j^k \\ s.t. \sum_{j=1}^{m} (\phi_j^k)^2 = 1, \phi_j^k \geqslant 0 \end{cases}$$

构建拉格朗日函数，见式（5-25）：

$$L(\phi^k, \kappa) = \sum_{i=1}^{n} \sum_{j=1}^{m} \sum_{k=1}^{n} d(A_{ij}^k, A_{kj}^k)\phi_j^k + \frac{1}{2}\kappa(\sum_{j=1}^{m}(\phi_j^k)^2 - 1)$$

$$(5-25)$$

令偏导数为零，得到式（5-26）：

$$\begin{cases} \dfrac{\partial L}{\partial \phi_j^k} = \sum_{i=1}^{n} \sum_{k=1}^{n} d(A_{ij}^k, A_{kj}^k)\phi_j^k + \kappa\phi_j^k = 0 \\ \dfrac{\partial L}{\partial \kappa} = \sum_{j=1}^{m}(\phi_j^k)^2 - 1 = 0 \end{cases} \qquad (5-26)$$

求解式（5-26），并进行归一化处理可得到：

$$\phi_j^k = \frac{\sum_{i=1}^{n} \sum_{k=1}^{n} d(A_{ij}^k, A_{kj}^k)}{\sum_{j=1}^{m} \sum_{i=1}^{n} \sum_{k=1}^{n} d(A_{ij}^k, A_{kj}^k)} \qquad (5-27)$$

结合偏主观倾向的灰色关联分析法和基于客观样本数据信息的离差最大化法，本书确定综合属性权重向量为：

$$\omega_j^k = \eta\chi_j^k + (1-\eta)\phi_j^k(k=1, 2, \cdots, p) \qquad (5-28)$$

式（5-28）中，ω_j^k 表示在第 k 时段综合属性权重向量，$\eta(0 \leqslant \eta \leqslant 1)$ 表示经验因子，可以通过设置其大小来调整综合属性权重的大小，一般情况下取 $\eta = 0.5$。

（3）基于时间度和变权思想的时间权重。

为了使得决策结果不仅能够反映不同时间段内评价值的重要程度，而且能够体现不同时间段内决策样本的状态均衡性。本书基于状态变权的思想将时间权重分解为时间常权向量和时间变权向量两个组成部分，采用主客观组合赋权的方法求解时间变权。

首先，在时间常权的确定上，借鉴学者耶格（Yager）的研究，引入"时间度"概念，将其应用于动态区间直觉正态模糊数多属性决策问题中，用于确定决策者对于不同时间点决策信息的偏好程度，并结合信息熵理论构建非线性规划模型确定时间常权向量，这种主客观组合的方法，提高了求解时间权重的精度，使时间权重求取结果更合理。

设 $h_{t_k} = (h(t_1), h(t_2), \cdots, h(t_p))^T$ 表示时序常权向量，其中 $h(t_k)$ 表示第 k 时间段的时间常权，且 $0 \leqslant h(t_k) \leqslant 1$，$\sum\limits_{k=1}^{p} h(t_k) = 1$，时间点越靠近当前的信息越能充分体现决策属性的特征，对决策评价结果越有效。因此，$h(t_1)$，$h(t_2)$，$\cdots$，$h(t_p)$ 是一个递增序列，时间常权体现了决策过程中对不同时间段样本的重视程度。

对于多属性决策问题，决策系统本身具有一定的不确定性，确定时间权重应尽可能减小权重序列的不确定性，最大化信息的获取能力。信息熵可以反映时间权重向量对信息量摄取程度，具有对称性、可加性和极值性等特征，熵值越大，则它所含有的信息量越小。其表达式如式（5－29）所示：

$$f(h(t_k)) = -\sum_{k=1}^{p} h(t_k) \ln h(t_k), \quad k = 1, 2, \cdots, p \qquad (5-29)$$

设时间度 θ（$\theta \in [0, 1]$）反映了决策者对于时序信息的偏好程度，决策者一般依据经验和偏好给出 θ 值。θ 越趋于 0，说明决策者越偏好于时间序列近期信息；θ 越趋于 1，说明决策者越偏好于时间序列远期信息。时间度函数表达式为：

$$\theta = \sum_{k=1}^{p} \frac{p-k}{p-1} \eta(t_k) \qquad (5-30)$$

因此，依据最大熵原理，求解基于时间度和信息熵的时间常权向量，建立非线性规划模型（M－3）：

$$(M-3) \begin{cases} \max f(h(t_k)) = \max\left[-\sum_{k=1}^{p} h(t_k)\ln h(t_k)\right] \\ s.t.\ \theta = \sum_{k=1}^{p} \frac{p-k}{p-1}h(t_k) \\ \sum_{k=1}^{p} h(t_k) = 1,\ h(t_k) \in [0, 1],\ k = 1, 2, \cdots, p \end{cases}$$

运用 Lingo. 11 软件求解上述非线性规划模型,可获得时序常权向量 h_{t_k} = $(h(t_1),\ h(t_2),\ \cdots,\ h(t_p))^{T}$。

根据模型(M-1)可以求解出时间常权向量,然而时间常权向量仅仅考虑了备选方案在不同时间段内的信息累积"存量"的大小,忽视了不同时间段内决策信息的均衡性。该均衡性应该能够体现属性值随时间的增长速度。本书考虑时间样本的重要程度和增长速度,采用具有学习型曲线特征的 Logistic 函数构造时间状态变权向量 $\varphi_{t_k} = (\varphi(t_1),\ \varphi(t_2),\ \cdots,\ \varphi(t_p))^{T}$ 为:

$$\widehat{\varphi}(t_k) = \frac{1}{1 + ae^{-bk}}(k = 1, 2, \cdots, p) \tag{5-31}$$

$$\varphi(t_k) = \frac{\widehat{\varphi}(t_k)}{\sum_{k=1}^{p} \widehat{\varphi}(t_k)} \tag{5-32}$$

式(5-31)、式(5-32)中,a、b 为常数,且当 $t < k = \frac{\ln a}{b}$ 时,信息增长速度逐渐增加,且样本信息累积的存量不断增加;当 $k = \frac{\ln a}{b}$ 时,样本信息量增长速度最快,此时样本信息增长达到高峰时刻;当 $t > k = \frac{\ln a}{b}$ 时,信息增长速度呈现逐渐减小,但是信息累积的存量仍在不断增加。因此,随着信息增长速度趋于平稳,样本信息量是呈现递增的状态,时间状态变权向量中的元素仍是递增序列。因此,基于状态变权思想本书提出的时间变权可表示为时间常权向量和时间状态变权的归一化的阿达玛(Hadamard)乘积:

$$\eta_{t_k} = \varphi_{t_k} \cdot h_{t_k} = (\varphi(t_1) \cdot h(t_1),\ \varphi(t_2) \cdot h(t_2),\ \cdots,\ \varphi(t_p) \cdot h(t_p))^{T}$$

$$(5-33)$$

因此,可获得时序向量 $\eta_{t_k} = (\eta(t_1),\ \eta(t_2),\ \cdots,\ \eta(t_p))^{T}$。

(4)基于妥协排序的主体共生合作伙伴选择。

由于 VIKOR 法可以有效地克服传统 TOPSIS 法的不足,利用妥协集结函数兼顾最大化群体效用与最小化个体遗憾，同时考虑各决策方案与正、负理想解之间距离，可以获得最优方案（与理想解最近且与负理想解最远）。因此，它能够更加全面反映决策方案与理想解的接近程度，使决策结果更具合理性。

运用前文提出的动态区间直觉正态模糊集结算子，对多个时间段的决策信息进行集结，获得区间直觉正态模糊综合决策矩阵，在此基础上，提出了一种基于 VIKOR 法的区间直觉正态模糊动态多属性决策方法。通过该方法计算各个决策方案的群体效用值、个体后悔度和妥协值，得到距离理想解最近的妥协折中方案，进而确定决策方案的优劣排序。该方法计算步骤如下：

首先，对 t_k 时间段区间直觉正态模糊决策矩阵 $A(t_k) = (A_{ij}^k)_{n \times m}$ 进行规范化处理，以消除不同量纲对决策结果的影响，获得各时间段规范化决策矩阵 $\hat{A}(t_k)$。分别针对效益型和成本型指标进行规范化的计算公式如下：

$$\hat{\alpha}_{ij}^k = \frac{\alpha_{ij}^k}{\max\limits_{1 \leqslant i \leqslant n}(\alpha_{ij}^k)}, \quad \hat{\sigma}_{ij}^k = \frac{\sigma_{ij}^k}{\max\limits_{1 \leqslant i \leqslant n}(\sigma_{ij}^k)} \cdot \frac{\sigma_{ij}^k}{\alpha_{ij}^k},$$

$$\hat{\mu}_{ij}^{-k} = \mu_{ij}^{-k}, \quad \hat{\mu}_{ij}^{+k} = \mu_{ij}^{+k}, \quad \hat{\upsilon}_{ij}^{-k} = \upsilon_{ij}^{-k}, \quad \hat{\upsilon}_{ij}^{+k} = \upsilon_{ij}^{+k} \qquad (5-34)$$

$$\hat{\alpha}_{ij}^k = \frac{\min\limits_{1 \leqslant i \leqslant n}(\alpha_{ij}^k)}{\alpha_{ij}^k}, \quad \hat{\sigma}_{ij}^k = \frac{\sigma_{ij}^k}{\max\limits_{1 \leqslant i \leqslant n}(\sigma_{ij}^k)} \cdot \frac{\sigma_{ij}^k}{\alpha_{ij}^k},$$

$$\hat{\mu}_{ij}^{-k} = \mu_{ij}^{-k}, \quad \hat{\mu}_{ij}^{+k} = \mu_{ij}^{+k}, \quad \hat{\upsilon}_{ij}^{-k} = \upsilon_{ij}^{-k}, \quad \hat{\upsilon}_{ij}^{+k} = \upsilon_{ij}^{+k} \qquad (5-35)$$

其次，采用主客观综合赋权法，结合模型（M-1）和（M-2）及式（5-28），确定不同时间段 t_k 的属性权重 ω_j^k。在此基础上，获得加权区间直觉正态模糊矩阵 $\overline{A}(t_k) = (\overline{A}_{ij}^k)_{n \times m} = (\omega_j^k \overline{A}_{ij}^k)_{n \times m}$；利用模型（M-3）、式（5-31）至式（5-33）确定时序权重向量 $\eta_{t_k} = (\eta(t_1), \eta(t_2), \cdots, \eta(t_p))^T$，并运用动态区间直觉正态模糊加权算术平均（DIINFWAA）算子或者动态区间直觉正态模糊加权几何平均（DIINFWGA）算子集结各时间段加权区间直觉正态模糊规范化决策矩阵 $\overline{A}(t_k) = (\overline{A}_{ij}^k)_{n \times m}$，得到动态区间直觉正态模糊综合决策矩阵 $B = (B_{ij})_{n \times m}$，其中

$$B_{ij} = \text{DIINFWAA}(\overline{A}_{ij}^1, \overline{A}_{ij}^2, \cdots, \overline{A}_{ij}^p) = \sum_{k=1}^{p}(\eta(t_k)\overline{A}_{ij}^k)$$

$$= < (\sum_{k=1}^{p}(\eta(t_k)\overline{\alpha}_{ij}^k), \sum_{k=1}^{p}(\eta(t_k)\overline{\sigma}_{ij}^k)),$$

$$\left[\frac{\sum\limits_{k=1}^{p}(\eta(t_k)\,|\bar{\alpha}_{ij}^k|\,\bar{\mu}_{ij}^{-k})}{\sum\limits_{k=1}^{p}(\eta(t_k)\,|\bar{\alpha}_{ij}^k|)},\ \frac{\sum\limits_{k=1}^{p}(\eta(t_k)\,|\bar{\alpha}_{ij}^k|\,\bar{\mu}_{ij}^{+k})}{\sum\limits_{k=1}^{p}(\eta(t_k)\,|\bar{\alpha}_{ij}^k|)}\right],$$

$$\left[\frac{\sum\limits_{k=1}^{p}(\eta(t_k)\,|\bar{\alpha}_{ij}^k|\,\bar{\upsilon}_{ij}^{-k})}{\sum\limits_{k=1}^{p}(\eta(t_k)\,|\bar{\alpha}_{ij}^k|)},\ \frac{\sum\limits_{k=1}^{p}(\eta(t_k)\,|\bar{\alpha}_{ij}^k|\,\bar{\upsilon}_{ij}^{+k})}{\sum\limits_{k=1}^{p}(\eta(t_k)\,|\bar{\alpha}_{ij}^k|)}\right]> \tag{5-36}$$

或者

$$B_{ij}=\text{DIINFWGA}\ (\bar{A}_{ij}^1,\ \bar{A}_{ij}^2,\ \cdots,\ \bar{A}_{ij}^p)=\prod_{k=1}^{p}(\bar{A}_{ij}^k)^{\eta(t_k)}$$

$$=<\left(\prod_{k=1}^{p}(\bar{\alpha}_{ij}^k)^{\eta(t_k)},\ \prod_{k=1}^{p}(\bar{\alpha}_{ij}^k)^{\eta(t_k)}\sqrt{\sum_{k=1}^{p}\frac{\eta(t_k)(\bar{\sigma}_{ij}^k)^2}{(\bar{\alpha}_{ij}^k)^2}}\right),$$

$$\left[\prod_{k=1}^{p}(\bar{\mu}_{ij}^{-k})^{\eta(t_k)},\ \prod_{k=1}^{p}(\bar{\mu}_{ij}^{+k})^{\eta(t_k)}\right],$$

$$\left[1-\prod_{k=1}^{p}(1-\bar{\upsilon}_{ij}^{-k})^{\eta(t_k)},\ 1-\prod_{k=1}^{p}(1-\bar{\upsilon}_{ij}^{+k})^{\eta(t_k)}\right]> \tag{5-37}$$

接下来确定动态区间直觉正态模糊综合决策矩阵 $B=(B_{ij})_{n\times m}$ 的正、负理想解 $B^+=(B_1^+,\ B_2^+,\ \cdots,\ B_m^+)$ 和 $B^-=(B_1^-,\ B_2^-,\ \cdots,\ B_m^-)$，其中：

$$B_j^+=<(\max_{1\leqslant i\leqslant n}\alpha_{ij},\ \min_{1\leqslant i\leqslant n}\sigma_{ij}),\ [\max_{1\leqslant i\leqslant n}\mu_{ij}^-,\ \max_{1\leqslant i\leqslant n}\mu_{ij}^+],\ [\min_{1\leqslant i\leqslant n}\upsilon_{ij}^-,\ \min_{1\leqslant i\leqslant n}\upsilon_{ij}^+]> \tag{5-38}$$

$$B_j^-=<(\min_{1\leqslant i\leqslant n}\alpha_{ij},\ \max_{1\leqslant i\leqslant n}\sigma_{ij}),\ [\min_{1\leqslant i\leqslant n}\mu_{ij}^-,\ \min_{1\leqslant i\leqslant n}\mu_{ij}^+],\ [\max_{1\leqslant i\leqslant n}\upsilon_{ij}^-,\ \max_{1\leqslant i\leqslant n}\upsilon_{ij}^+]> \tag{5-39}$$

运用式（5-4）计算每个区间直觉正态模糊数 B_{ij} 到区间直觉正态模糊正理想解的距离和区间直觉正态模糊正、负理想解间的距离：

$$d(B_{ij},\ B_j^+)=\frac{1}{2}\sqrt{\begin{array}{l}\left(\dfrac{1+\mu_{ij}^- -\upsilon_{ij}^- +1+\mu_{ij}^+ -\upsilon_{ij}^+}{2}\alpha_{ij}-\right.\\[2mm]\left.\dfrac{1+\max\limits_{1\leqslant i\leqslant n}\mu_{ij}^- -\min\limits_{1\leqslant i\leqslant n}\upsilon_{ij}^- +1+\max\limits_{1\leqslant i\leqslant n}\mu_{ij}^+ -\min\limits_{1\leqslant i\leqslant n}\upsilon_{ij}^+}{2}\max\limits_{1\leqslant i\leqslant n}\alpha_{ij}\right)^2+\\[2mm]\dfrac{1}{2}\left(\dfrac{1+\mu_{ij}^- -\upsilon_{ij}^- +1+\mu_{ij}^+ -\upsilon_{ij}^+}{2}\sigma_{ij}-\right.\\[2mm]\sqrt{\left.\dfrac{1+\max\limits_{1\leqslant i\leqslant n}\mu_{ij}^- -\min\limits_{1\leqslant i\leqslant n}\upsilon_{ij}^- +1+\max\limits_{1\leqslant i\leqslant n}\mu_{ij}^+ -\min\limits_{1\leqslant i\leqslant n}\upsilon_{ij}^+}{2}\min\limits_{1\leqslant i\leqslant n}\sigma_{ij}\right)^2}\end{array}}$$

$$\tag{5-40}$$

$$d(B_j^+, B_j^-) = \frac{1}{2} \sqrt{ \begin{aligned} & \left(\frac{1 + \max\limits_{1 \le i \le n} \mu_{ij}^- - \min\limits_{1 \le i \le n} \upsilon_{ij}^- + 1 + \max\limits_{1 \le i \le n} \mu_{ij}^+ - \min\limits_{1 \le i \le n} \upsilon_{ij}^+}{2} \max\limits_{1 \le i \le n} \alpha_{ij} - \right. \\ & \left. \frac{1 + \min\limits_{1 \le i \le n} \mu_{ij}^- - \max\limits_{1 \le i \le n} \upsilon_{ij}^- + 1 + \min\limits_{1 \le i \le n} \mu_{ij}^+ - \max\limits_{1 \le i \le n} \upsilon_{ij}^+}{2} \min\limits_{1 \le i \le n} \alpha_{ij} \right)^2 + \\ & \frac{1}{2} \left(\frac{1 + \max\limits_{1 \le i \le n} \mu_{ij}^- - \min\limits_{1 \le i \le n} \upsilon_{ij}^- + 1 + \max\limits_{1 \le i \le n} \mu_{ij}^+ - \min\limits_{1 \le i \le n} \upsilon_{ij}^+}{2} \min\limits_{1 \le i \le n} \sigma_{ij} - \right. \\ & \left. \frac{1 + \min\limits_{1 \le i \le n} \mu_{ij}^- - \max\limits_{1 \le i \le n} \upsilon_{ij}^- + 1 + \min\limits_{1 \le i \le n} \mu_{ij}^+ - \max\limits_{1 \le i \le n} \upsilon_{ij}^+}{2} \max\limits_{1 \le i \le n} \sigma_{ij} \right)^2 \end{aligned} }$$

$$(5-41)$$

最后，计算各备选方案的群体效用值 U_i、个体后悔度 K_i 和妥协折中值 Z_i。

$$U_i = \sum_{j=1}^{n} \left(\omega_j \frac{d(B_{ij}, B_j^+)}{d(B_j^+, B_j^-)} \right) \tag{5-42}$$

$$K_i = \max_{1 \le j \le m} \left(\omega_j \frac{d(B_{ij}, B_j^+)}{d(B_j^+, B_j^-)} \right) \tag{5-43}$$

$$Z_i = \xi \left(\frac{U_i - \min\limits_{1 \le i \le n} U_i}{\max\limits_{1 \le i \le n} U_i - \min\limits_{1 \le i \le n} U_i} \right) + (1 - \xi) \left(\frac{K_i - \min\limits_{1 \le i \le n} K_i}{\max\limits_{1 \le i \le n} K_i - \min\limits_{1 \le i \le n} K_i} \right) \tag{5-44}$$

式（5-42）至式（5-44）中 ω_j 为区间直觉正态模糊综合决策矩阵中各个属性权重，其中 $\omega_j = \dfrac{\varpi_j}{\sum\limits_{j=1}^{m} \varpi_j}$，$\varpi_j = \sum\limits_{k=1}^{p} \omega_j^k \eta(t_k)$，即对于不同时间段内属性权重进行集成。$\xi$ 称为妥协折中系数，且 $\xi \in [0, 1]$。若 $\xi > 0.5$，表明决策者倾向于群体效用最大进行决策；若 $\xi < 0.5$，表明决策者倾向于个体后悔度最大进行决策；若 $\xi = 0.5$，表明决策者采取均衡折中的方式进行决策。根据妥协折中值 Z_i 进行方案优劣排序，Z_i 越大，方案越差；Z_i 越小，方案越好。

综上可知，基于动态区间直觉正态模糊算子的伙伴选择决策，知识产权管理系统中各个共生单元可以通过设置评价属性指标，从多个备选单元中选择较为理想的合作伙伴。同时，针对知识产权管理系统不同共生单元中主体的类型、主体的功能作用等，可以设置具体的评价属性指标，如当共生单元属于核心种群，共生单元内主体类型主要是企业，此时企业如选择共生单元内部其他企业进行合作，那么可以根据共生单元内其他企业的知识产权研发资源投入强度、知识产权成果转化能力、新产品开发能力、知识产权保护能力等设置具体的评价属性指标；当共生单元属于支撑型种群，共生单元内主体类型主要为高校、科研院所和政府，高校或科研院所选择其同类型主体作为合作伙伴情况下，可以根据学研主体的功能作用，设置创新人才培养能力、知识更新水平、技术创新能力等属性指标；若高校或科研院所选择不同类型主体参与进行合作，如选择政府部门进行合作，可以根据所在区域政府的知识产权执法力度、知识产权政策体系完善程度、知识产权保护力度等指标进行决策；因此，对于属于核心型种群、支撑型种群、寄生型种群等不同的主体而言，选择同类型或不同类型主体作为合作伙伴的时候，均可以根据其实际需求设置评价属性，通过模糊化和区间型数据信息来刻画具体属性指标值，在此基础上对共生单元中的合作伙伴进行最优选择。基于上述伙伴选择决策模型，科学全面地评价合作伙伴的属性指标，选出最理想的合作伙伴，从而有利于共生单元的和谐发展，促进知识产权管理系统的有序运行和演化发展。

3. 算例分析

在知识产权管理系统中，同质型主体之间、异质型主体之间均可以通过合作共生模式，构建合作伙伴关系。对于同质型主体而言，如企业与企业之间可以依托资金、信息、资源等互补和配合，形成优势互补、利益共存的共生关系。对于异质型主体而言，不同主体的功能结构、知识水平、技术发展、信息存量、运营方式等均可以在一定程度上相互补充和匹配。下面以同质型主体之间合作共生为例进行具体算例分析。

以专利密集型企业为代表的高技术企业，要想在新常态经济发展的激烈市场竞争中取得绝对优势，需要构建长期合作伙伴关系，寻找合适的伙伴来提升其市场竞争力。以黑龙江省某高专利密集型企业 A 为例，为寻求具备较强研发实力的合作伙伴，特邀请行业 10 名专家组成决策专家小组进行研发伙伴选择的评价决策。专家组成员均是企业中高层管理者，对于企业内部知识产权开发、运营情况有多年的知识产权管理工作经验；同时专家组成员掌握有关黑龙江省高专利密集型产业的行业现状和知识产权发展情况。其中有 4 个备选合作企业 $\{S_1，S_2，S_3，S_4\}$ 供选择，并运用频度统计法最终确立了 4 个高频评价指标：专利研发能力（G_1），专利信息共享能力（G_2），技术创新能力（G_3），知识的共享能力（G_4）。决策专家组依据经验和偏好，利用区间直觉正态模糊数对每个备选研发伙伴在 3 个不同时期的各项指标进行评价，从而得到各个时间段（$t_1 < t_2 < t_3$）相关决策矩阵，如表 5 - 1 至表 5 - 3 所示。

表 5 - 1　　　　　　　　　　　时间段 t_1 的决策矩阵 $A(t_1)$

	G_1	G_2	G_3	G_4
S_1	< (8, 0.5), [0.5, 0.6], [0.1, 0.2] >	< (6, 0.6), [0.7, 0.8], [0.1, 0.2] >	< (4, 0.2), [0.4, 0.5], [0.2, 0.5] >	< (8, 0.3), [0.7, 0.8], [0.1, 0.2] >
S_2	< (4, 0.4), [0.3, 0.4], [0.2, 0.3] >	< (7, 0.3), [0.4, 0.7], [0.2, 0.3] >	< (6, 0.4), [0.5, 0.6], [0.3, 0.4] >	< (7, 0.5), [0.5, 0.7], [0.1, 0.2] >
S_3	< (5, 0.6), [0.6, 0.7], [0.1, 0.3] >	< (8, 0.5), [0.6, 0.8], [0.1, 0.2] >	< (5, 0.5), [0.6, 0.8], [0.1, 0.2] >	< (4, 0.6), [0.4, 0.6], [0.2, 0.3] >
S_4	< (7, 0.7), [0.4, 0.6], [0.3, 0.4] >	< (5, 0.4), [0.7, 0.8], [0.1, 0.2] >	< (7, 0.3), [0.6, 0.7], [0.3, 0.2] >	< (6, 0.4), [0.6, 0.7], [0.1, 0.2] >

资料来源：作者根据专家评分统计绘制。

表 5 - 2　　　　　　　　　　　时间段 t_2 的决策矩阵 $A(t_2)$

	G_1	G_2	G_3	G_4
S_1	< (5, 0.4), [0.3, 0.4], [0.2, 0.3] >	< (5, 0.5), [0.4, 0.6], [0.1, 0.3] >	< (8, 0.4), [0.4, 0.6], [0.1, 0.3] >	< (6, 0.6), [0.7, 0.8], [0.1, 0.2] >
S_2	< (4, 0.5), [0.5, 0.6], [0.1, 0.2] >	< (8, 0.4), [0.6, 0.7], [0.2, 0.3] >	< (5, 0.2), [0.3, 0.5], [0.2, 0.3] >	< (5, 0.3), [0.5, 0.6], [0.2, 0.3] >
S_3	< (3, 0.4), [0.6, 0.8], [0.1, 0.2] >	< (6, 0.3), [0.5, 0.6], [0.3, 0.4] >	< (7, 0.5), [0.5, 0.7], [0.1, 0.2] >	< (4, 0.6), [0.4, 0.6], [0.3, 0.4] >
S_4	< (6, 0.5), [0.4, 0.5], [0.2, 0.4] >	< (7, 0.6), [0.5, 0.8], [0.1, 0.2] >	< (6, 0.4), [0.5, 0.6], [0.1, 0.2] >	< (5, 0.6), [0.6, 0.7], [0.1, 0.2] >

资料来源：作者根据专家评分统计绘制。

表 5－3　　　　　　　　　　时间段 t_3 的决策矩阵 $A(t_3)$

	G_1	G_2	G_3	G_4
S_1	<(7, 0.5), [0.4, 0.6], [0.3, 0.4]>	<(5, 0.4), [0.6, 0.8], [0.1, 0.2]>	<(6, 0.3), [0.5, 0.6], [0.3, 0.4]>	<(5, 0.3), [0.6, 0.8], [0.1, 0.2]>
S_2	<(5, 0.6), [0.6, 0.7], [0.1, 0.2]>	<(7, 0.7), [0.5, 0.6], [0.2, 0.3]>	<(8, 0.3), [0.4, 0.6], [0.2, 0.3]>	<(7, 0.5), [0.5, 0.6], [0.1, 0.2]>
S_3	<(6, 0.3), [0.5, 0.7], [0.1, 0.2]>	<(4, 0.4), [0.4, 0.6], [0.2, 0.4]>	<(6, 0.6), [0.6, 0.7], [0.1, 0.3]>	<(4, 0.6), [0.7, 0.8], [0.1, 0.2]>
S_4	<(4, 0.2), [0.3, 0.5], [0.2, 0.3]>	<(6, 0.5), [0.5, 0.7], [0.1, 0.2]>	<(5, 0.5), [0.4, 0.7], [0.1, 0.2]>	<(6, 0.5), [0.5, 0.6], [0.3, 0.4]>

资料来源：作者根据专家评分统计绘制。

　　首先，通过对决策矩阵进行规范化处理，并通过主客观综合赋权法，采用式（5－28）并取经验因子 $\eta = 0.5$，确定不同时段下的属性权重向量 $\omega^k = (\omega_1^k, \omega_2^k, \cdots, \omega_m^k)^T$，如表 5－4 所示。

表 5－4　　　　　　　不同时间段 t_k 的属性权重向量 ω^k

向量	t_1	t_2	t_3
ω^k	(0.246, 0.209, 0.228, 0.316)	(0.125, 0.269, 0.284, 0.322)	(0.283, 0.303, 0.198, 0.215)

资料来源：作者根据模型求解计算绘制。

　　在表 5－4 的基础上可以获得加权区间直觉正态模糊矩阵 $\overline{A}(t_k)$。设决策者依据经验和偏好给出 $\theta = 0.3$，且设在第二时间段 T_2 内信息增长速度最快，取 $a = e^2$，$b = 1$。结合时间度和变权思想，并利用 Lingo11.0 软件求解出时间权重变权 η_{t_k}：

$$\eta_{t_k} = (\eta(t_1), \eta(t_2), \eta(t_3))^T = (0.07, 0.246, 0.684)^T$$

　　运用动态区间直觉正态模糊加权几何平均（DIINFWGA）算子集结各时间段加权区间直觉正态模糊决策矩阵，获得动态区间直觉正态模糊综合决策矩阵 $B = (B_{ij})_{n \times m}$，如表 5－5 所示。

表 5 - 5　　　　　　　　　　　动态综合决策矩阵 **B**

	G_1	G_2	G_3	G_4
S_1	< (0. 219, 0. 014), [0. 38, 0. 54], [0. 26, 0. 36] >	< (0. 199, 0. 018), [0. 55, 0. 75], [0. 1, 0. 23] >	< (0. 173, 0. 006), [0. 47, 0. 59], [0. 25, 0. 38] >	< (0. 194, 0. 012), [0. 63, 0. 8], [0. 1, 0. 2] >
S_2	< (0. 157, 0. 04), [0. 55, 0. 65], [0. 11, 0. 21] >	< (0. 284, 0. 024), [0. 51, 0. 63], [0. 2, 0. 3] >	< (0. 193, 0. 005), [0. 38, 0. 57], [0. 21, 0. 31] >	< (0. 231, 0. 013), [0. 5, 0. 61], [0. 13, 0. 23] >
S_3	< (0. 168, 0. 041), [0. 53, 0. 72], [0. 1, 0. 21] >	< (0. 182, 0. 016), [0. 43, 0. 61], [0. 22, 0. 39] >	< (0. 170, 0. 021), [0. 57, 0. 71], [0. 1, 0. 27] >	< (0. 143, 0. 037), [0. 59, 0. 73], [0. 16, 0. 26] >
S_4	< (0. 155, 0. 016), [0. 33, 0. 51], [0. 21, 0. 33] >	< (0. 242, 0. 019), [0. 51, 0. 73], [0. 1, 0. 2] >	< (0. 148, 0. 017), [0. 43, 0. 67], [0. 12, 0. 2] >	< (0. 206, 0. 02), [0. 53, 0. 63], [0. 24, 0. 34] >

资料来源：作者根据模型求解计算绘制。

在表 5 - 5 的基础上，确定动态综合决策矩阵 $B = (B_{ij})_{n \times m}$ 的正理想解 B^+ 和负理想解 B^-，并计算每个区间直觉正态模糊数 B_{ij} 到正理想解的距离 $d(B_{ij}, B_j^+)$ 和区间直觉正态模糊正、负理想解之间的距离 $d(B_j^+, B_j^-)$；采用 VIKOR 方法，本书取妥协折中系数 $\xi = 0.5$，获得各备选合作伙伴的群体效用值 U_i、个体后悔度 K_i 和妥协折中值 Z_i，如表 5 - 6 所示。

表 5 - 6　　　各备选合作伙伴的群体效用值、个体后悔度和妥协折中值

方案	U_i	K_i	Z_i	排序
S_1	0. 5268	0. 1846	0. 3135	2
S_2	0. 3889	0. 1588	0. 0000	1
S_3	0. 7115	0. 2880	1. 0000	4
S_4	0. 6166	0. 2289	0. 6245	3

资料来源：作者根据模型求解计算绘制。

由表 5 - 6 可知 $Z_2 < Z_1 < Z_4 < Z_3$，进而得到 4 个方案的最终优劣排序：$S_2 > S_1 > S_4 > S_3$。利用式（5 - 36），采用动态区间直觉正态模糊加权算术平均（DIINFWAA）算子，集结各时间段区间直觉正态模糊规范化决策矩阵，可得到相同的方案优劣性排序结果 $S_2 > S_1 > S_4 > S_3$。因此，备选合作伙伴 S_2 在专利研发能力、专利信息共享能力、技术创新能力、知识的共享能力等指

标方面均表现较优，该专利密集型企业时应当选择企业 S_2 作为合作伙伴，建立长期合作关系。

5.3.3 知识产权管理系统演化的共生竞合机制

1. 多主体竞争合作的阶段性分析

知识产权管理系统内多主体之间的合作竞争的过程中，不同主体扮演不同的角色，其中，大学和科研院所作为创新的源泉，是知识传播、技术研发、进行知识产权开发的主体，可以将其概括为"学研主体"；企业作为知识产权研发、知识产权运营的重要主体，可以将其概括为"产方主体"；政府作为知识产权活动的监管和激励主体，可以将其概括为"政方主体"；中介机构也是知识产权管理系统内联系其他主体要素的重要纽带，它的知识产权活动主要是为其他主体的知识产权管理行为提供支持和帮助，属于辅助性的主体，易受系统内其他主体要素的影响。知识产权管理系统内部主体之间的竞争合作关系始终处在一种动态变化的状态，根据本书前面剖析知识产权管理系统的演化过程可知，系统的演化具有一定的生命周期特征，可以分为萌芽期、发展初期、发展中期和衰退或升级期四个阶段，这与生态中共生演化的周期性相似，在不同阶段系统内，共生主体之间的竞争合作行为也将表现出不同的演化规律，不同阶段具有不同形式的共生机制。

在知识产权管理系统演化的萌芽期（形成期），知识产权投入充足，知识丰富，技术创造能力强，知识产权的市场前景理想，学研主体、产方主体纷纷增加自身的知识产权研发投入，通过投入大量的资金、人才、信息等资源，实施知识产权的开发活动，这些主体之间存在对知识、人才和技术的竞争，并在这种竞争中迅速成长和进化。此时，学研主体、产方主体的竞争效益均为零，但是在知识及技术上的竞争优势所带来的收益大于零，所以在此阶段这些主体之间的共生演化主要依赖于独立开展研发活动，且主体之间的合作关系极少也较为简单，此阶段主体之间共生模式以竞争共生为主。

当知识产权管理系统演化进入发展初期（成长期），此时由于知识及技术的不断成熟带来了知识产权的垄断，促使学研主体、产方主体等内部形成知识产权管理的机制，并在知识更新、技术改造、市场竞争等方面取得了绝对竞争优势，各自形成了较成熟的知识产权管理模式，此时，学研主体为致力于自身的核心业务，寻找合适的合作伙伴为其提供配套业务，这时每个产方主体之间将展开较为激烈的竞争，以实现与学研主体的合作。此外，知识产权产品市场竞争激烈，产方主体为了取得较大的市场占有率、获取较理想的经济效益和社会效益，纷纷增加知识产权投入、促进知识产权成果转化，以在激烈的市场竞争环境下取得绝对竞争优势。在此阶段，如果主体之间达成合作关系，借助资源互补、利益共享的方式获取知识及技术的创新，可以促进主体的收益的增加，此阶段主体之间共生模式以合作共生为主。

在知识产权管理系统演化的发展中期（成熟期），产学主体、学研主体之间通过产学研合作关系实现了知识共享，这些主体之间通过利益共享、风险共担的合作方式，实现了多主体共生模式的稳定，促进知识产权管理系统的演化发展。此时，知识产权管理系统内的多主体共生合作已经进入了相对稳定发展阶段，各主体自身发展成熟，并在稳定的共生模式下促进系统朝着有序方向演进。同时，那些未能够参与合作的主体逐渐被边缘化，在激烈的竞争环境下失去竞争优势甚至被迫退出系统。在此阶段，知识产权管理系统内的多主体竞争共生与合作共生相互依存，且由于受到不同区域知识产权的分布格局影响，以及区域经济发展水平、技术创新能力、资源禀赋等因素的影响，引发地区之间对知识和技术的争夺，竞争主体从区域内部产学研主体之间的竞争演变为以产学研主体为核心的多个区域之间的竞争，此阶段主体之间的共生模式呈现竞合共生的状态。

在知识产权管理系统演化的衰退或升级期，由于知识产权市场上资金、技术、人才、信息等资源要素的流失、主体要素的技术创新积极性弱化导致合作关系固化、产学研主体之间缺乏创新动力使得共生合作模式断链，此时主体要素之间的合作所带来的效益均小于零，学研主体尽量降低合作共生模式下链条断裂带来的风险，通过学研高度融合合作的方式致力于技术创新与知识产权的开发管理。产方主体尽量降低合作的成本，加强知识产权产品的应用转化，注重知识产权产品的市场化运营，在此情况下，它们分别为了追求利益最大化进而使多主体面临共生模式解体的风险，许多中小型知识产权密集型企业将退出系统，此阶段系统应依托外部环境条件，改进知识产权管理方式，调整知识产权政策制度等，进一步引进吸收新的主体要素加入知识产权管理活动，注入新的物质与能量，优化系统内主体要素规模及结构，更新补充系统内资源要素，通过负熵流的不断注入与积累，促进系统内主体之间更新形成新一轮的共生模式。

因此，知识产权管理系统演化的多主体共生关系既包括竞争也包括合作，且在系统演化的不同阶段呈现的共生关系具有阶段性差异，如图 5 - 6 所示。根据上文中所述的知识产权管理系统演化的共生模式，并运用共生理论，采用 Lotka-Volterra 模型分析模拟系统多主体竞争合作行为的演化。根据知识产权管理系统演化的生命周期特征，考虑到系统在衰退期的共生行为逐渐消失殆尽，或在升级期将进入新一轮共生周期形成新的共生模式，本书从系统演化的形成期、发展期和成熟期三个不同阶段着手，分别从竞争共生、合作共生以及竞争合作共生的方面剖析不同阶段下系统内主体的共生行为。

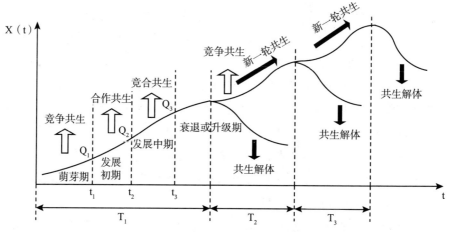

图 5 - 6 　知识产权管理系统演化的共生阶段性分析

资料来源：作者绘制。

2. 基本假设和基础模型构建

（1）基本假设。

假设 1：知识产权管理系统内部是由多个共生单元组成的开放性系统，共生单元之间、共生单元与其他共生要素之间以及与系统内部环境之间不断进行着资金、知识、技术、信息、人才等物质能量的交换学习，同时，系统与外部经济环境、政治环境、人文环境等也不断进行物质和能量的交流与互换。

假设 2：知识产权管理系统演化的过程伴随着不同共生单元内部、共生单元之间的竞争与合作关系，使得系统内部共生单元之间以及系统与外部环境之间处于物质能量的不断调整变化中，即系统内部存在着物质、能量交换的动态性，出现了共生单元之间物质能量交流的非对等，这种矛盾及冲突导致系统演化呈现一定的"涨落"现象，也进一步促进知识产权管理系统各单元的共生发展，推动系统整体的演化发展。

假设3：知识产权管理系统的演化具有生命周期性，从系统的萌芽、发展初期、发展中期和衰退或升级期，系统内的共生单元的数量及质量会发生动态变化，处于一个不断调整的状态，同时，系统主体要素的成长与变异所需的知识、技术、人才、信息等物质能量的规模一直维持在一定范围内，且知识产权管理系统的产出水平与系统所具备的物质能量的规模呈正比例关系。

假设4：知识产权管理系统的演化发展过程中的主要驱动力来源于内部主体的竞争与合作行为，在系统多个共生单元内部、不同共生单元之间存在复杂的竞争与合作关系，正是这种动态的、复杂的竞合关系推动系统演化发展，影响系统的知识产权产出水平。

（2）基础模型构建。

通过知识产权管理系统演化的共生模式分析，以及知识产权管理系统内多主体竞争合作的阶段性分析可知，系统内共生单元内部、共生单元之间存在着竞争与合作关系，且当知识产权管理系统演化到不同阶段时，系统内多主体共生的竞合行为呈现出不同的情况。鉴于此，本节从系统演化的形成期、成长期和成熟期三个不同阶段着手，分别从形成期多主体的竞争共生、成长期多主体的互惠共利合作共生以及成熟期多主体的竞合共生等方面剖析不同阶段系统内主体的竞争与合作行为。根据前文对知识产权管理系统演化的共生单元解析可知，系统内一般存在多个共生单元，这里假设知识产权管理系统内存在两个共生单元 A 和 B。在竞争关系下，两个共生单元分别对彼此的知识产权产值增长率具有一定的负向作用（负效应）；在合作关系下，两个共生单元分别对彼此的知识产权产值增长率具有正向作用（正效应），根据 Lotka-Volterra 模型，可以得到如下表达式：

$$\frac{dx_1}{dt} = r_1 x_1 \left(\frac{N_1 - x_1 - \alpha_{12} x_2 + \beta_{12} x_2}{N_1} \right) \tag{5-45}$$

$$\frac{dx_2}{dt} = r_2 x_2 \left(\frac{N_2 - x_2 - \alpha_{21} x_1 + \beta_{21} x_1}{N_2} \right) \tag{5-46}$$

式（5-45）和式（5-46）中，α_{ij} 和 β_{ij}（$i=1$，2）称作共生系数，表示共生单元 A 和共生单元 B 之间的共生程度，且 $\alpha_{ij} > 0$，$\beta_{ij} > 0$，α_{12} 表示共

生单元 A 对共生单元 B 的知识产权产量增长的阻碍系数；α_{21} 表示共生单元 B 对共生单元 A 的知识产权产出规模的阻碍系数；β_{12} 表示共生单元 A 对共生单元 B 的知识产权产量规模的促进系数；β_{21} 表示共生单元 B 对共生单元 A 的知识产权产出规模的促进系数。N_1、N_2 分别表示共生单元 A 和共生单元 B 的知识产权最大产出量，因此，有 $N_1 \geqslant 0$、$N_2 \geqslant 0$。r_1、r_2 分别表示共生单元 A 和共生单元 B 的知识产权产出平均增长率，x_1、x_2 分别表示共生单元 A 和共生单元 B 的知识产权产出水平，$\alpha_{ij} > \beta_{ij}$ 表示主体 j 的加入对主体 i 产生的分散水平超过集聚水平；反之，主体 j 的加入对主体 i 产生的分散水平小于集聚水平。

利用式（5 - 45）和式（5 - 46），令 $dx_1/dt = 0$，$dx_2/dt = 0$，进行平衡点求解及其稳定性分析，并通过模型求解推导及图形分析系统等倾线的相交情况，以及在等倾线上系统的轨迹趋势，来剖析知识产权管理系统内主体之间的共生竞争与合作行为。

3. 形成期的竞争共生

设在知识产权管理系统中有 A 和 B 两个共生单元，在系统演化的形成期它们之间存在竞争的关系，即存在着竞争共生。当共生单元 A 的知识产权管理能力远大于共生单元 B 时，A 具有较大的市场占有率，共生单元 A 的竞争力高于共生单元 B，因此，此时共生单元 A 将具有较理想的竞争优势而留在知识产权管理系统，而共生单元 B 可能因为竞争力较弱而退出系统；同理，当共生单元 B 的知识产权管理能力远大于共生单元 A 时，B 具有较大的市场占有率，共生单元 B 的竞争力高于共生单元 A，因此，此时共生单元 B 将具有较理想的竞争优势而留在知识产权管理系统，而共生单元 A 可能因为竞争力较弱而退出系统；当共生单元 A 和共生单元 B 的知识产权管理能力相当，两者的竞争力不相上下时，两者均将继续保留在知识产权管理系统内共生发展。共生单元 A 和共生单元 B 各自追求自身知识产权效益的最大化，因此，Lotka-Volterra 模型中只存在负效应，即 $\alpha_{12} > 0$，$\alpha_{21} > 0$，$\beta_{12} = \beta_{21} = 0$，此时两个共生单元的知识产权效益的增长方程分别为：

$$Q_1 = \frac{dx_1}{dt} = r_1 x_1 \left(\frac{N_1 - x_1 - \alpha_{12} x_2}{N_1} \right) \tag{5-47}$$

$$Q_2 = \frac{dx_2}{dt} = r_2 x_2 \left(\frac{N_2 - x_2 - \alpha_{21} x_1}{N_2} \right) \qquad (5-48)$$

式（5-47）和式（5-48），x_1、x_2 分别表示共生单元 A 和共生单元 B 在竞争共生模式下的知识产权产出水平，N_1、N_2 分别表示共生单元 A 和共生单元 B 在竞争共生模式下的最大知识产权产出水平，r_1、r_2 分别表示共生单元 A 和共生单元 B 在竞争共生模式下的知识产权产出平均增长率，$\alpha_{ij}(i=1,2)$ 称作共生系数，表示共生单元 A 和共生单元 B 之间的共生程度，且 $\alpha_{ij} > 0$，α_{12} 表示共生单元 A 对共生单元 B 的知识产权产量增长的阻碍系数；α_{21} 表示共生单元 B 对共生单元 A 的知识产权产出规模的阻碍系数。

令式（5-47）和式（5-48）等于 0，可以得到以下等式：

$$\frac{dx_1}{dt} = r_1 x_1 \left(\frac{N_1 - x_1 - \alpha_{12} x_2}{N_1} \right) = 0 \qquad (5-49)$$

$$\frac{dx_2}{dt} = r_2 x_2 \left(\frac{N_2 - x_2 - \alpha_{21} x_1}{N_2} \right) = 0 \qquad (5-50)$$

求解方程（5-49）和（5-50）可得到其方程组解为 $M_1(0, 0)$，$M_2(0, N_2)$，$M_3(N_1, 0)$，$M_4 \left(\frac{N_1 - \alpha_{12} N_2}{1 - \alpha_{12}\alpha_{21}}, \frac{N_2 - \alpha_{21} N_1}{1 - \alpha_{12}\alpha_{21}} \right)$。此时，可以分为以下四种情形进行具体分析。

（1）情形 1。当 $N_1 > \alpha_{12} N_2$，$N_2 < \alpha_{21} N_1$ 时，共生单元 A 的知识产权产出水平大于受竞争影响后的共生单元 B 的知识产权产出水平，共生单元 B 的知识产权产出水平小于受竞争影响后的共生单元 A 的知识产权产出水平，因此，共生单元 A 的竞争力较强。令 $f(x_1, x_2) = \frac{N_1 - x_1 - \alpha_{12} x_2}{N_1} = 0$ 和 $g(x_1, x_2) = \frac{N_2 - x_2 - \alpha_{21} x_1}{N_2} = 0$，方程组的解由 α_{12} 和 α_{21} 的取值范围来决定，可以用图 5-7 描述。$x_1 = N_1 - \alpha_{12} x_2$ 表示的图形 L_1 位于右侧，$x_2 = N_2 - \alpha_{21} x_1$ 表示的图形 L_2 位于左侧，且图形 L_1 位于图形 L_2 的上方，所表示的含义为共生单元 A 的竞争力相对于共生单元 B 较强，在市场的选择中，共生单元 A 将具有显著强于共生单元 B 的竞争优势，能够留在知识产权管理系统而成长，然而共生单元 B 可能会因为竞争力较弱而逐渐被淘汰，甚至被迫退出系统。

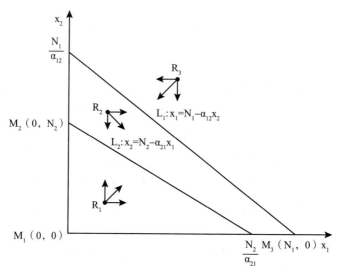

图5-7 共生单元A和共生单元B在形成期竞争共生的情形（1）

资料来源：作者根据相关公式推导。

图5-7的图形平面分为了三个区域，R_1：$Q_1 > 0$，$Q_2 > 0$；R_2：$Q_1 > 0$，$Q_2 < 0$；R_3：$Q_1 < 0$，$Q_2 < 0$。若初始点落在 R_1 区域，共生单元A和共生单元B的知识产权产出增长率均大于0，随着时间 $t \to \infty$，平衡点将不断地向右上方移动，并最终进入 R_2 区域；若从 R_2 出发，共生单元A的知识产权产值增长率大于0，共生单元B的知识产权产值增长率小于0，平衡点会向右下方移动并趋向于稳定点 M_3 或进入 R_3 区域。由于在 R_3 区域共生单元A和共生单元B的知识产权产值均小于零，所以不可能保持在 R_3 区域；即使存在进入 R_3 区域或者从 R_3 区域出发，由于共生单元A和共生单元B的知识产权产值增长率均小于0，平衡点将不断地向左下方移动，逐渐收敛于稳定点 M_3 或者再次进入 R_2 区域，此时如果再次进入 R_2 区域，那么就会形成一个动态循环。因此，在此情况下平衡点只能是趋向 M_3。综上分析结果可知，无论初始点落在哪个区域，最终都将演化到平衡稳定点 M_3，共生单元A将具有较强竞争优势，在系统内不断成长发展。

（2）情形2。当 $N_1 < \alpha_{12}N_2$，$N_2 > \alpha_{21}N_1$ 时，共生单元B的知识产权产出水平大于受竞争影响后的共生单元A的知识产权产出水平，共生单元A的知识产权产出水平小于受竞争影响后的共生单元B的知识产权产出水平，因此，共生单元B的竞争力较强，可以用图5-8描述。$x_1 = N_1 - \alpha_{12}x_2$ 表示的图形1位于左侧，$x_2 = N_2 - \alpha_{21}x_1$ 表示的图形2位于右侧，且图形1位于图形 2 的下方，所表示的含义为共生单元 A 的竞争力相对于共生单元 B 较弱，在市场的选择中，共生单元 B 将具有显著强于共生单元 A 的竞争优势，能够留在知识产权管理系统中成长发展，然而共生单元 A 可能会因为竞争力较弱而逐渐被淘汰，甚至被迫退出系统。同理，此时图形平面分为了三个区域。R_1：$Q_1 > 0$，$Q_2 > 0$；R_2：$Q_1 > 0$，$Q_2 < 0$；R_3：$Q_1 < 0$，$Q_2 < 0$，最终都将演化到平衡稳定点 M_2，共生单元 B 将具有较强竞争优势，在系统内不断成长发展。

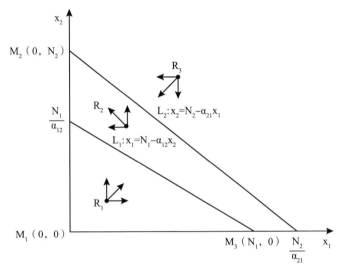

图 5 - 8　共生单元 A 和共生单元 B 在形成期竞争共生的情形（2）

资料来源：作者根据相关公式推导。

（3）情形 3。当 $N_1 < \alpha_{12} N_2$，$N_2 < \alpha_{21} N_1$ 时，共生单元 B 的知识产权产出水平小于受竞争阻碍影响后的共生单元 A 的知识产权产出水平，共生单元 A 的知识产权产出水平小于受竞争阻碍影响后的共生单元 B 的知识产权产出水平。此时，共生单元 A 和共生单元 B 对彼此竞争的影响均不强，此时，双方展开竞争激烈，并在竞争共生中达到一种平衡状态。同理，此时图形平面分为四个区域。R_1：$Q_1 > 0$，$Q_2 > 0$；R_2：$Q_1 > 0$，$Q_2 < 0$；R_3：$Q_1 < 0$，$Q_2 > 0$；R_4：$Q_1 < 0$，$Q_2 < 0$。最终系统演化到平衡稳定点 $M_2(0, N_2)$ 和 $M_3(N_1, 0)$，共生单元 A 和共生单元 B 都具有较强竞争优势，在系统内竞争共生发展，如图 5 - 9 所示。

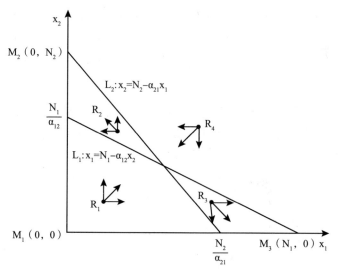

图 5 – 9　共生单元 A 和共生单元 B 在形成期竞争共生的情形（3）

资料来源：作者根据相关公式推导。

（4）情形 4。当 $N_1 > \alpha_{12}N_2$，$N_2 > \alpha_{21}N_1$ 时，共生单元 B 的知识产权产出水平大于受竞争影响后的共生单元 A 的知识产权产出水平，共生单元 A 的知识产权产出水平大于受竞争影响后的共生单元 B 的知识产权产出水平。此时，共生单元 A 和共生单元 B 对彼此竞争的影响均较强，双方将在竞争中寻求合作关系，最终在竞争合作的博弈中选择合作共生发展，并进入系统演化的成长期，推动知识产权管理系统的演化发展。此种情形可以用图 5 – 10 描述，此时图形平面分为四个区域。R_1：$Q_1 > 0$，$Q_2 > 0$，R_2：$Q_1 > 0$，$Q_2 < 0$，R_3：$Q_1 < 0$，$Q_2 > 0$，R_4：$Q_1 < 0$，$Q_2 < 0$。同理，最终系统演化到平衡稳定点 M_4，共生单元 A 和共生单元 B 在竞争中形成优势互补、利益共享的合作关系，从而降低自身损耗，提高其知识产权绩效，并进入知识产权管理系统演化的成长期。

总之，在知识产权管理系统演化的形成期，共生单元之间的竞争存在的四种情形，表明共生单元之间总是呈现出互相竞争且合作不稳定的状态。以学研主体与产方主体作为两个共生单元为例，在情形 1 中，学研主体（共生单元 A）可能由于知识、技术等垄断性，在知识产权市场上具有绝对竞争优势，通过竞争的方式方可获取最大知识产权效益，产方主体（共生单元 B）的相对优势是与学研主体形成合作关系，但是学研主体为了追求自身的知识产权效益优先选择竞争。情形 2 中，产方主体（共生单元 B）可能具

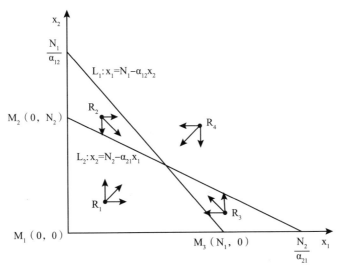

图 5 - 10 共生单元 A 和共生单元 B 在形成期竞争共生的情形（4）

资料来源：作者根据相关公式推导。

有雄厚的知识产权研发资金、掌握高端的创新技术等，具有绝对竞争优势。为了追求其知识产权绩效的最大化，产方主体优先选择竞争的方式，此时的学研主体（共生单元 A）相对优势是与产方主体形成合作关系，但是产方主体为了追求自身的知识产权效益优先选择竞争。情况 3 中，学研主体（共生单元 A）和产方主体（共生单元 B）受到彼此的竞争阻碍作用较小，此时，可能是双方都具有较好的知识产权研发资源、创新能力较强，即使不通过合作关系，也可以凭借各自的绝对竞争优势在市场上获得稳定的地位，因此，在这种竞争状态下双方实现均衡，然而此时从整个系统稳定发展来看，并不是最理想的稳定状态。情形 4 中，学研主体（共生单元 A）和产方主体（共生单元 B）各自的知识产权产出水平都超出对方的受彼此阻碍作用后的知识产权产出水平，此时，双方可能已经具备较为丰富的知识、资金、人才、技术、信息等物质能量，在竞争共生模式下实现了相对稳定的状态，产学研之间的在良性竞争中实现了稳定共生。

4. 发展期的合作共生

设在知识产权管理系统中有两个共生单元 A 和 B，在系统演化的发展期，由于受到知识、技术、资金和信息的垄断影响，为了降低自身的损耗，提高资源利用率，增加其知识产权效益，它们不再独立地实施知识产权管理活动，而是通过寻求合作伙伴，构建合作关系来实现自身的稳定发展，即此时形成了合作共生。共生单元 A 和共生单元 B 通过合作关系进行合作共生，因此，Lotka-Volterra 模型中只存在正效应，即 $\beta_{12} \neq 0$，$\beta_{21} \neq 0$，$\alpha_{12} = \alpha_{21} = 0$，此时两个共生单元的知识产权效益的增长方程分别为：

$$\frac{dx_1}{dt} = r_1 x_1 \left(\frac{N_1 - x_1 + \beta_{12} x_2}{N_1} \right) \tag{5-51}$$

$$\frac{dx_2}{dt} = r_2 x_2 \left(\frac{N_2 - x_2 + \beta_{21} x_1}{N_2} \right) \tag{5-52}$$

式（5-51）和式（5-52），x_1、x_2 分别表示共生单元 A 和共生单元 B 在合作共生模式下的知识产权产出水平，N_1、N_2 分别表示共生单元 A 和共生单元 B 合作共生模式下的最大知识产权产出水平，r_1、r_2 分别表示共生单元 A 和共生单元 B 合作共生模式下的知识产权产出平均增长率，$\beta_{ij}(i=1,2)$ 称作共生系数，表示共生单元 A 和共生单元 B 之间的共生程度，且 $\beta_{ij} > 0$，β_{12} 表示共生单元 A 对共生单元 B 的知识产权产量增长的促进系数；β_{21} 表示共生单元 B 对共生单元 A 的知识产权产出规模的促进系数。

令式（5-51）和式（5-52）等于 0，可以得到以下等式：

$$\frac{dx_1}{dt} = r_1 x_1 \left(\frac{N_1 - x_1 + \beta_{12} x_2}{N_1} \right) = 0 \tag{5-53}$$

$$\frac{dx_2}{dt} = r_2 x_2 \left(\frac{N_2 - x_2 + \beta_{21} x_1}{N_2} \right) = 0 \tag{5-54}$$

求解式（5-53）和式（5-54）可得到 $M_1(0, 0)$，$M_2(0, N_2)$，$M_3(N_1, 0)$，$M_4\left(\frac{N_1 + \beta_{12} N_2}{1 - \beta_{12} \beta_{21}}, \frac{N_2 + \beta_{21} N_1}{1 - \beta_{12} \beta_{21}} \right)$。此时，可以从以下四种情况进行具体分析。

（1）情形 1。共生单元 A 与共生单元 B 之间并不存在合作共生关系，如图 5-11 所示。此时共生单元 A 的图形与共生单元 B 的图形为两条不相交的射线。此情况下，有 $\beta_{12} > 1$ 且 $\beta_{21} > 1$，即共生单元 A 的知识产权产出水平与共生单元 B 的知识产权产出水平受到彼此的知识产权产出的影响作用较强，它们之间的知识产权管理具有较强的相互影响关系，导致双方并不会形成一个较为稳定的合作共生的关系。

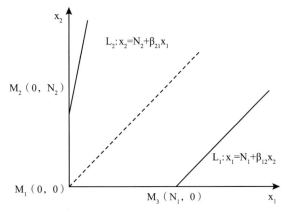

图 5 – 11　共生单元 A 和共生单元 B 在成长期共生的情形（1）——非合作共生
资料来源：作者根据相关公式推导。

（2）情形 2。共生单元 A 与共生单元 B 之间形成一个长期稳定的状态，存在合作共生关系，如图 5 – 12 表示。此时 $\beta_{12} < 1$ 且 $\beta_{21} < 1$，共生单元 A 的图形与共生单元 B 的图形存在有效相交点，两个共生单元不断进行知识、技术、人才和信息等物质能量的交流，形成合作关系，实现了资源互补、风险共担和利益共享，在合作中双方都具有相对优势，共同演化发展，因此，此时共生单元 A 和共生单元 B 属于互利型合作共生。

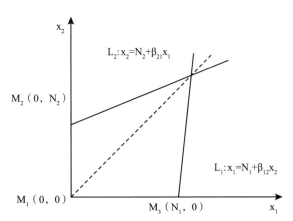

图 5 – 12　共生单元 A 和共生单元 B 在成长期共生情形（2）——互利型合作共生
资料来源：作者根据相关公式推导绘制。

（3）情形 3。共生单元 A 与共生单元 B 之间存在合作共生关系，如图 5 – 13 所示，然而由于两者之间的共生系数具有显著差异，导致因为合作共生所带来的双方知识产权管理能力的不均衡，进而引起知识产权产出水平的差距。

但是这种不均衡并不是恶性的，此时，$\beta_{12} > 1$，$\beta_{21} < 1$，或 $\beta_{12} < 1$，$\beta_{21} > 1$，这种情况下共生单元 A 与共生单元 B 属于依托型合作共生。

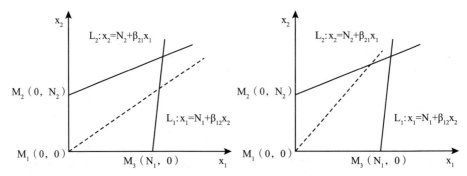

图 5 - 13　共生单元 A 和共生单元 B 在成长期共生的情形（3）——依托型合作共生
资料来源：作者根据相关公式推导。

（4）情形4。共生单元 A 与共生单元 B 之间存在合作共生关系，如图 5 - 14 所示，此时 $\beta_{12} = 1$ 或 $\beta_{21} = 0$ 或 $\beta_{12} = \beta_{21} = 0$，在两个共生单元之间只存在单向促进关系，即共生单元中只有一方对另一方存在促进影响；或者两个共生单元之间并不对任何一方产生促进影响作用，即此时共生单元之间不存在共生系数，这种情况下共生单元 A 与共生单元 B 属于偏利型合作共生（或寄生型合作共生）。

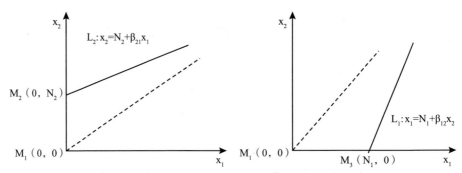

图 5 - 14　共生单元 A 和共生单元 B 在成长期共生的情形（4）——偏利型合作共生
资料来源：作者根据相关公式推导。

5. 成熟期的竞合共生

在知识产权管理系统演化的成熟期，共生单元内部、共生单元之间构建合作关系，通过利益共享、风险共担的合作，实现了多主体共生模式的稳定，促进知识产权管理系统的演化发展。此时，知识产权管理系统内的多主体竞争与合作是共存的，在竞争中寻求合作并实现稳定的共生模式，从而促进系统朝着有序方向演进。此时系统内主体之间既存在竞争的关系也存在合作的关系，即存在着竞合共生。设共生单元 A 和共生单元 B 之间具有竞争与合作的关系，因此，Lotka-Volterra 模型中同时存在正效应和负效应，即 $\alpha_{12} \neq 0$，$\alpha_{21} \neq 0$，$\beta_{12} \neq 0$，$\beta_{21} \neq 0$，此时两个共生单元的知识产权效益的增长方程为式（5-45）和式（5-46），令两个式子均为零，得到如下表达式：

$$\frac{dx_1}{dt} = r_1 x_1 \left(\frac{N_1 - x_1 - \alpha_{12} x_2 + \beta_{12} x_2}{N_1} \right) = 0 \qquad (5-55)$$

$$\frac{dx_2}{dt} = r_2 x_2 \left(\frac{N_2 - x_2 - \alpha_{21} x_1 + \beta_{21} x_1}{N_2} \right) = 0 \qquad (5-56)$$

求解式（5-55）和式（5-56）可得到 M_1（0，0），M_2（N_1，0），M_3（0，N_2），$M_4 = (\widetilde{N}_1, \widetilde{N}_2) = \left(\frac{N_1 - (\alpha_{12} - \beta_{12})N_2}{1 - (\alpha_{12} - \beta_{12})(\alpha_{21} - \beta_{21})}, \frac{N_2 - (\alpha_{21} - \beta_{21})N_1}{1 - (\alpha_{12} - \beta_{12})(\alpha_{21} - \beta_{21})} \right)$。此时，可以从以下四种情况进行具体分析。

（1）情形 1。当 $\alpha_{12} - \beta_{12} > 0$，$\alpha_{21} - \beta_{21} > 0$，$(\alpha_{12} - \beta_{12})(\alpha_{12} - \beta_{12}) < 1$，且 $N_1 > (\alpha_{12} - \beta_{12})N_2$ 和 $N_2 > (\alpha_{21} - \beta_{21})N_1$ 时，共生单元 A 与共生单元 B 之间的竞争关系更为显著，两者的竞争效应超过两者的合作效应，如图 5-15 所示。此情况下，M_4 是系统的稳定解，$\widetilde{N}_1 < N_1$ 且 $\widetilde{N}_2 < N_2$，说明共生单元 A 与共生单元 B 之间的激烈竞争会影响彼此的知识产权产出效益及规模，它们

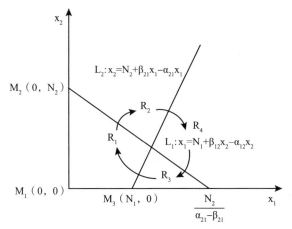

图 5-15　共生单元 A 和共生单元 B 在成熟期共生的情形（1）

资料来源：作者根据相关公式推导。

的知识产权产出水平均不能达到最优值，导致双方为了规避知识产权市场上恶性竞争而积极构建合作关系，形成较为稳定的合作共生的关系。

（2）情形2。当 $\alpha_{12} - \beta_{12} < 0$，$\alpha_{21} - \beta_{21} < 0$，且 $(\alpha_{12} - \beta_{12})(\alpha_{21} - \beta_{21}) < 1$ 时，共生单元 A 与共生单元 B 之间的合作关系更为显著，两者的互惠合作效应超过两者的竞争效应，如图 5-16 所示。此情况下，M_4 是系统的稳定解，$\tilde{N}_1 > N_1$ 且 $\tilde{N}_2 > N_2$，说明共生单元 A 与共生单元 B 之间通过竞争激发多主体的知识产权管理的动力，积极开展知识产权研发与运营活动，同时，多主体之间积极构建合作关系，相互资源共享、优势互补，实现了稳定的合作共生关系。

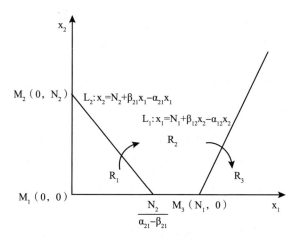

图 5-16　共生单元 A 和共生单元 B 在成熟期共生的情形（2）

资料来源：作者根据相关公式推导。

（3）情形3。当 $\alpha_{12} - \beta_{12} < 0$，$\alpha_{21} - \beta_{21} > 0$ 时，共生单元 A 对于共生单元 B 的合作效应超过竞争效应，共生单元 B 对于共生单元 A 的竞争效应超过合作效应，这种情况下本书采用近似线性方法判定平衡点的稳定性，在平衡点 $M(x_1^0, x_2^0)$ 处将 Q_1 和 Q_2 依泰勒级数原理进行 Taylor 展开，得到：

$$\begin{cases} \dfrac{dx_1}{dt} = r_1\left(\dfrac{N_1 - 2x_1}{N_1} + \dfrac{\beta_{12}x_2}{N_1} - \dfrac{\alpha_{12}x_2}{N_1}\right)(x_1 - x_1^0) + r_1\left(\dfrac{\beta_{12}x_1}{N_1} - \dfrac{\alpha_{12}x_1}{N_1}\right)(x_2 - x_2^0) \\[3mm] \dfrac{dx_2}{dt} = r_2\left(\dfrac{N_2 - 2x_2}{N_2} + \dfrac{\beta_{21}x_1}{N_2} - \dfrac{\alpha_{21}x_1}{N_2}\right)(x_2 - x_1^0) + r_2\left(\dfrac{\beta_{21}x_2}{N_2} - \dfrac{\alpha_{21}x_2}{N_2}\right)(x_1 - x_1^0) \end{cases}$$

$$(5-57)$$

则相应的特征矩阵为：

$$B = \begin{pmatrix} r_1\left(\dfrac{N_1 - 2x_1}{N_1} + \dfrac{(\beta_{12} - \alpha_{12})x_2}{N_1}\right) & r_1\dfrac{(\beta_{12} - \alpha_{12})x_1}{N_1} \\[3mm] r_2\left(\dfrac{N_2 - 2x_2}{N_2} + \dfrac{(\beta_{21} - \alpha_{21})x_1}{N_2}\right) & r_2\dfrac{(\beta_{21} - \alpha_{21})x_2}{N_2} \end{pmatrix}$$

设相应的特征方程为：

$$\lambda^2 + p\lambda + q = 0 \tag{5-58}$$

则有

$$p = -r_1\left(\frac{N_1 - 2x_1}{N_1} + \frac{(\beta_{12} - \alpha_{12})x_2}{N_1}\right) - r_2\left(\frac{N_2 - 2x_2}{N_2} + \frac{(\beta_{21} - \alpha_{21})x_1}{N_2}\right)$$

$$q = r_1 r_2\left(\frac{N_1 - 2x_1}{N_1} + \frac{(\beta_{12} - \alpha_{12})x_2}{N_1}\right)\left(\frac{N_2 - 2x_2}{N_2} + \frac{(\beta_{21} - \alpha_{21})x_1}{N_2}\right)$$

$$\quad - r_1\frac{(\beta_{12} - \alpha_{12})x_1}{N_1}r_2\frac{(\beta_{21} - \alpha_{21})x_2}{N_2}$$

将 $M_4 = (\tilde{N}_1, \tilde{N}_2)$ 代入 p 和 q 到中，当 $\alpha_{21} - \beta_{21} < \dfrac{N_2}{N_1}$ 时，$p > 0$，$q > 0$。此时特征方程有两个负根，所以 M_4 是稳定的节点，且 $\tilde{N}_1 > N_1$，$\tilde{N}_2 < N_2$，说明当共生单元 2 对共生单元 1 的合作效应与竞争效应之和小于两个共生单元的最大绩效比值，双方将形成一个较为稳定的合作共生关系。将 M_3 代入 p 和 q 到中，当 $\alpha_{21} - \beta_{21} > \dfrac{N_2}{N_1}$ 时，$p > 0$，$q > 0$。此时特征方程有两个负根，所以 M_3 是稳定的节点，说明共生单元 2 在激烈的竞争中逐渐被系统淘汰而退出知识产权管理系统，同时共生单元 1 的知识产权效益达到了最大化，继续保留在系统中。

（4）情形 4。当 $\alpha_{12} - \beta_{12} > 0$，$\alpha_{21} - \beta_{21} < 0$ 时，若 $\alpha_{21} - \beta_{21} < \dfrac{N_2}{N_1}$，则此时 M_4 是系统的稳定节点，且 $\tilde{N}_1 < N_1$，$\tilde{N}_2 > N_2$；若 $\alpha_{21} - \beta_{21} > \dfrac{N_2}{N_1}$，则此时 M_2 是系统的稳定节点。说明共生单元 1 在激烈竞争中逐渐被淘汰而退出知识产权管理系统，而共生单元 2 能够获得最大化知识产权绩效而长期留在系统内。

总之，在知识产权管理系统演化的成熟期，存在系统演化发展的不稳定或退化的风险。为了保证知识产权管理系统内多主体共生的稳定性，并长期处于这种稳定状态，需要提高系统内多主体的各自知识产权产出效益，使得各个主体均能够获得维持自身发展的知识产权效益。

综上所述，首先，知识产权管理系统内多主体之间的共生演化不仅取决于各个主体之间的竞争与合作对彼此所产生的竞争抑制效应与合作促进效应之间的量衡，还依赖于系统内这些多主体自身在合作模式下所获得的知识产权产出效益的较量。其次，既要充分发挥学研主体所起到的重要知识产权研发的核心作用，也要规避由于过度信任而导致的主体之间低水平的激烈竞争，从而引起各个主体知识产权管理能力的弱化，使得整个知识产权管理系统内多主体之间合作链条的断裂或管理水平的衰退。此外，营造多主体合作共生的良好氛围需要多主体之间共同创造合作与竞争相融合的共生机制，并在这种竞争合作的动态均衡中找到共生演化的路径，从而促进知识产权管理系统朝着更稳定的方向演化发展。

5.3.4　知识产权管理系统演化的共生沟通交流机制

知识产权管理系统演化的共生沟通交流机制是系统内共生单元之间依托共生平台实现知识、技术、人才及信息等的交流与沟通，通过有效的沟通与交流方式实现共生单元之间的知识的转移与扩散、人才交流与学习、信息的共享与整合等的具体方式与方案的集合。接下来，本书从知识转移与扩散机制、人才交流机制、信息共享机制三个方面构建知识产权管理系统演化的共生沟通交流机制。

1. 知识转移与扩散机制

在知识产权管理系统演化发展过程中，系统内不同的共生单元组成的共生网络不同主体之间需要进行知识的传播、共享和扩散，形成了知识流动网络。这些主体作为知识网络的节点，通过非线性的知识转移与扩散实现知识共享与交流。在主体的合作共生过程中，知识网络节点之间可以共建知识转移扩散平台，以实现网络节点之间知识的及时获取、汇集与应用，通过知识的学习与交流将知识集中化，方便不同主体的沟通学习，丰富不同主体的知识体系，有利于主体的知识产权研发与创造。因此，系统内需要构建知识转移扩散平台系统，实现不同主体的知识获取、存储、转化等，有助于主体之间实现知识整合与共享。

同时，知识产权密集型企业与高校、科研院所等依托高新科技园区、创新创业中心，合作构建创新创业孵化器、研发平台、技术交流对接平台等，将知识产权政策环境、经济发展环境、社会文化环境等内嵌于具体的孵化器、研发平台、技术交流对接平台，建立知识产权管理系统与外界环境知识互动交流平台。共生单元与共生环境作为共生网络节点，实现知识的传播、扩散与转移，促进系统与外界经济环境、政策环境和文化环境等软环境进行知识的转移与扩散，形成系统与外界环境的知识流动网络，推动系统的共生发展和演化。

2. 人才交流机制

应加强知识产权管理系统内同质型主体之间的人才交流，营造良好的竞争共生模式下的人才交流氛围。如高校与高校之间、企业与企业之间进行交流学习，提高内部人员的知识吸收、技术创新能力，促进具有不同专业学科基础的人员的互动沟通，有助于提高各个主体的知识产权研发效率，进而提高整个系统的知识产权管理水平。

应加强知识产权管理系统内异质型主体之间的人才交流，构建产学研政合作共生模式下的人才交流体系。如企业、高校和科研院所之间通过形成知识产权联盟，加强联盟内部人员的知识、技术与信息的沟通交流，分别将自身的创新优势共享到共生网络中，通过这种优势互补来营造良好的合作共生学习氛围，不仅可以促进不同主体整合优化自身的知识、技术和信息等知识产权资源要素，同时有助于提升系统内共生网络整体的耦合密度，为知识产权管理系统创造更多的知识产权成果。

3. 信息共享机制

知识产权管理系统不同主体之间应加强知识产权信息的整合、共享，通过科技孵化器、研发平台、高校科技园等共生平台，打造主体沟通交流的一体化、智能化平台体系，实现信息的公开、透明化，为各个主体获取、查询相关信息提供平台条件。利用"互联网＋"、人工智能、大数据等新兴技术手段，构建知识产权管理系统的主体合作共生的信息网络，实现主体之间有效信息的检索、收集、查询与发布等，促进主体之间的信息整合及共享；此外，知识产权管理系统内应该制定完善的沟通交流规范及制度。由政府相关部门牵头引导企业、高校及科研院所等积极参加知识产权管理工作交流会，如知识产权成果转化推介会、专利或技术对接会等，会议上相互交流与沟通，促进多主体之间的信息共享，为进一步实施知识产权开发、保护与运营活动提供信息依据。

5.4 本章小结

本章阐述了知识产权管理系统演化的共生机制。首先从知识产权管理系统演化的多主体共生单元、多主体共生平台、多主体共生界面和多主体共生网络四个方面展开对知识产权管理系统演化的共生要素的解析；其次基于共生理论及种群生态理论，从竞争共生、合作共生以及竞合共生三个角度，分析知识产权管理系统演化的共生模式；再次，对于系统演化的多主体共生伙伴选择机制进行分析，给出一种基于动态区间直觉正态模糊算子的伙伴选择决策模型，并以知识产权密集型企业选择合作伙伴为例进行了算例分析；最后，对于知识产权管理系统内部多主体共生竞合机制进行了剖析，结合生物种群理论，并采用 Lotka-Volterra 模型分析知识产权管理系统内多主体共生演化过程中形成期、成长期、成熟期以及衰落期的阶段性特征与发展趋势，并在此基础上对不同共生模式下的多主体之间的竞争与合作关系进行分析；并从知识转移与扩散机制、人才交流机制和信息共享机制三个方面提出了知识产权管理系统演化的共生沟通交流机制。

第6章　多主体视角下知识产权管理系统演化的协同机制

6.1　知识产权管理系统演化的协同机理

6.1.1　知识产权管理系统演化的协同体系

1. 协同目标

知识产权管理系统演化过程中，各个主体要素、各个资源要素之间以及各个子系统之间相互影响、相互配合，当系统远离平衡态，内部要素变化达到一定临界值时，系统将会发生涨落及突变，并逐渐走向新的有序或稳定状态，呈现出协同发展状态。此时，知识产权管理系统演化的协同状态是系统整体可持续的、理想的发展形式，体现了知识产权管理的高效率和高质量，此时的协同发展不仅要求系统内部各子系统之间协同发展，而且要求系统与外部环境协调发展。既追求系统的知识产权经济效益最大化，也重视系统的知识产权社会效益实现。因此，可以将知识产权管理系统演化的协同目标归为以下三方面。

（1）知识产权效益最大化。知识产权管理系统内部主体要素积极参与知识产权开发、运营及保护管理活动，最终的目的是追求理想的知识产权经济效益和社会效益。知识产权管理系统随着在时间维和空间维上的不断跃迁，将朝着协同方向发展，可以为企业、高校、科研院所及中介机构等主体创造良好的知识产权效益，不仅可以节约各个主体要素的知识产权资源成本、提高知识产权管理效率，还可以提高系统整体的知识产权产出，增加知识产权经济效益和社会效应。此外，知识产权管理系统演化过程中各个子系统之间相互协调、相互促进，可以规避系统内出现无序、混乱的要素流动与循环现象，减少冗余或无效资源的浪费，促进资源的整合和有效利用，从而提高各主体要素的管理效率，发挥各个子系统的功能效应，保证知识产权管理系统演化的有序稳定。此时系统整体获得的知识产权效益要大于单独的各个子系统的知识产权效益之和，呈现出扩大效应，实现了系统整体协同的知识产权效益。

（2）系统的可持续性发展。知识产权管理系统演化过程是一个动态的过程，并具有阶段性、长期性的发展规律。随着系统内部物质能量不断地注入和更新，内部主体积极参与知识产权管理活动，资源要素之间相互配合、相互作用，资源得到有效整合配置，系统整体将朝着有序方向发展，实现系统整体的稳定及协同发展状态。因此，知识产权管理系统的可持续性发展主要包括主体要素参与知识产权管理的可持续性、资源要素有效整合配置的可持续性以及各个子系统协调发展的可持续性。此时，由于资源要素的消耗和环境条件的有界性，为了维持系统的可持续性发展，需要不断从外部环境汲取有效资源，激励各个主体要素加入知识产权管理系统中，积极参与知识产权开发、运营与保护管理。同时，为促进知识产权管理系统整体的可持续性发展，需要加强知识产权战略规划，处理好资源、环境与经济、技术创新之间的关系，保证社会经济的可持续性发展，进而推动技术创新的可持续性。

（3）系统的功能结构的协调优化。在知识产权管理系统内部，当各个主体要素、资源要素以及各个子系统之间相互协调、相互配合并相互促进时，系统整体将处于稳定有序的发展阶段，有利于系统持续性地向协同状态演化发展。反之，当知识产权管理系统内各个主体要素、资源要素或子系统之间呈现出相互制约的非协调状态时，需要系统内的政府部门为核心，与其他主体联合共同采取有效措施处理系统内存在的一系列矛盾与冲突，通过政府提供宏观调控、产学研完善合作机制、战略联盟优化协同机制等，促进系统从无序混沌状态逐渐走向有序稳定状态，从而推动知识产权管理系统内主体要素、资源要素以及各个子系统等结构的协调性，进而优化系统内要素及子系统、系统整体的功能效应，保障系统整体演化的协同有序和稳定性。

2. 协同关系

（1）知识产权管理系统内部主体要素之间协同关系。知识产权管理系统内部主体要素之间的协同主要体现在同类型主体之间的协同、不同类型主体之间的协同两个方面。对于不同类型主体而言，系统内企业、高校和科研院所、政府部门等主体之间利用优势互补、资源共享，构建合作伙伴关系，组建合作联盟，形成政产学研之间合作，通过这种战略关系使得各个主体风险共担、利益共享，提升知识产权管理效率，同时，实现知识产权管理效益最大化和成本最小化的目标。此外，系统内政府部门和中介机构的辅助性功能实现了与其他主体要素之间的相互协调。其中，政府部门为其他主体参与知识产权管理提供政策保障和制度约束，加强知识产权保护，为知识产权市场规范运营提供政策支撑。中介机构为其他主体参与知识产权管理提供配套服务和平台，为其及时提供知识产权信息的咨询、交流与更新；对于同类型主体而言，主要体现在具有竞争关系的主体之间横向协同，以及具有关联关系或互补优势的主体之间的纵向协同。企业主体间的协同，一方面是相互竞争的企业之间协同，另一方面是有上下游关联性的合作企业之间的协同。相互竞争的企业之间为满足知识产权市场需求，采取差异化创新发展策略，避免竞争带来的垄断性和知识产权竞争风险。优势互补的合作企业之间往往可以形成战略合作联盟，通过充分利用知识产权资源，节约知识产权投入成本，形成规模经济效益，实现风险共担、利益共享。

（2）知识产权管理系统内部资源要素之间协同关系。在知识产权管理系统中，不同资源要素之间的协同是保障知识产权开发顺利开展、加强知识产权保护工作、实现知识产权成果商业化的重要前提。在知识产权开发过程中，需要投入大量的资金、人力和技术、信息等物质能量，不同资源要素之间需要相互补充、相互配合和相互作用，以保证知识产权活动顺利开展，提高知识产权开发效率，最大化知识产权产出效益。其中，人力主要是高校及科研院所的高技术研发人员工及相关知识产权人才，这些高素质人才需要新知识、新技术、新信息等资源要素的不断更新与学习交流，需要良好的研发环境和科研氛围。研发资金、科研经费等资金投入是保证知识产权成果产出、知识产权活动的基础，只有充足的资金投入才能为技术创新、知识产权开发创造经济条件，才能吸引大量的高素质知识产权人才参与知识产权研发工作。除了知识、技术等"软"资源，还有机器设备、仪器仪表、原材料、动力能源等等硬件物质基础，共同构成知识产权活动的物质基础。这些资源要素相互之间配合、相互作用、相互协调，为知识产权开发、保护和运营活动提供基本保障。

（3）知识产权管理系统内部子系统之间协同关系。知识产权开发管理子系统与知识产权运营管理子系统之间具有一定的协同关系。其中，开发管理子系统为运营管理子系统提供物质基础，运营管理子系统为开发管理子系统提供支持和反馈。一方面，只有通过源源不断地形成有竞争力的知识产权产品，各主体要素才能够满足知识产权市场需求，有效实施知识产权交易行为，从而实现知识产权成果的商业化，进一步推动知识产权成果的有效转化；另一方面，只有及时了解市场中知识产权产品需求，才能进一步促进主体要素实施知识产权开发、创造。

知识产权开发管理子系统与知识产权保护管理子系统之间也具有一定的协同关系。知识产权开发是保护的前提，知识产权保护是知识产权开发的基本保障。只有知识产权成果创造出来，才能进一步通过政策、制度等手段对其进行规范化和权益保护，完善的知识产权保护制度为知识产权开发活动提供政策支撑。

知识产权运营管理子系统与知识产权保护管理子系统之间的协同关系体现在知识产权保护管理是知识产权运营的关键，只有通过知识产权成果的市场化，实现其经济效益，才能体现出系统主体保护其知识产权成果的目标。同时，完善的知识产权保护制度有利于实现知识产权成果的经济效益，在知识产权的市场化运营过程中，知识产权保护有利于维护系统各个主体的合法权益。

知识产权管理系统演化发展是一个动态的演进过程，系统从开始的渐变慢慢发展为突变，之后再形成新一轮变化，因此系统发展是一个连续的、循环的周期性变化过程。从系统论的角度来看，知识产权管理系统具有自组织的特征，内部存在涨落和跃迁的现象，在外部综合投入发生变化过程中，知识产权管理系统可能从一个基本状态演变跃迁至更高级别的状态。这种伴有分叉、涨落、突变及跃迁等自组织特征的演化过程是在各个子系统中各主体之间、各要素之间协调配合，以非线性方式相互作用和配合下形成的动态过程。系统中各个子系统之间存在着协同关系，促进系统整体的演化发展。

知识产权管理系统演化的协同关系主要体现在各个主体之间、各个要素之间、各个子系统之间，通过相互耦合作用，依托知识、技术、人才、政策制度及信息等资源要素的自由流动和能量交换，使知识产权管理系统的演化发展呈现一定的非线性特征，使得系统整体的效益或价值远远大于单独每个子系统创造的效益或价值的简单加总。各子系统及其主体要素之间相互协作和相互促进，共同完成系统演化目标，是一个动态过程，如图 6-1 所示。

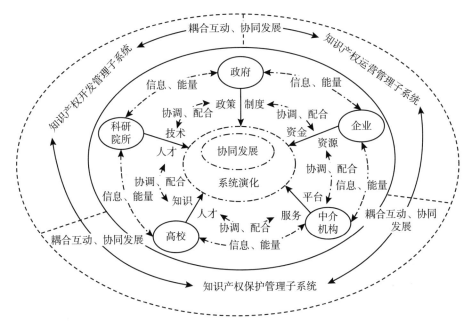

图 6-1　知识产权管理系统演化的内部协同关系

资料来源：作者根据相关研究成果归纳。

6.1.2　知识产权管理系统演化的协同内涵

由于知识产权管理系统是一个不断与外界交换物质和能量的开放性系统，当系统演化发展过程处于一种远离平衡态，且系统内部要素或参量变化达到一定临界值时，系统将会发生涨落及突变，在时间维、空间维上实现跃迁，并走向新的有序或稳定状态。此时知识产权管理系统演化方向是朝着协同方向演变的，并通过知识产权开发子系统、运营子系统和保护子系统等子系统的分工与协作，使得各子系统在稳定有序发展的同时，相互之间能够达成较为理想的一致性发展关系，实现互动耦合、相互促进协同发展。

此外，知识产权管理系统是一个动态的、复杂的开放系统，内部存在多个类型主体，这些主体之间相互作用、相互影响，通过优势互补，从而实现主体之间的利益共享、风险共担，它们之间存在着多层级反馈或循环活动，并产生协同效应，从而促使系统在整体上呈现出协同发展状态。因此，系统内部的主体协同也是保障整个系统协同发展的重要条件。

综上分析，将知识产权管理系统演化的协同内涵界定为：知识产权管理系统在自组织演化机制和外界环境的综合作用下，内部主体及各个要素、各个子系统之间相互作用、相互影响，不断吸收新信息、新技术、新知识等物质和能量，实现交换进一步优化各主体要素间的行为，促使系统内部主体要素、子系统间和系统与外部间形成互动耦合、共生协调演进的发展状态。由于各个主体的管理功效和职能存在一定差异，同时受到主体之间的相互影响关系以及系统外部经济环境、政治环境及社会文化环境等综合作用，系统演化过程中存在非协同状态，此时知识产权管理系统内部具有自组织的特征，不断汲取外部物质能量，促进知识产权资源的更新和流动，推动系统内部主体之间、各要素或子系统之间的协调发展，进而带动系统整体在演化进程中朝着协同方向发展。

6.1.3 知识产权管理系统演化的协同熵变模型

根据本书第 3 章有关知识产权管理系统演化的熵变分析可知，知识产权管理系统演化的协同效应过程正是在系统负熵流和熵增的相互作用与影响下，逐渐打破原有结构，形成新耗散结构，从而推动系统逐渐朝向稳定有序方向发展的过程。

知识产权管理系统演化过程伴随着系统熵变过程，系统在熵增作用下呈现出有序向无序状态的转变，同时，负熵作用下又从外界环境中不断吸取物质和能量，再次形成新的耗散结构，呈现出无序状态向有序状态的跃迁，使得知识产权管理系统演化过程不断呈现突变和跃迁现象，系统总是积极朝着协同稳定的状态跃迁发展。本节将基于熵理论、协同学以及知识产权理论，构建知识产权管理系统演化的协同熵变模型，在此基础上，分析知识产权管理系统演化的协同效应，并剖析知识产权管理系统演化的协同机理。

1. 知识产权管理系统演化的协同熵及协同熵增模型

熵是热力学中的用来表示信息量大小的概念，随着多学科领域的交叉，已经拓展到了自然社会领域，出现了社会熵、经济熵、生态熵、管理熵等概念，表征系统的复杂程度、有序程度、转换效率大小等含义。本书根据第 3 章有关知识产权管理系统的管理熵的界定及分析，提出知识产权管理系统演化的协同熵的概念，并基于信息熵理论构建知识产权管理系统演化的协同熵模型，以探索知识产权管理系统协同的本质及过程。

（1）协同熵的含义。知识产权管理系统演化的协同熵是指系统中企业、高校、科研院所及中介机构等主体要素在实施知识产权开发、保护及运营管理等协同过程中呈现出的无效管理能耗增加、有效的管理效能降低的不可逆过程的状态函数。若外界环境与系统之间没有负熵流的引入，随着系统的内部物质能量的不断消耗，主体之间的协调合作关系不稳定，会导致系统的协同熵逐渐增加，系统的协同效应逐渐降低，最终引起系统的混乱和无序状态显著，使得系统演化的协同效应降低，即系统协同熵增效应形成。协同熵是对知识产权管理系统演化过程中协同效应的无序化的一种度量，受到系统内部主体要素和资源要素、子系统之间的相互作用和影响，导致系统整体的演化协同效应呈现波动和变化。

在知识产权管理系统演化过程的初始时期，随着系统从外部环境中吸收大量的人力、物力和财力，在丰富的知识产权产品市场需求、积极的知识产权扶持政策、雄厚的知识产权开发资金投入、高素质的知识产权人才队伍等作用下，系统引入的负熵远大于系统内部的熵增，知识产权管理的相关主体纷纷加入并相互影响，促进系统整体地向协同方向演化发展。在知识产权管理系统演化的成熟期，随着系统内各种资源、能量不断被消耗，引入的负熵值将与系统产生的熵值大体上接近，系统将处于一种较为缓慢的演化进程，此时，由于熵增的不可逆特征使得系统负熵值不足以抵消系统内部熵增值，使得知识产权管理系统的演化方向走向无序和混乱，系统的演化效率大大降低，进而导致系统演化的协同趋势减弱，协同效率降低。当受到外界经济、社会及政治环境的因素影响，系统与外部的物质能量交换受阻，或者从外界环境中引入了不利于知识产权管理的正熵，会引起系统内出现涨落突变，引起系统协同熵的增加，进而导致系统内各个主体之间的合作意愿下降，协同目标日渐模糊，系统与外部环境之间的联系度和兼容度下降，最终导致系统出现无序、混乱的局面，不断走向停滞和衰败。可见，协同熵的增加会引起知识产权管理系统内部主体之间的协调合作关系，并进而影响知识产权管理系统演化中的协同发展。

（2）协同熵增模型构建。基于香农（Claude E. Shannon）提出的信息熵理论，设系统 S 中具有多个要素或子系统，即 $S = \{S_1, S_2, \cdots, S_m\}$，其中，每个要素或子系统存在（或发生）概率为 $P = \{p_1, p_2, \cdots, p_m\}$，则系统的信息熵可以界定为：

$$H(S) = -\sum p_i log p_i, \ i = 1, 2, \cdots, m \quad (6-1)$$

在此基础上，本书设知识产权管理系统 S 是由 m 个子系统构成的复合系统，即 S = {S_1, S_2, \cdots, S_m}。知识产权管理系统演化过程中，当系统整体及各个子系统与外界之间的物质能量交换较少，各个主体的知识产权管理水平、研发资源水平、知识产权运营平台等具有一定的差异时，此时知识产权管理系统内部产生不利于系统协同发展的熵增，系统将呈现无序化状态，若此时第 i 个子系统中的影响系统协同发展的要素个数为 j，且这些影响因素对系统协同发展程度变化的作用概率 p_{ij}，且 $\sum p_{ij} = 1$。则知识产权管理系统演化的协同熵增函数为：

$$S_I^{IPM} = -K \sum_{i=1}^{m} \sum_{j=1}^{n} p_{ij} log p_{ij}, \ i = 1, 2, \cdots, m, \ j = 1, 2, \cdots, n \quad (6-2)$$

式（6-2）中，S_I^{IPM} 表示知识产权管理系统演化过程中产生的协同熵增值，它是系统从有序状态向无序状态演化过程中的一种无序化的度量，也是影响系统协同效率下降的根本原因；K 表示协同熵增的系数，是系统呈现无序化状态时增加单位知识产权收益所产生的知识产权成本大小。

随着系统的演化发展，系统内各个子系统、主体与要素之间的协同关系所引发的物质能量的内耗，无效冗余信息增加，引起协同熵不断累积。此时知识产权管理系统演化的协同熵增加引起了协同熵增扩大效应，即 $dS_I^{IPM} \geqslant 0$。由于系统长期处于较为独立闭塞状态，使得系统协同熵增不断上升，从而引起整体系统的演化进程变缓，协同效率不断降低，此时可以采用脉冲衰减指数函数构建知识产权管理系统演化的协同效率变化函数：

$$D_I^{IPM} = qe^{-\varepsilon \int_0^t \eta(\theta_1(t), \theta_2(t), \cdots, \theta_n(t)) dt} \quad (6-3)$$

式（6-3）中，D_I^{IPM} 表示知识产权管理系统演化的协同效率大小；q 是知识产权管理系统的结构常数；ε 是递减系数；$\theta_1(t)$，$\theta_2(t)$，$\cdots$，$\theta_n(t)$ 表示知识产权管理系统演化过程中影响其协同发展的因素之间的相互作用力系数，是关于时间 t 的递增函数；$\eta(\theta_1(t)$，$\theta_2(t)$，$\cdots$，$\theta_n(t))$ 表示由于影响系统协同发展的因素之间的相互作用力系数所引起的系统协同效率不断下降的无效能函数。根据式（6-3），可进一步得到知识产权管理系统演化的协同效率递减的熵增函数，见式（6-4）：

$$U_I^{IPM} = qe^{-\varepsilon \int_0^t S_I^{IPM} dt} = qe^{-\varepsilon \int_0^t -K \sum_{i=1}^{m} \sum_{j=1}^{n} p_{ij} log p_{ij} dt} \quad (6-4)$$

　　由于系统内协同熵增的扩大效应，整个系统演化过程中的协同无序化现象显著，进而造成系统的协同效率不断下降。因此，协同熵增是导致知识产权管理系统演化过程中协同发展受阻和退化的根本原因。

2. 知识产权管理系统演化的协同负熵及协同负熵模型

　　（1）协同负熵的含义。知识产权管理系统演化的协同负摘是指在知识产权管理系统演化过程中，由于系统具有开放性、非平衡态等特征，使得系统内部企业、高校、科研院所及中介机构、政府相关部门等主体之间相互协调合作，知识、技术、信息、资金、人才等资源要素之间相互协同配合，系统内部知识产权开发管理、知识产权保护管理以及知识产权运营管理等子系统之间相互耦合协作，并不断与外界环境进行物质能量的交互作用。在系统内部这些主体、资源及子系统等要素构成之间相互耦合作用下，系统内无效能耗不断减少，有效能量逐渐增加，呈现出系统有序化程度不断增大，超过系统内部无序化程度增加的状态函数。当知识产权管理系统演化周期进入退化阶段时，系统内部各个主体之间竞争激烈，产生较大矛盾冲突，各种资源要素饱和，规模效应降低，导致知识产权产出效率降低，出现系统的协同效率下降、系统整体演化效率降低等问题，此时为了进一步激发知识产权管理相关主体的活力，促进资源的有效配置，提高知识产权管理水平，需要系统不断与外界环境进行知识、技术、信息、资金、人才等交流，引入负熵流来抵消系统自身产生的正熵流，并使系统整体的总熵流处于较低熵水平，从而促进整个系统朝着有序化方向演化并逐渐走向协同，促进系统的协同效率不断增加。这个过程可以视为知识产权管理系统演化的协同负熵的扩增效应。

　　知识产权管理系统演化的协同负熵是推动系统朝着协同有序方向演化的根本动力，不仅可以激发主体之间协同发展的活力，促进系统内主体之间相互合作、相互耦合，从而提高主体的知识产权管理绩效，而且有利于系统与外界环境之间进行物质能量的交换，促进系统朝着协同有序方向演化，提升系统整体的演化效率。知识产权管理系统演化进程中，影响协同负熵的主要因素包括良好的知识产权管理相关扶持政策、较大的知识产权市场需求、雄厚的知识产权开发资金投入、高素质的知识产权人才队伍、科技创新与对外开放等，受到这些有利因素之间的相互影响和相互作用，知识产权管理系统演化过程中呈现出协同有序发展，并具有协同效率递增的发展趋势状态。

　　（2）协同负熵模型。根据前文所述，基于协同理论与自组织理论，知识产权管理系统是开放的、远离平衡态的复杂系统，内部主体之间、资源要素之间以及各子系统之间均存在着非线性的相互耦合作用力，并与外界环境不断地进行物质能量的交换。鉴于此，本书构建知识产权管理系统演化的协同负熵模型如下。

设知识产权管理系统 S 是由 m 个子系统构成的复合系统，即 S = {S₁，S₂，…，Sₘ}，知识产权管理系统演化过程中，当系统整体及各个子系统与外界之间不断地进行物质能量交换，各个主体之间、内部要素之间及各个子系统之间相互作用、相互促进，此时负熵流源源不断地流入知识产权管理系统内部，促进系统演化的协同效应形成，系统将呈现有序稳定状态并走向协同发展，若此时第 μ 个子系统中的影响系统协同发展的要素个数为 ν，且这些影响因素对系统协同发展程度变化的作用概率为 $p_{\mu\nu}$，且 $\sum p_{\mu\nu} = 1$。则知识产权管理系统演化的协同负熵函数为：

$$S_E^{IPM} = K \sum_{\mu=1}^{m} \sum_{\nu=1}^{n} p_{\mu\nu} \log p_{\mu\nu}, \quad \mu = 1, 2, \cdots, m, \quad \nu = 1, 2, \cdots, n$$

$$(6-5)$$

式（6-5）中，S_E^{IPM} 表示知识产权管理系统演化过程中所产生的协同负熵值，它不仅是系统从外界环境中引入的协同负熵，也是系统演化过程中的一种有序化的度量；K 表示协同负熵的系数，是系统呈现有序化状态时增加单位知识产权收益所产生的知识产权成本的大小。

通过式（6-5）可得知识产权管理系统从外界环境中吸收的协同负熵流的大小。此时系统从外界环境吸收的大量物质能量，促进系统中各个子系统、主体与要素之间的协同关系的形成及强化，使得系统内部的协同负熵不断增加，进而推动系统演化朝着协同方向发展，系统协同效率不断提高。此时可以采用脉冲衰减指数函数构建知识产权管理系统演化的协同效率变化函数：

$$D_E^{IPM} = qe^{-\varepsilon \int_0^t g(\omega_1(t), \omega_2(t), \cdots, \omega_n(t)) dt}$$

$$(6-6)$$

式（6-6）中，D_E^{IPM} 表示知识产权管理系统演化的协同效率大小；q 是知识产权管理系统的结构常数；ε 是递减系数；$\omega_1(t)$，$\omega_2(t)$，…，$\omega_n(t)$ 表示知识产权管理系统演化过程中，随着系统从外界引入资金、信息、人才等物质能量，促进系统朝着协同方向发展的各种影响因素之间的强度系数，是关于时间 t 的递增函数；$g(\omega_1(t)$，$\omega_2(t)$，…，$\omega_n(t))$ 表示由于影响系

统协同发展的因素之间的强度系数所引起的系统协同效率递增函数。根据式
（6-6）可进一步得到知识产权管理系统演化的协同效率递增的熵函数：

$$U_E^{IPM} = qe^{-\varepsilon\int_0^t S_E^{IPM}dt} = qe^{-\varepsilon\int_0^t K\sum\limits_{\mu=1}^{m}\sum\limits_{\nu=1}^{n}p_{\mu\nu}\log p_{\mu\nu}dt} \qquad (6-7)$$

由于负熵不断地流入知识产权管理系统，引起系统从无序化向有序化的
状态演化，系统内部主体、要素及子系统之间相互协同运作，促进系统的有
序程度增强，产生了系统协同负熵的扩增效应。随着时间的推移，协同负熵
的这种扩增效应越来越显著，系统协同效率逐渐递增。因此，协同负熵是推
动知识产权管理系统演化过程中协同发展的动力流，促进系统朝着稳定有序
方向演化。

6.1.4　知识产权管理系统演化的协同机理分析

结合上节中有关知识产权管理系统演化的协同熵变模型，并根据熵理
论，构建知识产权管理系统演化的协同总熵变模型如下：

$$S^{IPM} = S_I^{IPM} + S_E^{IPM} = -K\sum\limits_{i=1}^{m}\sum\limits_{j=1}^{n}p_{ij}\log p_{ij} + K\sum\limits_{\mu=1}^{m}\sum\limits_{\nu=1}^{n}p_{\mu\nu}\log p_{\mu\nu} \qquad (6-8)$$

在式（6-8）基础上，可进一步得到知识产权管理系统演化的协同效
率关于协同熵的函数：

$$U^{IPM} = qe^{-\varepsilon\int_0^t S_I^{IPM}+S_E^{IPM}dt} = qe^{-\varepsilon\int_0^t(-K\sum\limits_{i=1}^{m}\sum\limits_{j=1}^{n}p_{ij}\log p_{ij}+K\sum\limits_{\mu=1}^{m}\sum\limits_{\nu=1}^{n}p_{\mu\nu}\log p_{\mu\nu})dt} \qquad (6-9)$$

式（6-9）中，知识产权管理系统演化的协同熵与协同负熵具有对立
性，协同熵体现了系统的混乱、无序，甚至退化、衰败；而协同负熵体现了
系统的有序、进化及发展；两者对于系统的演化及协同发展呈现出对立性与
矛盾性，协同熵对于系统的演化及协同发展具有抑制和消极作用；而协同负
熵对于系统的演化及协同发展具有促进和积极作用；在二者的相互对立与矛
盾作用下，系统不断演进发展。当协同熵大于协同负熵时，系统处于无序与
混乱的状态，若二者的这种矛盾关系持续下去，最终系统将不可逆地走向衰
败；反之，当协同负熵大于协同熵时，协同负熵所产生的物质能量可以抵消
协同熵增带来的无序和混乱，促进系统逐渐走向有序，并实现系统的协同发
展。知识产权管理系统演化的协同熵与协同负熵之间具有统一性，因为它们
都是推动系统不断向前演化发展的因子，在两者相互抵消和相互影响的共同
作用下，推动系统呈现有序协同或者无序混乱的发展状态，并呈现出生命周
期特征和动态性特征，其中系统生命周期的长短是两者中某个处于领先地位

决定的。由于协同熵值大于 0，而协同负熵值可能大于 0 也可能小于 0，在两者的共同作用下，系统整体的协同总熵值可能有三种情形。

（1）知识产权管理系统的协同总熵大于 0，即 $S^{IPM} > 0$，由于 S_E^{IPM} 可能大于 0 也可能小于 0，因此具有两种情形：当 $S_E^{IPM} < 0$，$S_E^{IPM} < |S_I^{IPM}|$ 时，知识产权管理系统内主体要素、资源要素及子系统之间相互协作所产生的协同熵增超过了系统从外界环境中引入的协同负熵流，导致协同熵增产生的熵增效应较强，且协同熵增处于领先主导地位，使得系统协同效率逐渐下降，系统演化出现了混乱和无序；当 $S_E^{IPM} > 0$ 时，知识产权管理系统从外界环境中吸收一些不利于系统协同发展的负面的物质能量，如低素质的知识产权人员、无效的知识产权信息服务、不健全的知识产权规划及管理体系等，一方面这些物质或能量不能抵消系统自身产生的协同熵增值，另一方面将对系统的演化及协同发展起到抑制或阻碍作用，进而加快系统的混乱和无序化发展，导致系统的协同总熵值不断提高，产生协同负熵的弱逆效应，系统的无序化严重甚至走向衰败。

（2）知识产权管理系统的协同总熵小于 0，即 $S^{IPM} < 0$。此时说明系统的协同负熵小于 0，即 $S_E^{IPM} < 0$，且 $|S_E^{IPM}| > S_I^{IPM}$。此时知识产权管理系统从系统外界环境中引入了大量具有积极性和促进系统协同发展的物质能量，如完善的知识产权政策制度、高素质的知识产权人才、雄厚的知识产权研发资金等，使得系统的协同负熵逐渐处于领先地位，能够足以抵消协同熵增，促进系统呈现出有序状态。随着时间的推移，系统从外界环境中吸收的协同负熵流不断增加，远远超过系统的协同熵增，使得系统逐渐朝着协同方向发展，系统演化进程加快，系统的协同效率递增。

（3）知识产权管理系统的协同总熵等于 0，即 $S^{IPM} = 0$。此时 $S_E^{IPM} < 0$，且 $|S_E^{IPM}| = S_I^{IPM}$。知识产权管理系统从外界环境中引入的协同负熵流与系统内产生的协同熵增大体相当，势均力敌的状态，此时知识产权管理系统具有无序状态和有序状态的统一，相互抵消和相互作用，使得系统的协同总熵值趋近于零且基本保持不变状态。因此，知识产权管理系统的演化将处于一种特殊平衡状态，即停滞状态。然而，这种状态只是暂时的，随着系统内部与外界环境的相互作用、系统内部要素构成之间的相互影响，协同熵增和协同负熵两者之间的势均力敌状态不会维持很长时间，最终知识产权管理系统的演化过程会出现协同增熵和协同负熵中某一个主导系统的协同发展的局面，

相应地导致知识产权管理系统的演化状态呈现出无序化或有序化。

总之，知识产权管理系统演化过程中，协同熵增与协同负熵是对立统一的关系，受到外界环境影响，以及系统内部要素、子系统之间的相互作用。在知识产权管理系统演化过程中，外界环境的多变性和复杂性，以及系统内部复杂性和非线性的影响，使得系统的演化伴随着一定的不确定性和混沌性。其中，系统协同熵增揭示了知识产权管理系统演化过程中从复杂到简单、从高级到低级、从有序到无序的退化过程；而协同负熵揭示了在外界环境的作用下，知识产权管理系统从简单到复杂、从低级到高级、从无序到有序的进化过程。在知识产权管理系统演化的过程中，应当削弱协同熵增的作用，抑制其对系统演化的消极影响，同时应当强化协同负熵的作用，促进其对系统演化的积极影响，从而有效推动系统朝着协同有序方向发展。因此，知识产权管理系统需要源源不断地从外界环境中引入新知识、新技术、新信息等物质能量，通过吸收雄厚的资金，高素质知识产权人才流入系统内部，同时，需要减少系统内部主体之间的矛盾和冲突，减少系统内部耗能，削弱系统协同熵增的影响，从而促进系统朝着有序方向演化，进一步推动系统的协同发展，见图6-2。

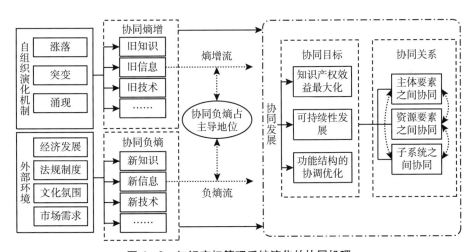

图6-2 知识产权管理系统演化的协同机理

资料来源：作者根据相关研究成果归纳。

因此，本书中概括出知识产权管理系统演化的协同机理：知识产权管理系统受到系统的突变、涨落和涌现等自组织演化机制的影响，在系统外部经济发展水平、知识产权相关法规制度、知识产权文化氛围和知识产权产品的市场需求等综合作用下，不断吸收新信息、新技术、新知识等物质和能量，产生系统协同负熵流。同时，受到系统内部产生的旧信息、旧知识、旧技术等协同熵增的作用，在协同负熵和协同熵增相互作用、相互抵消的过程中形成了此消彼长的动态变化，在这种动态变化的推动下，当系统协同负熵大于协同熵增时，系统将不断远离平衡态，当内部要素变化达到一定临界值时，系统将会发生涨落及突变，并逐渐从无序走向有序，朝着协同方向发展，此时系统内部主体及各个要素、各个子系统之间相互作用、相互影响，并以追求系统的知识产权效益最大化、系统的可持续发展和系统功能结构的协调优化为目标，形成系统内部主体要素、资源要素之间、各子系统之间互动耦合、共生协调演进的发展状态。

6.2 知识产权管理系统演化的子系统协同演进模型

6.2.1 模型构建的理论基础

1. B-Z 反应模型

B-Z（Belousov-Zhabotinskii）反应是一类著名的非平衡热力学中的化学振荡反应，指在金属铈离子作为催化剂的作用下，柠檬酸等有机酸在酸性条件下被氧化的一系列复杂化学反应。B-Z 反应系统是典型的具有自组织特征的系统，在反应过程中反应物浓度的变化促进大量微观粒子不断产生振荡，表现出红色蓝色两种状态之间的具有规则性的周期性振荡现象。

B-Z 反应的主要机理由三个部分组成：首先是 Br – 被不断消耗的过程（即过程 A）；其次是 HBrO 的自催化过程（即过程 B）；最后是 Br 的再生过程（即过程 C）。过程 A、过程 B 和过程 C 的总反应如下：

（A）：$BrO_3^- + 2Br^- + 3CH_2(COOH)_2 + 3H^+ \rightarrow 3BrCH(COOH)_2 + 3H_2O$

（B）：$BrO_3^- + 4Ce(\text{III}) + 5H^+ \rightarrow HBrO + 4Ce(\text{IV}) + 2H_2O$

（C）：$4Ce(\text{IV}) + BrCH(COOH)_2 + HBrO + H_2O \rightarrow 2Br^- + 4Ce(\text{III}) + 3CO_2 + 6H^+$

在 B-Z 反应过程中，起着关键性作用的粒子主要是 Br^-、$HBrO_2$、

Ce(Ⅳ)。在整个反应过程中，三种粒子相当于协同学中的序参量，推动系统演化发展的进程。B-Z 反应的这一特点与知识产权管理系统的演化是有着相似之处的。首先，B-Z 反应是微观各粒子之间的无规则运动，而区域知识产权管理系统是区域内各主体要素（企业、政府、科研院所、高校和中介机构等）之间都在自身的职责范围内发挥着各自不同的功能和作用，各主体要素的行为并不是有序的；其次，B-Z 反应通过周期性振荡运动最终呈现出花纹图案，而区域知识产权管理系统在各主体、各个子系统的相互耦合互动情况下，提升系统整体的知识产权管理水平，具有明显的协同效应。不仅具有完整的时间和空间结构，也使整个系统的效益大于单个子系统独立运转的效益。

本书通过隐喻法将 B-Z 反应系统和区域知识产权管理系统联系起来，将化学反应应用到复杂性系统的协同演进问题研究中，利用其相似性进行区域知识产权管理系统动态演进研究。

2. 隐喻法

许多学者对复杂性科学理论采用隐喻法来进行理论建构，出现了一系列典型的隐喻性定义，如混沌边缘、蝴蝶效应、路径依赖、弓箭、三摆、奇怪吸引子、分形等等。这些定义将物理学和生物学中思想或原理应用到管理学和经济学研究领域中，并将不同领域的概念或语义联系起来，产生了新的语义学情景，从而丰富了复杂科学理论的语义表达体系。通过隐喻性语言，挖掘出学科之间的相似性特征，进而为复杂性科学研究提供了新的研究范式。可见，隐喻性语言可以用来有效刻画复杂性的概念，是定义复杂性的一种重要途径。

3. 协同学

协同学作为自组织理论中核心部分，从属于复杂性科学理论，复杂科学理论作为研究复杂系统的基础性科学，揭示和解释复杂系统运行规律，与多学科形成交叉，已经成为一种新兴科学研究形态。协同学的研究对象大多数是复杂社会系统，系统的状态特征通常用控制变量和状态变量进行描述。其中，控制变量是系统外部的可控要素，表示系统达到稳定状态且走向协同的条件；状态变量是描述系统行为的变量，用来表示系统构成和基本特征。同时，协同学中将这种描述系统行为的状态变量分为快变量和慢变量，而系统演化发展进程和结果是由慢变量来决定的。系统通过调节控制变量使其达到阈值，促使某个状态变量作为役使系统演化的主要作用力，成为系统序参量，其他变量成为役使变量，使得系统从无序状态转向有序状态。通常采用绝热消去原理进行系统维度的简化，此时慢变量成为系统的序参量，并推动系统的演化发展。采用稳定性分析方法剖析系统达到稳定有序状态的基本条件及平衡点。为了充分地把握知识产权管理系统的演化规律，本书采用协同学的有关理论识别主导知识产权管理系统的演化发展的序参量及系统演化发展过程中走向稳定状态的平衡点。

6.2.2 模型假设

本书基于 B-Z 反应模型分析知识产权管理系统协同演进机制，剖析其演化规律，还需要具备以下几个假定条件。

（1）区域知识产权管理系统是一个呈耗散结构的开放性系统。在外界不断地投入资金、信息和知识等能量的条件下，系统内部与外部环境进行物资和能量交换，负熵流入促使系统内部结构功能发生突变、涨落，在系统内能量累积达到一定阈值时，系统内部熵增小于系统内负熵，系统耗散结构形成。只有这种开放性系统才能在系统外界环境影响作用下，逐渐形成耗散结构。

（2）区域知识产权管理系统评价参数指标可以利用数据进行量化，政策激励机制作用效应综合指数、三种状态变量指数通过指标体系进行衡量。

（3）区域知识产权管理系统协同演进过程中，知识产权开发管理能力这一状态变量表现出更为显著的序参量特征。

6.2.3 Logistics 模型构建

构建区域知识产权管理系统的演进模型时，首先要确定出该系统状态变量之间的相互影响关系，并采用调整参数来衡量，其意义类似于 B-Z 化学反应中的速率。借鉴学者张铁男（2011）、叶伟巍（2014）、苏屹（2016）和项杨雪（2014）等的相关研究成果，设计区域知识产权管理系统的各变量及参数，如表 6-1 所示。

表 6 - 1　　　　　　　　区域知识产权管理系统各变量及参数

类型	名称	具体含义
状态变量 q_1	知识产权开发管理状态	表示系统的知识产权开发管理能力，反映系统知识产权的研发创新水平
状态变量 q_2	知识产权保护管理状态	表示系统的知识产权保护管理能力，反映系统知识产权的法律政策环境
状态变量 q_3	知识产权运营管理状态	表示系统的知识产权运营管理能力，反映系统知识产权的运营绩效水平
控制变量 θ	政策激励机制综合指数	表示政策激励对系统知识产权管理水平的综合效应
调整参数 α	知识产权开发指数	描述区域知识产权管理系统的开发管理能力水平
调整参数 β	知识产权保护指数	描述区域知识产权管理系统的保护管理能力水平
调整参数 γ	知识产权运营指数	描述区域知识产权管理系统的运营管理能力水平

资料来源：作者根据相关研究成果归纳。

根据表 6 - 1，设 q_1、q_2、q_3 分别表示区域知识产权管理系统三个状态变量，$\dfrac{dq_i}{dt}$（i = 1，2，3）是状态变量随时间的变化率；α、β、γ 分别描述区域知识产权管理系统三种能力，即知识产权开发管理、保护管理及运营管理能力；设 θ 为三个状态变量共同的控制变量。本书考虑到政策机制对于知识产权管理系统内高校、企业、科研院所和中介机构等主体要素的知识产权活动具有显著的激励、引导作用，因此将系统控制变量设定为政策激励机制作用。

对于知识产权开发管理状态 q_1 而言，在区域知识产权管理系统运行发展初期，知识产权的研发、设计能力，受到市场运营需求、信息反馈的影响，随着知识产权产品的市场化、商业化运营绩效提升，知识产权开发的动力将不断提升；同时，知识产权的开发为其市场运营提供支撑，获知市场中知识产权产品需求，加快知识产权开发效率，促进知识产权成果的转化。两者相互作用，可以提升系统的知识产权开发管理能力。在政策激励机制的影响作用下，知识产权保护意识的提升将拉动研发人员和经费的投入，促进知识产权开发成果产出。由此可得，在政策激励机制综合指数为 θ 的条件下，状态变量 q_1 的 Logistic 演化方程为：

$$\frac{1}{\alpha}\frac{dq_1}{d_t} = \theta q_1 + \theta \frac{\beta}{\alpha} q_2 + \gamma q_1 q_3 \qquad (6-10)$$

式（6-10）中，θq_1 表示在控制变量 θ 的影响下 q_1 受到自身因素的影响作用大小；$\theta \frac{\beta}{\alpha} q_2$ 表示在 θ 作用下 q_2 对 q_1 的影响作用大小，其中 $\frac{\beta}{\alpha}$ 反映了知识产权保护促进了知识产权开发能力的增强；$\gamma q_1 q_3$ 表示在 θ 作用以外的 q_3 对 q_1 的影响因子，表明知识产权开发管理能力与知识产权运营管理能力两者之间相互作用关系。

知识产权保护管理状态 q_2 是促进区域知识产权管理系统运行和发展的保障。系统内知识产权开发管理能力的增强，有助于提升系统主体要素的知识产权保护意识及能力，通过及时了解市场中知识产权成果是否构成侵权行为，研发设计出具有市场竞争力的知识产权成果，加快知识产权成果转化及商业化进程。因此，知识产权保护管理能力 q_2 的演化过程同时受到知识产权开发管理、运营管理能力及自身的共同影响，在政策激励机制综合指数为 θ 的条件下，知识产权保护状态 q_2 的 Logistic 演化方程为：

$$\frac{1}{\beta} \frac{dq_2}{d_t} = \theta q_2 - \alpha q_1 q_2 + \frac{\gamma}{\beta} q_3 \qquad (6-11)$$

式（6-11）中，θq_2 表示在控制变量 θ 的影响下，q_2 受到自身因素的影响作用大小；$-\alpha q_1 q_2$ 是 q_1 对 q_2 的影响作用大小，在政策激励机制的影响下，区域知识产权管理系统的开发管理能力的不断提升，使得系统知识产权保护的难度增加，前期知识产权开发管理能力对于知识产权保护管理能力具有一定依赖性，后期对于知识产权开发管理能力产生一定的抑制作用；$\frac{\gamma}{\beta} q_3$ 表明知识产权运营管理 q_3 对知识产权保护管理能力 q_2 的影响，系统主体为了维护自身的经济利益和社会价值，通过知识产权成果的市场化和商业化运营，研发新产品和新技术，从而获得一定的市场份额，达到保护其知识产权成果的目的，可见，知识产权运营绩效提高对于知识产权保护管理能力提升具有促进作用，其中 $\frac{\gamma}{\beta}$ 是影响系数。

知识产权运营管理状态 q_3 的演化过程与知识产权开发管理、保护管理能力及自身状态有关。系统内知识产权开发管理能力的提高，促进知识产权成果产出，有利于知识产权运营绩效的提升。而强化知识产权保护强度有利于构建良好的知识产权运营政策法律环境，对提升知识产权运营绩效也会产生积极作用。由此可得在政策激励机制综合指数为 θ 的条件下，状态变量 q_3 的 Logistic 演化方程为：

$$\frac{1}{\gamma}\frac{dq_3}{d_t} = -\eta_1 q_3 + \eta_2 \theta \frac{\alpha}{\gamma} q_1 + \eta_3 \theta \frac{\beta}{\gamma} q_2 \qquad (6-12)$$

式（6-12）中，$-\eta_1 q_3$ 表示状态变量 q_3 的自身因素的影响作用大小，在政策环境稳定、流入系统内的资源饱和的情况下，随着研发资源的不断被消耗，初期系统内知识产权成果增长量会逐渐减少；$\eta_2 \theta \frac{\alpha}{\gamma} q_1$ 表示系统开发管理能力提升时，在政策激励正向促进作用下，系统的知识产权产出成果会大幅提高，$\frac{\alpha}{\gamma}$ 是影响系数，η_2 表示常数（一般 η_2 值大于1），体现了系统知识产权开发管理能力和运营管理能力的协同效应；$\eta_3 \theta \frac{\beta}{\gamma} q_2$ 表示知识产权管理系统保护管理能力提升时，在政策激励积极影响作用下，区域知识产权管理系统的知识产权产出成果增加，$\frac{\beta}{\gamma}$ 是影响系数，η_3 表示常数（一般 η_3 值大于1），体现了区域知识产权管理系统知识产权保护能力和运营能力的协同效应。

根据上述分析，由式（6-10）、式（6-11）和式（6-12）可得区域知识产权管理系统协同演化方程如下：

$$
\begin{cases}
\dfrac{1}{\alpha}\dfrac{dq_1}{d_t} = \theta q_1 + \theta \dfrac{\beta}{\alpha} q_2 + \gamma q_1 q_3 \\[2mm]
\dfrac{1}{\beta}\dfrac{dq_2}{d_t} = \theta q_2 - \alpha q_1 q_2 + \dfrac{\gamma}{\beta} q_3 \\[2mm]
\dfrac{1}{\gamma}\dfrac{dq_3}{d_t} = -\eta_1 q_3 + \eta_2 \theta \dfrac{\alpha}{\gamma} q_1 + \eta_3 \theta \dfrac{\beta}{\gamma} q_2
\end{cases}
\qquad (6-13)
$$

式（6-13）中，η_1、η_2 和 η_3 是常数，θ、α、β、γ 定义如下：

$\theta = \sqrt[i]{\prod_{i=1}^{n} \frac{\theta_i}{\bar{\theta}_i} w_{\theta_i}}$（$i=1,2,3\cdots n$）表示政策激励机制综合指数，反映了系统政策环境中的政策激励对于系统协同发展的影响效应，主要体现政府主体要素在资源、信息及人才等能量的输入和调控。$\bar{\theta}_i$ 表示各个指标的全国平均值，w_{θ_i} 表示该指标的权重。

$\alpha = \sqrt[i]{\prod_{i=1}^{n} \frac{\alpha_i}{\bar{\alpha}_i} w_{\alpha_i}}$（$i=1,2,3,\cdots,n$）表示区域知识产权管理系统的开发能力指数，其中，$a_i$ 表示系统评价体系中知识产权开发管理能力各个

指标数据，$\bar{\alpha}_i$ 表示各个指标的全国平均值，w_{α_i} 表示知识产权开发管理能力各个指标的权重。

$$\beta = \sqrt[i]{\prod_{i=1}^{n} \frac{\beta_i}{\bar{\beta}_i} w_{\beta_i}} \ (i=1，2，3，\cdots，n)$$ 表示区域知识产权管理系统的保护管理能力指数，β_i 表示系统评价体系中知识产权运营管理能力各个指标数据，$\bar{\beta}_i$ 表示各个指标的全国平均值，w_{β_i} 表示知识产权运营管理能力各个指标的权重。

$$\gamma = \sqrt[i]{\prod_{i=1}^{n} \frac{\gamma_i}{\bar{\gamma}_i} w_{\gamma_i}} \ (i=1，2，3，\cdots，n)$$ 表示状态变量 q_3 的调整参数，是区域知识产权管理系统的运营管理能力指数，γ_i 表示系统评价体系中知识产权保护管理能力各个指标数据，$\bar{\gamma}_i$ 表示各个指标的全国平均值，w_{γ_i} 表示知识产权保护管理能力各个指标的权重。

式（6-13）是区域知识产权管理系统的协同演化方程，反映出在知识产权开发管理、保护管理和运营管理三个状态变量的共同作用下，系统内部主体、要素和子系统之间通过协同关系和耦合互动不断演进发展的状态。从该公式中可以看出，该演化方程与 B-Z 反应具有一定的相似特征：（1）它们均属于一种包含多要素的复杂性系统，且系统内部均有三种变量主导系统的演化发展；（2）区域知识产权管理系统的政策激励机制作用的综合指数相当于 B-Z 化学反应中的控制参数，且 α、β、γ 参数与 B-Z 反应中的反应速率具有对应关系。假定 $\eta_1 = 2$ 表示系统的实际知识产权运营绩效呈现不断递增状态；$\eta_2 = 2$ 表示系统的知识产权开发管理能力、运营管理能力的协同效应，促进系统朝着稳定有序演进发展；$\eta_3 = 2$ 表示系统的知识产权保护管理能力、运营管理能力的协同效应，促进系统朝着稳定有序演进发展。

因此，基于 B-Z 反应模型，可以将式（6-13）描述为如下区域知识产权管理系统协同演化模型，见式（6-14）：

$$\begin{cases} \dfrac{dq_1}{d_t} = \alpha\theta q_1 + \theta\beta q_2 + \alpha\gamma q_1 q_3 \\[2mm] \dfrac{dq_2}{d_t} = \beta\theta q_2 - \alpha\beta q_1 q_2 + \gamma q_3 \\[2mm] \dfrac{dq_3}{d_t} = -2\gamma q_3 + 2\alpha\theta q_1 + 2\alpha\beta q_2 \end{cases} \quad (6-14)$$

6.2.4　模型分析

1. 线性稳定性分析

在区域知识产权管理系统的演化发展过程中，由于系统内部、外部因素的综合作用会出现分叉、涨落现象，使得系统演进达到甚至超过阈值条件，在序参量主导作用下，产生自组织行为，朝着稳定有序方向发展。下面采用线性稳定性分析求解系统演进的平衡点及阈值条件。

设定拟扰动项为：

$$\begin{cases} q_1 = q_1^0 + u_1 \\ q_2 = q_2^0 + u_2 \\ q_3 = q_3^0 + u_3 \end{cases} \tag{6-15}$$

其中，$u_i(i=1,2,3)$ 是对定态解 $q_i(i=1,2,3)$ 的扰动，令：

$$q_1^0 = q_2^0 = q_3^0 = 0 \tag{6-16}$$

则将式（6-14）进行线性化处理得到：

$$\begin{cases} \dfrac{dq_1}{d_t} = \alpha\theta q_1 + \theta\beta q_2 \\[2mm] \dfrac{dq_2}{d_t} = \beta\theta q_2 + \gamma q_3 \\[2mm] \dfrac{dq_3}{d_t} = -2\gamma q_3 + 2\alpha\theta q_1 + 2\beta\theta q_2 \end{cases} \tag{6-17}$$

转化为矢量形式：

$$\frac{dq}{d_t} = Eq \tag{6-18}$$

其中：

$$E = \begin{pmatrix} \alpha\theta & \beta\theta & 0 \\ 0 & \beta\theta & \gamma \\ 2\alpha\theta & 2\beta\theta & -2\gamma \end{pmatrix} \tag{6-19}$$

满足方程具有非零解的条件是 $L - \lambda I = 0$，即：

$$\begin{vmatrix} \alpha\theta - \lambda & \beta\theta & 0 \\ 0 & \beta\theta - \lambda & \gamma \\ 2\alpha\theta & 2\beta\theta & -2\gamma - \lambda \end{vmatrix} = 0 \tag{6-20}$$

解得：

$$\lambda^3 + (2\gamma - \alpha\theta - \beta\theta)\lambda^2 + (\alpha\beta\theta^2 - 2\alpha\gamma\theta - 4\beta\gamma\theta)\lambda + 2\alpha\beta\gamma\theta^2 = 0$$

$$(6-21)$$

根据胡尔维茨判别法，对于这种线性系统而言，系统在稳定情况下，所有特征根具有负实部，判定条件：（1）特征方程的系数均为正数；（2）特征方程的系数构成的胡尔维茨行列式及其主子式的值均大于零。所以，区域知识产权管理系统满足如下稳定性条件：

$$\begin{cases} 2\gamma - \alpha\theta - \beta\theta > 0 \\ \alpha\beta\theta^2 - 2\alpha\gamma\theta - 4\beta\gamma\theta > 0 \\ 2\alpha\beta\gamma\theta^2 > 0 \\ \Delta_2 = \begin{vmatrix} 2\gamma - \alpha\theta - \beta\theta & 2\alpha\beta\gamma\theta^2 \\ 1 & \alpha\beta\theta^2 - 2\alpha\gamma\theta - 4\beta\gamma\theta \end{vmatrix} > 0 \\ \Delta_3 = \begin{vmatrix} 2\gamma - \alpha\theta - \beta\theta & 2\alpha\beta\gamma\theta^2 & 0 \\ 1 & \alpha\beta\theta^2 - 2\alpha\gamma\theta - 4\beta\gamma\theta & 0 \\ 0 & 2\gamma - \alpha\theta - \beta\theta & 2\alpha\beta\gamma\theta^2 \end{vmatrix} > 0 \end{cases} \quad (6-22)$$

对式（6-22）进行化简，可得到系统稳定状态条件：

$$\begin{cases} 2\gamma - \alpha\theta - \beta\theta > 0 \\ \alpha\beta\theta - 2\alpha\gamma - 4\beta\gamma > 0 \\ -\alpha\beta(\alpha + \beta) + 2\gamma\theta(\alpha^2 + 2\beta^2 + 2\alpha\beta + \alpha) - 4\gamma^2(\alpha + 2\beta) > 0 \end{cases}$$

$$(6-23)$$

根据数学模型中微分方程的稳定性理论，对式（6-14）的平衡点进行稳定性分析，可得：

$$\begin{cases} \alpha\theta q_1 + \theta\beta q_2 + \alpha\gamma q_1 q_3 = 0 \\ \beta\theta q_2 - \alpha\beta q_1 q_2 + \gamma q_3 = 0 \\ -2\gamma q_3 + 2\alpha\theta q_1 + 2\alpha\beta q_2 = 0 \end{cases} \quad (6-24)$$

由此可解得方程的解为 $E_1(0, 0, 0)$；$E_2\left(-\dfrac{1}{\alpha}, \dfrac{\theta}{\beta}\left(1 - \dfrac{2\theta}{1+2\theta}\right), \dfrac{\theta}{\gamma}\left(\theta - \dfrac{2\theta^2}{1+2\theta} - 1\right)\right)$；$E_3\left(\dfrac{\theta}{\alpha}, -\dfrac{\theta}{\beta}, 0\right)$。它们表示着随着时间的推移，式（6-14）的平衡点，即区域知识产权管理系统在知识产权开发、保护和运营能力满足耦合互动、协同发展状态要求，形成稳定有序结构的平衡点。因此，本书所

构建的 Logistic 演化方程模型具有满足系统实现协同演进发展的平衡点和阈值条件。

2. 序参量方程分析

根据协同学中的绝热消去原理，消去系统中的快变量，突出在整个过程中处于主导地位的慢变量的作用，从而将复杂的偏微分方程转化为只有主导系统演化过程的慢变量（序参量）的演化方程，降低演化方程的维数，为进一步分析系统在序参量役使作用下的演化规律和演化轨迹提供条件。

本书构建了具有三个状态变量的区域知识产权管理系统协同演化模型，以 q_1、q_2、q_3 分别表示知识产权开发管理能力、保护管理能力和运营管理能力。根据上文构建 Logistic 演化模型的假设条件，认为区域知识产权管理系统的知识产权开发管理能力表现出更为显著的序参量特征，因此将 q_1 作为序参量，q_2 和 q_3 作为快变量，令快变量对时间的导数等于 0，则：

$$\begin{cases} \dfrac{dq_1}{d_t} = \alpha\theta q_1 + \theta\beta q_2 + \alpha\gamma q_1 q_3 \\ \beta\theta q_2 - \alpha\beta q_1 q_2 + \gamma q_3 = 0 \\ -2\gamma q_3 + 2\alpha\theta q_1 + 2\alpha\beta q_2 = 0 \end{cases} \quad (6-25)$$

可以得到区域知识产权管理系统协同演化的序参量方程为：

$$\frac{dq_1}{dt} = \alpha\theta q_1 + 2\alpha\theta^3 \frac{q_1}{\alpha q_1 - 2\theta} + \alpha^2\theta q_1^2 + \frac{2\theta^3}{\alpha q_1 - 2\theta} + \alpha\theta^2 q_1 + \theta^2 \quad (6-26)$$

引入时间变量 t，可以将式（6-26）改写为式（6-27）：

$$q_1(t) = e^{(\alpha\theta + \alpha\theta^2)t} - \frac{1}{\alpha^2\theta t} + (2\theta^3 + \theta^2)t + \frac{2\theta + \sqrt{4\theta^2 + 2\alpha(4\theta^4 + 2\theta^3)t}}{\alpha}$$

$$(6-27)$$

6.3 知识产权管理系统演化的子系统协同演进的实证分析

6.3.1 序参量指标体系构建

与研究区域知识产权管理系统评价不同，本书的评价指标主要应用在区域知识产权管理系统控制变量和各状态变量的调整参数上。由于现有关于知识产权管理系统内在结构及各子系统评价体系的研究较为成熟，对知识产权管理各子系统序变量的确定主要根据现有的研究成果，为此借鉴了贾马尔·阿特拉（Atallah G，2006）、宋河发（2014）、陈伟和杨早立（2016，2018）、于丽艳（2013）、李潭（2012）、张永超（2013）、扎内塔·里尔科娃（Žaneta R，2014）、梅赛德斯·坎皮（Mercedes，2015）、康鑫（2012）等人对知识产权管理系统的评价指标及序变量设计，构建了区域知识产权管理系统评价指标体系，如表6-2所示。

表 6-2　　　　　　　　　区域知识产权管理系统评价指标

类别	名称	单位	参数
知识产权开发管理能力	平均每位 R&D 人员对专利申请的贡献度	个/人	a_1
	平均每位 R&D 人员对拥有发明专利的贡献度	个/人	a_2
	R&D 经费投入强度	%	a_3
	R&D 机构数量	个	a_4
	R&D 人员全时当量	万人年	a_5
	R&D 经费内部支出	亿元	a_6
知识产权运营管理能力	技术市场成交额	万元	β_1
	技术市场成交合同数	项	β_2
	新产品出口额占新产品销售收入比重	%	β_3
	新产品销售收入占主营业务收入比重	%	β_4
	新产品开发项目数	项	β_5
知识产权保护管理能力	商标注册件数	件	γ_1
	专利授权量	个	γ_2
	版权合同登记量	个	γ_3
	专利申请量	个	γ_4
	专利侵权纠纷结案率	%	γ_5
	查处知识产权违法案件数量	件	γ_6
政策激励机制综合效应	政府资金占 R&D 经费内部支出的比重	%	θ_1
	R&D 经费加计扣除减免税	万元	θ_2
	高新技术企业减免税	万元	θ_3
	来自政府部门的科技活动资金	万元	θ_4

资料来源：作者根据相关研究成果归纳。

6.3.2　数据收集及处理

知识产权开发管理能力、运营管理能力和保护管理能力评价指标均来源于《中国科技统计年鉴》《中国统计年鉴》《工业企业科技活动统计年鉴》和《中国知识产权年鉴》等统计年鉴中的 2006 ~ 2015 年我国 30 个省级行政区的各项指标统计数据。由于统计年鉴中有关西藏自治区的数据大量缺失，故在本章研究中将西藏自治区剔除。

根据前文的调整参数的计算公式，利用搜集的相关指标数据，对 2006 ~ 2015 年期间指标数据进行几何平均化处理，可以得到控制变量 θ 和三项调整参数 α、β、γ 的计算数值（其中，w_{α_i}、w_{β_i}、w_{γ_i} 和 w_{θ_i}（$i = 1, 2, \cdots, n$）各指标的权重采用熵值法求解），如表 6 – 3 所示。

表 6 – 3　　　　　　　　　各省份调整参数数值结果

省份	调整参数			
	θ	α	β	γ
北京	0.122953	1.520744	2.34052	2.188463
天津	0.054283	0.988009	1.385683	0.616254
河北	0.057625	0.714566	0.427972	0.572322
山西	0.026935	0.376634	0.271422	0.222654
内蒙古	0.015651	0.31254	0.142315	0.167001
辽宁	0.074555	0.649376	0.819945	0.525707
吉林	0.049108	0.340865	0.227532	0.281879
黑龙江	0.036569	0.480304	0.332266	0.311176
上海	0.178108	1.215229	1.688274	1.316151
江苏	0.152594	2.837854	2.440303	2.543036
浙江	0.112522	2.233098	1.491973	2.310954
安徽	0.081710	1.249106	0.999027	0.99131
福建	0.047773	0.96868	0.654485	0.844011
江西	0.034617	0.577223	0.341099	0.514192
山东	0.091430	1.605363	1.351269	1.459678
河南	0.056294	0.875112	0.657528	1.044314
湖北	0.074154	0.917586	1.079726	0.907577
湖南	0.081211	0.856872	0.593643	0.786118

续表

省份	调整参数			
	θ	α	β	γ
广东	0.196022	2.314763	2.300162	2.520759
广西	0.025825	0.428445	0.171394	0.476345
海南	0.008363	0.132118	0.088193	0.133591
重庆	0.031452	0.818215	0.653101	0.68328
四川	0.083385	0.965927	0.708589	1.018029
贵州	0.015570	0.334091	0.193078	0.27874
云南	0.020014	0.393536	0.270207	0.326692
陕西	0.069595	0.806106	0.950423	0.771653
甘肃	0.012326	0.356713	0.394511	0.169666
青海	0.001693	0.117978	0.053909	0.057267
宁夏	0.006646	0.192463	0.128568	0.069292
新疆	0.016886	0.280817	0.072557	0.234984

资料来源：相关统计年鉴。

6.3.3 仿真模拟及结果分析

本书采用序参量方程，并利用 Matlab 软件仿真分析我国 30 个省份知识产权管理系统在知识产权开发能力的作用下，知识产权开发管理子系统、保护管理子系统和运营管理子系统协同演进趋势及规律。本书将表 6 - 3 中的2015 年 30 个省份的调整参数的数值代入式（6 - 14）和式（6 - 27）中，通过仿真模拟得到各省份知识产权管理系统在不同的政策激励机制作用下的演变趋势，如表 6 - 4 所示。根据这些省份的实际情况将其划分为活跃型、发展型和平稳型梯队系统。

表 6 - 4　　　　　　　　各地区知识产权管理系统分类表

系统类型	省份
活跃型系统	北京、上海、江苏、浙江、山东、广东
发展型系统	天津、河北、辽宁、福建、河南、湖北、湖南、安徽、四川、陕西
平稳型系统	山西、内蒙古、吉林、黑龙江、江西、广西、海南、重庆、贵州、云南、甘肃、青海、宁夏、新疆

第一梯队：活跃型知识产权管理系统。该类型系统主要包括北京市、上海市、江苏省、浙江省、山东省和广东省六个省份，这些区域在十分短的时间区间范围内实现了知识产权管理能力的迅速演进发展，区域知识产权管理系统协同发展的活跃性十分明显，有利于系统朝向协同方向发展。

第二梯队：发展型知识产权管理系统。该类型系统包括天津市、河北省、辽宁省、福建省、河南省、湖北省、湖南省、安徽省、四川省、陕西省十个省份。这些区域的知识产权管理能力处于较理想水平，在较短时间区间范围内实现知识产权管理能力的稳定上升发展，有助于区域知识产权管理系统朝着稳定有序方向发展。

第三梯队：平稳型知识产权管理系统。该类型系统主要包括山西、内蒙古、吉林、黑龙江、江西、海南、重庆、贵州、云南、甘肃、青海、广西、宁夏、新疆十四个省份，其区域知识产权管理系统受政策激励机制作用十分不明显，知识产权开发过程中政府资金投入较低、知识产权保护政策力度不强导致这些省份在知识产权管理能力上呈现出弱势水平，这些区域在相对很长的时间区间范围内呈现知识产权管理能力缓慢或平稳式发展，区域知识产权管理系统协同发展的活跃性极弱。

通过以上分析可知，我国 30 个省份知识产权管理系统协同发展活跃度大小与政策激励机制作用效应强弱具有十分密切联系。当政策激励机制作用效应较强时，区域知识产权管理系统协同发展活跃性较高；反之，则系统协同发展活跃性较低。此外，对于不同类型的知识产权管理系统，各省份应当有针对性地提升其知识产权开发管理能力、运营管理能力和保护管理能力。并且系统内政府主体应加强政策激励机制，加大科技活动投入力度，通过增加研发经费支出中的政府资金占比、针对高技术企业减免税费等方式，增强其政策激励作用效应，提高系统内知识产权开发管理能力、运营管理能力和保护管理能力协同发展，从而促进系统运行绩效的提升。

6.4　知识产权管理系统演化的协同机制构建

6.4.1　多主体协同治理机制

（1）政府完善知识产权政策激励机制，充分发挥行政主体要素的功能。

由上文中有关知识产权管理系统协同演化实证分析结果可知，在知识产权管理系统内部，知识产权开发管理能力、保护管理能力和运营管理能力受到系统行政主体要素——政府的功能影响较强，特别是在政策激励机制作用效应下，控制影响着系统内主体要素之间、子系统之间和系统整体的协同发展。当政策激励机制作用效应较强时，区域知识产权管理系统更趋向于协同发展状态；反之，则系统协同发展有序度较低。因此，在知识产权管理过程中，政府部门应该积极发挥系统行政主体的功能，加大对于这些区域知识产权管理系统的政策倾斜，构建完善的政策激励机制。一方面，通过加大政府资金投入力度，增加政府财政资金用于科技研发活动，资助一批高素质研发人员，建立众多的高质量研发机构，以提升知识产权开发管理能力，营造良好的知识产权管理系统协同环境；另一方面，通过减免对专利密集型产业、高技术企业征收的高额税费、扣减研发经费中的税费比例等方式，或针对具有较高知识产权成果转化率、专利许可转让收入和拥有较高规模的注册商标数的高技术企业，加大财政拨款资助及税收补贴力度，从而提升政府政策的激励作用，提升知识产权管理系统整体协同发展水平。

（2）同质型主体之间加强构建协同演进发展机制，促进主体要素之间形成良性有序的协同模式。同质型主体之间应当充分利用分工协作、竞合共生的模式，发挥各自的功能角色，充分挖掘主体的自身优势和潜力，促进其在知识产权开发、保护和运营方面的协调演化发展。如知识产权密集型大型企业可以与中小型企业构建合作关系，以大型企业为核心，带动形成产业集聚区，在大型企业知识产权产品研发过程中，将其配套产品或服务外包给中小型企业，提高了研发效率，有效整合优化系统内资源要素，通过分工协作的方式实现共赢目标。

（3）异质型主体之间加强构建长期协同发展机制，提高知识产权产出效率。同质型主体之间通过知识、技术和信息等创新资源共享，构建优势互补、风险共担和利益共享的协作方式，可以促进在主体之间形成良好的耦合协调机制，进而推动知识产权管理水平的提升。同时，异质型主体之间应该加强建立长期合作中的信任关系。这些主体可以通过知识产权信息共享、知识整合、技术吸收以及人才交流等途径确立信任关系，协同各方彼此达成合作意愿、并在此基础上构建信任关系，有利于形成知识产权联盟，提高联盟整体的知识产权管理能力，提升知识产权产出效率。

6.4.2　子系统协同发展机制

通过上文中针对知识产权管理系统演化的子系统协同演进实证分析可知，强化系统内部子系统之间的协同发展、提升知识产权综合管理能力是保障知识产权管理系统整体协同有序发展的基础。首先，在知识产权开发管理子系统和保护管理子系统之间协同发展关系上，要挖掘系统内高校、科研院所和企业等研发主体要素的功能作用，高校和科研院所加大知识产权开发力度，同时企业做好知识产权保护工作。一方面，高校和科研院所应当建设一批完善的研发人才队伍，培养高素质研发人员，完善科技创新成果转化机制，加快高质量知识产权成果的转化率；另一方面，企业要加大研发投入力度，加快建设具有自主创新水平的研发机构，促进知识产权成果的创造、转化和产出，建立知识产权保护的监督部门，搭建多元化的知识产权网络服务平台，培养一些熟悉知识产权相关法律法规和规章的管理人员，从而有利于更好地开展知识产权保护工作。

在知识产权开发管理子系统和运营管理子系统之间协同发展关系上，系统内要加强产学研合作，促进高校和科研院所、企业等主体在研发人才培养、研发经费投入、知识产权产品研发、市场销售等方面形成优势互补、收益共享和风险共担的合作机制；同时，企业和科研院所等主体应该构建知识产权科技孵化、知识产权服务机构，促进知识产权保护工作的有效实施，吸引系统外部资金和人才的流入。

此外，在知识产权保护管理子系统和运营管理子系统之间协同发展关系上，在知识产权产品市场运营过程中，企业和中介机构等主体要熟悉知识产权法律法规，以保障知识产权市场化运营效益；同时，中介机构、科研院所和企业应该提高知识产权保护意识，通过建立知识产权成果转化平台、知识产权市场交易中心，提升知识产权运营效率，通过完善的知识产权情报信息服务平台，及时掌握市场上相关情报信息，并跟踪、预测相关知识产权的发展动态，为相关领域的知识产权开发提供依据。

6.5　本 章 小 结

本章论述了知识产权管理系统演化的协同机制。首先界定了知识产权管理系统演化的协同内涵，阐述了知识产权管理系统演化的协同体系；其次，基于耗散理论和熵理论，构建了知识产权管理系统演化的协同熵变模型；在此基础上，基于知识产权管理理论和协同学理论，揭示知识产权管理系统演化的协同机理；最后，结合隐喻方法，基于 B-Z 反应建立知识产权管理系统演化的子系统协同演进模型，并根据该模型进一步结合仿真模拟进行实证分析，探究知识产权管理系统演化的协同发展的根源；在此基础上，从多主体协同治理机制和子系统协同发展机制两方面构建了知识产权管理系统演化协同机制。

第7章 多主体视角下知识产权管理系统演化的保障机制

知识产权管理系统演化的保障机制是在知识产权管理系统演化发展过程中，政府部门、企业、高校及科研院所、中介机构等主体行为对系统演化进程的内部驱动和外部支撑。其中，政府是知识产权管理系统中的知识产权政策引导者，针对知识产权发展现状进行知识产权相关政策、制度和法规的调整和制定，通过一系列宏观调控和监督手段、政策工具，提高知识产权管理系统的演化水平及演化效率；企业、高校及科研院所作为知识产权管理系统中知识产权开发、运营管理的核心主体，在竞争与合作中，通过产学研合作，强化知识产权的管理绩效，实现知识产权经济效益与社会效益；中介机构作为知识产权管理系统中的辅助主体，为其他系统主体的知识产权管理活动提供服务。因此，知识产权管理系统的主体要素在外部环境的物质能量负熵流入条件下，共同参与知识产权开发、保护与运营管理，为整个知识产权管理系统的演化提供基础保障。本书从知识产权管理系统主体的视角入手，分别从政府调控机制、产学研协同机制、中介服务机制三个方面，构建知识产权管理系统演化的保障机制。

7.1 知识产权管理系统演化的政府调控机制

7.1.1 政府宏观调控分析

在知识产权管理系统中，政府部门是知识产权管理系统中企业、科研院所、政府和中介机构等主体进行知识产权管理活动的宏观引导者，负责知识产权政策制度制定、实施与调整，是保障知识产权开发、保护与运营管理有序运行的领导者；政府对于其他主体的知识产权活动的优惠政策、财税补贴，能够增加其他主体的知识产权研发投入，有助于知识产权成果产出；与此同时，政府部门积极采取知识产权保护措施，通过加大惩罚力度，严办知识产权侵权事件，保障知识产权市场的规范性和安全性。政府作为知识产权管理系统中的关键主体，具有监管、激励、惩治和约束等职责。政府在知识产权管理过程中通过政策手段或政策工具的实施，为知识产权管理活动提供制度保障，为知识产权创造、运营与保护管理过程中出现知识产权违法行为、知识产权侵权事件等提供法律支撑，为知识产权管理系统演化发展过程出现混沌、无序等状态提供调整措施。

7.1.2 政府调控模型

在知识产权管理系统的演化过程中，政府部门会结合知识产权管理现状，以及知识产权管理系统中其他主体的知识产权管理行为，通过采取实施一定的政策工具，进行政策激励或行政监督，加强知识产权保护。针对主体的知识产权开发、保护和运营情况，各个主体之间积极进行信息的获取、反馈与更新，进行知识与技术的交流学习，从而规范与调整各自的管理行为策略，在主体之间形成了不断进行调整、学习、试错与修正，寻找理想决策策略的相互博弈局面。

演化博弈理论研究的是一定数量的群体在有限理性条件下的反复博弈与动态均衡，通过不断试错、调整博弈行为策略，最终获得最优决策策略，使得博弈过程获得演化均衡，该理论的主要内容是复制动态方程和演化稳定策略的理解与应用。本节基于演化博弈论理论，从政府监管视角剖析知识产权管理系统演化过程中政府对于系统主体实施知识产权活动宏观调控作用，探究宏观调控作用下政府与企业、高校及科研院所等研发主体之间合作博弈行为。

1. 模型构建

在当前我国大力实施知识产权战略、打造知识产权强国的背景下，政府不断完善知识产权管理相关制度体系，推进我国知识产权战略，加强知识产权保护，促进企业、高校及科研院所等主体积极开展知识产权开发、保护与运营管理活动，通过采取一定的行政措施约束和监督这些主体的管理行为。本节从政府监管视角探讨政府与企业、高校及科研院所等主体之间进行知识产权管理活动的两方博弈行为。在构建具体模型之前提出如下假设。

假设 1：在知识产权管理系统中，企业、高校和科研院所等主体实施知识产权研发活动，因此可以将其统称为"研发主体"，设研发主体均具有较强的学习、交流、管理能力，是具有各自管理行为策略的有限理性个体。研发主体之间的行为策略集合为 {合作研发，自主研发}。其中，合作研发是指研发主体双方之间通过构建合作伙伴关系、形成产学研联盟等方式进行知识产权的合作研发，利用资源的共享、风险成本共担，实现知识产权效益的共享；自主研发是指研发主体双方依靠自身资源、独立完成知识产权的创造与研发工作，独自承担知识产权开发带来的风险，获得绝大部分知识产权收益；设研发主体、政府均具有两种行为策略选择，即研发主体是否进行合作研发、政府是否进行监督。

假设 2：研发主体在进行知识产权合作研发之前的收益为 P，合作研发之后的收益为 P̄，合作过程中通过知识与技术吸收、信息共享、人员培训等方面的研发投入为 R，通过合作研发所带来额外知识产权效益（包括政府补贴等）为 U。

假设 3：政府大力支持研发主体进行知识产权的合作研发，对不积极进行合作研发主体给以行政处罚。政府部门一方面采取激励手段，对研发主体进行知识产权的合作研发活动进行政府优惠补贴，补贴额度为 I；政府部门另一方面采取监管与约束措施，对研发主体进行知识产权研发征税，设在实施合作研发前后的税率分别为 k 和 k̄，则合作研发前后的纳税额度分别为 kP 和 k̄P；政府对不采取合作研发的主体给以行政惩罚，处罚损失为 W。

假设 4：政府对研发主体进行知识产权开发与保护过程中由于调查、治理等所产生的监管成本为 M。

假设 5：知识产权管理系统中研发主体在知识产权研发活动中，采取合作研发策略的概率为 x（$0 \leqslant x \leqslant 1$），则采取自主研发策略的概率为（$1-x$）；政府采取监管策略的概率为 y（$0 \leqslant y \leqslant 1$），则采取不监管策略的概率为（$1-y$），x 与 y 均是时间 t 的函数。

根据上述假设，以系统主体的收益等于利润与成本之差为依据求得政府与研发主体之间的博弈支付矩阵，如表 7-1 所示。

表 7 - 1 政府与研发主体之间博弈支付矩阵

研发主体情况	政府	
	监管	不监管
合作研发	$\tilde{P} + U - \tilde{k}P - R$; $\tilde{k}P + W - M - I$	$\tilde{P} - R - kP$; $U + kP$
自主研发	$P - W - kP$; $W + kP - M$	$P - kP$; kP

资料来源：作者根据演化博弈理论整理。

根据上述假设条件和博弈双方支付矩阵，可以得到在采取不同策略情况下研发主体和政府的期望收益函数。其中，研发主体采取合作研发策略的期望收益为：

$$U_m^x = y(\tilde{P} + U - \tilde{k}P - R) + (1 - y)(\tilde{P} - R - kP)$$
$$= \tilde{P} - R - kP + y(kP - \tilde{k}P + U)$$

研发主体采取自主研发策略的期望收益为：

$$U_m^{1-x} = y(P - W - kP) + (1 - y)(P - kP) = P - kP - yW$$

则研发主体的混合策略平均期望收益为：

$$EU_m = xU_m^x + (1 - x)U_m^{1-x} = x[y(kP - \tilde{k}P + U) + \tilde{P} - R - kP]$$
$$+ (1 - x)(P - kP - yW)$$

政府对研发主体的知识产权研发活动采取监管策略得到的期望收益为：

$$U_g^y = x(\tilde{k}P + W - M - I) + (1 - x)(W + kP - M)$$
$$= x(\tilde{k}P - kP + U - W - I) + W + kP - M$$

政府对研发主体的知识产权研发活动采取不监管策略得到的期望收益为：

$$U_g^{1-y} = x(U + kP) + (1 - x)kP = xU + kP$$

则政府的混合策略平均期望收益为：

$$EU_g = yU_g^y + (1 - y)U_g^{1-y} = y[x(\tilde{k}P - kP + U - W - I)$$
$$+ W + kP - M] + (1 - y)(xU + kP)$$

2. 演化稳定性分析

政府与研发主体之间通过不断的学习、试错与调整自身策略，判断对方行为策略进而选择自身的博弈策略。在博弈双方动态调整自身策略过程中，得到不同博弈主体的动态复制方程。下面构建博弈主体的复制动态方程，并求解其演化稳定策略。

研发主体采取知识产权合作研发策略的演化复制动态方程为式（7-1）：

$$F(x) = \frac{dx}{dt} = x(U_m^x - EU_m) = x(1-x)\left[\tilde{P} - P - R + y(kP - \tilde{k}P + I + W)\right]$$

$$(7-1)$$

对式（7-1）求导可得：

$$F'(x) = (1-2x)\left[\tilde{P} - P - R + y(kP - \tilde{k}P + I + W)\right]$$

令 $F(x) = \frac{dx}{dt} = 0$，得到该复制动态方程的解为 $x^* = 0$，$x^* = 1$，$y^* = \frac{P + R - \tilde{P}}{(k - \tilde{k})P + I + W}$。

根据演化博弈理论中微分方程稳定性定理以及演化稳定策略的性质，当 $F(x^*) = 0$ 且 $F'(x^*) < 0$ 时，x^* 为演化稳定策略。下面针对几种不同情形下研发主体与政府的行为策略进行分析。

情形1：若 $y = y^*$，则对于所有的 x 均有 $F(x) = 0$，$F'(x) = 0$，即所有 x 均为稳定状态。此时，当政府对研发主体的知识产权研发进行监管的概率达到 $y^* = \frac{P + R - \tilde{P}}{(k - \tilde{k})P + I + W}$，研发主体进行知识产权合作研发的可能性都是稳定的，如图7-1（a）所示。

情形2：若 $\frac{P + R - \tilde{P}}{(k - \tilde{k})P + I + W} < 0$，即 $y^* < 0$，则 $y > y^*$ 恒成立。当 $x^* = 0$ 或者 $x^* = 1$ 时，可得 $F'(0) > 0$，$F'(1) < 0$，此时 $x^* = 1$ 为全局的唯一演化稳定策略，即无论政府是否对知识产权研发活动采取监管策略，研发主体都将采取合作研发策略作为最佳决策策略，如图7-1（b）所示。

情形3：若 $\frac{P + R - \tilde{P}}{(k - \tilde{k})P + I + W} > 0$，即 $y^* > 0$，则：

若 $y > y^*$，当 $x^* = 0$ 或者 $x^* = 1$ 时，可得 $F'(0) > 0$，$F'(1) < 0$，因此，此时 $x^* = 1$ 为全局的唯一演化稳定策略。当政府对研发主体的知识产权研发进行监管，且概率达到甚至超出 $\frac{P + R - \tilde{P}}{(k - \tilde{k})P + I + W}$ 时，则研发主体进行知识产权合作研发的可能性增加，并最终将合作研发策略作为最优的决策策略，如图7-1（b）所示。

若 $y < y^*$，当 $x^* = 0$ 或者 $x^* = 1$ 时，分别有 $F'(0) < 0$，$F'(1) > 0$，因此，此时 $x^* = 0$ 为全局的演化稳定策略。当政府对研发主体的知识产权研发进行监管的概率达不到 $\dfrac{P + R - \tilde{P}}{(k - \tilde{k})P + I + W}$ 时，研发主体进行知识产权合作

研发的可能性将不断减小，并最终将自主研发策略作为最优的决策策略，如图 7 - 1（c）所示。

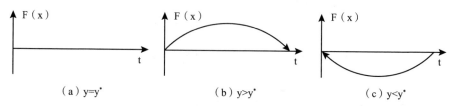

（a）y=y*   （b）y>y*   （c）y<y*

图 7 - 1　研发主体的复制动态相位图

资料来源：作者根据相关研究成果归纳。

动态方程为式（7 - 2）：

$$F(y) = \frac{dy}{dt} = y(U_g^y - EU_g) = y(1 - y)[x(\tilde{k}P - kP - I - W) + W - M]$$

$$(7 - 2)$$

对式（7 - 2）进行求导数，得到：

$$F'(y) = (1 - 2y)[x(\tilde{k}P - kP - I - W) + W - M]$$

令 $F(y) = \dfrac{dy}{dt} = 0$，解为 $y^* = 0$，$y^* = 1$，$x^* = \dfrac{W - M}{(k - \tilde{k})P + I + W}$。

根据复制动态方程的稳定性定理和演化稳定策略的性质可知，当 $F(y^*) = 0$，$F'(y^*) < 0$ 时，y^* 为演化稳定策略。下面针对几种不同情形下政府的监管行为策略进行分析：

情形 1：若 $x = x^*$，则对于所有的 y 有 $F(y) = 0$，$F'(y) = 0$，即对于所有的 y 均为稳定状态；当研发主体进行知识产权合作研发活动的概率为 $\dfrac{W - M}{(k - \tilde{k})P + I + W}$ 时，政府对研发主体的合作研发进行监管的可能性是稳定的，如图 7 - 2（a）所示。

情形 2：若 $\dfrac{W - M}{(k - \tilde{k})P + I + W} < 0$，即 $x^* < 0$，则 $x > x^*$ 恒成立。当 $y^* = 0$ 或者 $y^* = 1$ 时，分别有 $F'(0) < 0$，$F'(1) > 0$，因此，$y^* = 0$ 为全局的演化稳定策略。无论研发主体是否采取合作研发的策略，政府均将选择不监管作为最佳的决策策略，如图 7 - 2（b）所示。

情形3：若 $\dfrac{W-M}{(k-\tilde{k})P+I+W}>0$，即 $x^*>0$，则：

若 $x<x^*$，当 $y^*=0$ 或者 $y^*=1$ 时，分别有 $F'(0)>0$，$F'(1)<0$，此时 $y^*=1$ 为全局的演化稳定策略。当研发主体采取知识产权合作研发的概率小于 $\dfrac{W-M}{(k-\tilde{k})P+I+W}$ 时，政府对研发主体的知识产权研发活动的监管可能性不断增加，并最终采取监管作为最优的决策策略，如图 7-2（c）所示。

若 $x>x^*$，当 $y^*=0$ 或者 $y^*=1$，分别有 $F'(0)<0$，$F'(1)>0$，当研发主体进行知识产权合作研发的概率达到并不断超过 $\dfrac{W-M}{(k-\tilde{k})P+I+W}$ 时，政府对研发主体的知识产权研发活动的监管可能性不断减少，并最终采取不监管作为最优的决策策略，如图 7-2（b）所示。

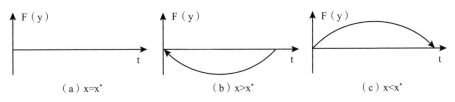

$$(a)\ x=x^* \qquad (b)\ x>x^* \qquad (c)\ x<x^*$$

图 7-2　政府的复制动态相位图

资料来源：作者根据相关研究成果归纳绘制。

由式（7-1）和式（7-2）构成的动态复制方程组，可以描述研发主体和政府之间的混合博弈演化策略。令 $F(x)=0$，$F(y)=0$，可得 5 个可能的复制动态均衡点，分别为：（0，0），（0，1），（1，0），（1，1），$\left(\dfrac{P+R-\tilde{P}}{(k-\tilde{k})P+I+W},\ \dfrac{W-M}{(k-\tilde{k})P+I+W}\right)$。当且仅当 $0\leqslant\dfrac{P+R-\tilde{P}}{(k-\tilde{k})P+I+W}\leqslant 1$，$0\leqslant\dfrac{W-M}{(k-\tilde{k})P+I+W}\leqslant 1$ 时成立。

根据政府和研发主体的复制动态方程及其均衡点情况，可以采用雅克比矩阵的局部稳定性分析均衡点的稳定性情况。构建该复制动态方程组的雅克比矩阵如下：

$$J=\begin{bmatrix}\dfrac{\partial F(x)}{\partial x} & \dfrac{\partial F(x)}{\partial y} \\[3mm] \dfrac{\partial F(y)}{\partial x} & \dfrac{\partial F(y)}{\partial y}\end{bmatrix}$$

$$= \begin{bmatrix} (1-2x)[\bar{P}-P-R+y(kP-\bar{k}P+I+W)] & x(1-x)(kP-\bar{k}P+I+W) \\ y(1-y)(\bar{k}P-kP-I-W) & (1-2y)[x(\bar{k}P-kP-I-W)+W-M] \end{bmatrix}$$

当雅克比矩阵中满足对应的行列式的值 $\det(J)>0$ 和矩阵的迹 $\mathrm{tr}(J)<0$ 时，认为此时对应的系统均衡点是渐进稳定的，是演化稳定策略（ESS）。本书通过计算，求出五个可能均衡点的稳定性分析结果如表 7-2 至表 7-5 所示（各表中字母 N 表示符号不定）。

表 7-2　　当 $\bar{P}-P-R<0$，$W-M<0$ 时均衡点的局部稳定性分析

均衡点	变量	(0, 0)	(0, 1)	(1, 0)	(1, 1)	(x*, y*)
$\bar{P}-P-R+(kP-\bar{k}P+I+W)<0$ $(\bar{k}P-kP-I-W)+W-M<0$	det(J)	+	−	−	+	
	tr(J)	−	N	N	+	
	ESS	是	否	否	否	
$\bar{P}-P-R+(kP-\bar{k}P+I+W)>0$ $(\bar{k}P-kP-I-W)+W-M<0$	det(J)	+	+	−	−	
	tr(J)	−	+	N	N	
	ESS	是	否	否	否	
$\bar{P}-P-R+(kP-\bar{k}P+I+W)<0$ $(\bar{k}P-kP-I-W)+W-M>0$	det(J)	+	−	+	−	
	tr(J)	−	N	+	N	
	ESS	是	否	否	否	

资料来源：作者计算。

表 7-3　　当 $\bar{P}-P-R>0$，$W-M<0$ 时均衡点的局部稳定性分析

均衡点	变量	(0, 0)	(0, 1)	(1, 0)	(1, 1)	(x*, y*)
$\bar{P}-P-R+(kP-\bar{k}P+I+W)<0$ $(\bar{k}P-kP-I-W)+W-M<0$	det(J)	−	−	+	+	
	tr(J)	−	N	−	+	
	ESS	否	否	是	否	
$\bar{P}-P-R+(kP-\bar{k}P+I+W)>0$ $(\bar{k}P-kP-I-W)+W-M<0$	det(J)	−	+	+	−	
	tr(J)	N	+	−	N	
	ESS	否	否	是	否	
$\bar{P}-P-R+(kP-\bar{k}P+I+W)<0$ $(\bar{k}P-kP-I-W)+W-M>0$	det(J)	−	−	−	−	
	tr(J)	N	N	N	N	
	ESS	否	否	否	否	
$\bar{P}-P-R+(kP-\bar{k}P+I+W)>0$ $(\bar{k}P-kP-I-W)+W-M>0$	det(J)	+	+	−	+	
	tr(J)	−	+	N	−	
	ESS	是	否	否	是	

资料来源：作者计算。

表 7 - 4　　　当 $\bar{P} - P - R < 0$，$W - M > 0$ 时均衡点的局部稳定性分析

均衡点	变量	(0, 0)	(0, 1)	(1, 0)	(1, 1)	(x^*, y^*)
$\bar{P} - P - R + (kP - \bar{k}P + I + W) < 0$ $(\bar{k}P - kP - I - W) + W - M < 0$	det(J)	−	+	−	+	
	tr(J)	−	−	N	+	
	ESS	否	是	否	否	
$\bar{P} - P - R + (kP - \bar{k}P + I + W) > 0$ $(\bar{k}P - kP - I - W) + W - M < 0$	det(J)	−	−	−	−	
	tr(J)	N	N	N	N	
	ESS	否	否	否	否	
$\bar{P} - P - R + (kP - \bar{k}P + I + W) < 0$ $(\bar{k}P - kP - I - W) + W - M > 0$	det(J)	−	+	+	−	
	tr(J)	N	−	+	N	
	ESS	否	是	否	否	
$\bar{P} - P - R + (kP - \bar{k}P + I + W) > 0$ $(\bar{k}P - kP - I - W) + W - M > 0$	det(J)	−	−	+	+	
	tr(J)	+	N	+	−	
	ESS	否	否	否	是	

资料来源：作者计算。

表 7 - 5　　　当 $\bar{P} - P - R > 0$，$W - M > 0$ 时均衡点的局部稳定性分析

均衡点	变量	(0, 0)	(0, 1)	(1, 0)	(1, 1)	(x^*, y^*)
$\bar{P} - P - R + (kP - \bar{k}P + I + W) > 0$ $(\bar{k}P - kP - I - W) + W - M < 0$	det(J)	+	−	+	−	
	tr(J)	+	N	−	N	
	ESS	否	否	是	否	
$\bar{P} - P - R + (kP - \bar{k}P + I + W) < 0$ $(\bar{k}P - kP - I - W) + W - M > 0$	det(J)	+	+	−	−	
	tr(J)	+	+	N	N	
	ESS	否	是	否	否	
$\bar{P} - P - R + (kP - \bar{k}P + I + W) > 0$ $(\bar{k}P - kP - I - W) + W - M > 0$	det(J)	+	−	−	+	
	tr(J)	+	N	N	−	
	ESS	否	否	否	是	

资料来源：作者计算。

　　从表 7 - 2 至表 7 - 5 可知，不同参数满足不同的条件时，可以得到不同的 ESS。具体可以得到以下结论。

　　（1）当 $\bar{P} - P - R < 0$，$W - M < 0$ 时，（0, 0）是系统的演化稳定点。如表 7 - 2 所示，当研发主体采取合作研发前后的收益之差 $\bar{P} - P$ 小于采取合

作研发的研发投入 R，且不采取合作研发所产生的政府处罚损失 W 小于政府的监管成本 M 时，政府和研发主体之间经过多次博弈，最终系统达到了研发主体选择自主研发，政府采取不监管的稳定状态。此时，无论 $\bar{P} - P - R + (kP - \bar{k}P + I + W)$、$(\bar{k}P - kP - I - W) + W - M$ 分别取何值，系统均趋向于演化稳定点（0，0）。因此，在此情况下，将政府与研发主体两者的复制动态关系用坐标轴表示，假设政府和研发主体之间的博弈行为选择的比例均匀分布在平面 $\{(x, y) | 0 \le x \le 1, 0 \le y \le 1\}$ 中，得到研发主体与政府之间的复制动态博弈关系及演化趋势相位图见图 7 - 3（a）。其中，O 点是渐进稳定的，是政府与研发主体的博弈演化稳定策略，表示政府对研发主体的知识产权研发活动采取不监管策略，研发主体采取自主研发策略进行知识产权研发活动，此时研发主体将依靠自身的资源、技术及人才等进行独立研发知识产权，获取绝大部分知识产权经济效益。

（2）当 $\bar{P} - P - R > 0$，$W - M < 0$ 时，即当研发主体采取合作研发前后的收益之差 $\bar{P} - P$ 大于采取合作研发的研发投入 R，且不采取合作研发所产生的政府处罚损失 W 小于政府的监管成本 M 时，分三种情形，如表 7 - 3 所示。

若 $(\bar{k}P - kP - I - W) + W - M < 0$，无论 $\bar{P} - P - R + (kP - \bar{k}P + I + W)$ 取何值，（1，0）均是系统的演化稳定点。即如果合作研发前的纳税额度 kP 与政府补贴额度 I、政府监管成本 M 之和大于合作研发后的纳税额度 $\bar{k}P$，那么政府和研发主体之间经过多次博弈后，最终系统达到了研发主体选择合作研发，政府采取不监管的稳定状态。在此情况下，得到研发主体与政府之间的复制动态博弈关系及演化趋势相位图见图 7 - 3（b）。其中，A 点是渐进稳定的，是政府与研发主体的博弈演化稳定策略。A 点表明政府对研发主体的知识产权研发活动采取不监管策略，研发主体采取合作研发策略进行知识产权研发活动，此时研发主体将与其他的企业、高校及科研院所等主体之间构建合作关系，通过知识、技术共享，合作研发知识产权，在利益共享，风险共担方式下创造知识产权收益。

若 $\bar{P} - P - R + (kP - \bar{k}P + I + W) < 0$，且 $(\bar{k}P - kP - I - W) + W - M > 0$，系统不存在演化稳定点，此时，政府和研发主体之间经过多次博弈一直不能达到演化稳定状态。

若 $\bar{P} - P - R + (kP - \bar{k}P + I + W) > 0$，且 $(\bar{k}P - kP - I - W) + W - M > 0$，（0，0）和（1，1）均是系统的演化稳定点。政府和研发主体之间经过多次博弈后，最终系统达到了一旦研发主体选择合作研发，则政府采取监管，或者研发主体选择自主研发，则政府采取不监管的稳定状态。在此情况下，得到研发主体与政府之间的复制动态博弈关系及演化趋势相位图如图 7 - 3（c）所示。其中，以 ADC 线为界限，将平面区域 ABCO 划分为 ABCD 区域和 AOCD 区域两个部分。系统会收敛于均衡点 B 和 O。此时若要使系统以最大的概率收敛于均衡点 B，则政府和研发主体的选择策略的概率应位于 ABCD 区域内，此时需要 $x > x^*$，$y > y^*$。若税率 k、处罚损失 W 和政府监管成本 M 越大，则均衡点越远离 B 点；若合作研发投入 R 越大，则均衡点越倾向于 B 点。因此，研发主体应当增加合作研发投入，同时政府应当采取降低税率、惩罚损失和监管成本等措施，使 $x > x^*$，$y > y^*$，促进研发主体的最终选择合作研发策略，政府采取监管策略，从而提高整个知识产权管理系统的演化效率，提升知识产权管理绩效。

（3）当 $\bar{P} - P - R < 0$，$W - M > 0$ 时，即当研发主体采取合作研发前后的收益之差 $\bar{P} - P$ 小于采取合作研发的研发投入 R，且不采取合作研发所产生的政府处罚损失 W 大于政府的监管成本 M 时，分三种情形，如表 7 - 4 所示。

若 $\bar{P} - P - R + (kP - \bar{k}P + I + W) < 0$，无论 $(\bar{k}P - kP - I - W) + W - M$ 取何值，（0，1）均是系统的演化稳定点。政府和研发主体之间经过多次博弈后，最终系统达到了研发主体选择自主研发、政府采取监管的稳定状态。在此情况下，得到研发主体与政府之间的复制动态博弈关系及演化趋势相位图如图 7 - 3（d）所示。其中，C 点是渐进稳定的，是政府与研发主体的博弈演化稳定策略。C 点表明政府对研发主体的知识产权研发活动采取监管策略，研发主体采取自主研发策略进行知识产权研发活动，此时研发主体将依靠自身的资源、技术及人才等进行独立研发知识产权，获取绝大部分知识产权经济效益。

若 $\bar{P} - P - R + (kP - \bar{k}P + I + W) > 0$，且 $(\bar{k}P - kP - I - W) + W - M < 0$，系统不存在演化稳定点，此时，政府和研发主体之间经过多次博弈一直不能达到演化稳定状态。

若 $\bar{P} - P - R + (kP - \bar{k}P + I + W) > 0$，且 $(\bar{k}P - kP - I - W) + W - M > 0$，（1，1）是系统的演化稳定点。政府和研发主体之间经过多次博弈后，最终系统达到了研发主体选择合作研发策略，政府采取监管策略的稳定状态。在此情况下，得到研发主体与政府之间的复制动态博弈关系及演化趋势相位图如图 7 - 3（e）所示。其中，B 点是渐进稳定的，是政府与研发主体的博弈演化稳定策略。B 点表明政府对研发主体的知识产权研发活动采取监管策略，研发主体采取合作研发策略进行知识产权研发活动。

（4）当 $\bar{P} - P - R > 0$，$W - M > 0$ 时，即当研发主体采取合作研发前后的收益之差 $\bar{P} - P$ 大于采取合作研发的研发投入 R，且不采取合作研发所产生的政府处罚损失 W 大于政府的监管成本 M 时，分三种情形，如表 7 - 5 所示。

若 $\bar{P} - P - R + (kP - \bar{k}P + I + W) > 0$，且 $(\bar{k}P - kP - I - W) + W - M < 0$，（1，0）是系统的演化稳定点。政府和研发主体之间经过多次博弈后，最终系统达到了研发主体选择合作研发、政府采取不监管的稳定状态。在此情况下，得到研发主体与政府之间的复制动态博弈关系及演化趋势相位图如图 7 - 3（b）所示。其中，A 点是渐进稳定的，是政府与研发主体的博弈演化稳定策略。A 点表明政府对研发主体的知识产权研发活动采取不监管策略，研发主体采取合作研发策略进行知识产权研发活动。

若 $\bar{P} - P - R + (kP - \bar{k}P + I + W) < 0$，且 $(\bar{k}P - kP - I - W) + W - M > 0$，（0，1）是系统的演化稳定点。政府和研发主体之间经过多次博弈后，最终系统达到了研发主体选择自主研发、政府采取监管的稳定状态。在此情况下，得到研发主体与政府之间的复制动态博弈关系及演化趋势相位图如图 7 - 3（d）所示。其中，C 点是渐进稳定的，是政府与研发主体的博弈演化稳定策略。C 点表明政府对研发主体的知识产权研发活动采取监管策略，研发主体采取自主研发策略进行知识产权研发活动。

若 $\bar{P} - P - R + (kP - \bar{k}P + I + W) > 0$，且 $(\bar{k}P - kP - I - W) + W - M > 0$，（1，1）是系统的演化稳定点。政府和研发主体之间经过多次博弈后，最终系统达到了研发主体选择合作研发策略，政府采取监管策略的稳定状态。在此情况下，得到研发主体与政府之间的复制动态博弈关系及演化趋势相位图如图 7 - 3（e）所示。其中，B 点是渐进稳定的，是政府与研发主体的博弈演化稳定策略。B 点表明政府对研发主体的知识产权研发活动采取监管策略，研发主体采取合作研发策略进行知识产权研发活动。

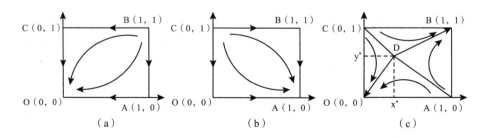

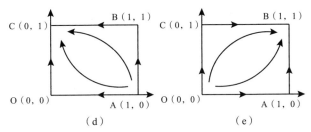

图7-3　政府与研发主体的博弈双方复制动态及策略选择相位图

资料来源：作者计算。

3. 数值仿真分析

根据上述分析结果，下面利用 Matlab 软件对研发主体和政府的复制动态方程进行数值模拟仿真，模拟其决策策略的动态演化过程，并考察系统初始状态各个主要参数发生变化情形下，政府和研发主体策略的进化稳定性。设研发主体和政府之间博弈过程中相关参数的取值分别为：研发主体与政府进行合作研发前后收益分别为 P = 100 和 P̄ = 120，合作研发过程中通过知识与技术吸收、信息共享、人员培训等方面的研发投入为 R = 50，政府补贴额度 I = 20，研发主体采取合作研发策略前后政府对其征收税率分别为 k = 0.5，k̄ = 0.3，政府对不采取合作研发的主体给予处罚，损失为 W = 30，政府的监管成本为 M = 10。此时，将相关参数代入式（7-1）和式（7-2）中，可得到 x* = 0.28，y* = 0.43。

当政府对研发主体的知识产权研发活动采取监管策略的概率较大时，即当 y > y* = 0.43，如取 y = 0.7，则研发主体的选择策略随时间变化的动态演化过程如图7-4（a）所示。此时，当政府采取监管策略的概率为 0.7 时，研发主体在不同合作研发策略的初始概率下，策略比例最终会收敛于1，且研发主体采取合作研发策略初始概率越大，系统向稳定点收敛速度越快，越接近均衡状态，即当政府采取监管策略的概率大于 0.43 时，最终研发主体将采取合作研发作为最佳策略，通过与其他企业、高校或科研院所等主体之间形成合作关系，利用资源、技术、信息等优势互补，共同研发知识产权，提高知识产权研发效率，减少研发投入成本，加快知识产权成果转化与应用。相反，若政府对研发主体的知识产权活动采取监管的概率较小时，即当 y < y* = 0.43，如取 y = 0.2，则研发主体的选择策略随时间变化的动态演化过程如图7-4（b）所示。此时，20% 概率的政府采取监管策略时，研发主

体在不同合作研发策略的初始概率下，策略比例最终会收敛于0，且研发主体采取合作研发策略初始概率越小，系统向稳定点收敛速度越快，越接近均衡状态，即当政府采取监管策略的概率小于0.43时，最终研发主体将采取自主研发作为最佳策略，依靠自身资源、独立完成知识产权的创造与研发工作，独自承担知识产权开发带来的风险，获得绝大部分知识产权收益。

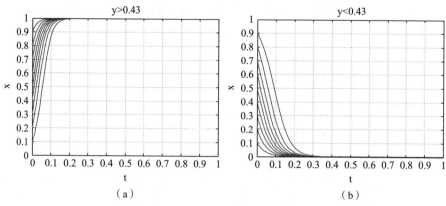

图7-4 研发主体选择策略的动态演化过程

资料来源：Matlab 输出。

若研发主体采取知识产权合作研发的概率较大时，即当 $x > x^* = 0.28$，如取 $x = 0.6$，则政府选择策略随时间变化的动态演化过程如图7-5（a）所示。此时，当研发主体采取合作研发策略的概率为0.6时，政府在不同监管策略的初始概率下，策略比例最终会收敛于0，且政府采取监管策略初始概率越小，系统向稳定点收敛速度越快，越接近均衡状态，即当研发主体采取知识产权合作研发策略的概率大于0.28时，最终政府将采取不监管作为最佳策略；相反，若研发主体采取知识产权合作研发的概率较小时，即当 $x < x^* = 0.28$，如取 $x = 0.1$，则政府选择策略随时间变化的动态演化过程如图7-5（b）所示。此时，当研发主体采取合作研发策略的概率为0.1时，政府在不同监管策略的初始概率下，策略比例最终会收敛于1，且政府采取监管策略初始概率越大，系统向稳定点收敛速度越快，越接近均衡状态，即当研发主体采取知识产权合作研发策略的概率小于0.28时，最终政府将采取监管作为最佳策略。通过加大对知识产权违法事件处罚力度，加强知识产权研发、运营等环节的监管，积极推进实施知识产权相关优惠政策，从而提高整个知识产权管理系统的知识产权保护水平，保障整个系统的稳定有序演化发展。

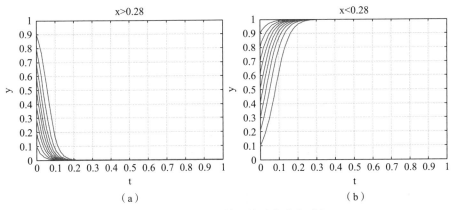

图 7 - 5　政府选择策略的动态演化过程

资料来源：Matlab 输出。

下面针对初始概率 x = 0.5 情境下，分析不同税率 k 对知识产权管理系统内主体的选择策略的影响。令税率 k 分别取值 0.4、0.6、0.7、0.9，则研发主体选择策略情况如图 7 - 6 所示。当税率 k 分别取值 0.4、0.6、0.7、0.9 时，系统收敛于研发主体采取自主研发的策略，此时系统朝着非理想的稳定状态演化；税率 k 越大，系统向这种非理想的稳定状态演化的速度越快。因此，政府对于研发主体的税收征收越高，研发主体越倾向于选择自主研发进行知识产权创造。主要是由于企业、高校及科研院所等采取合作研发

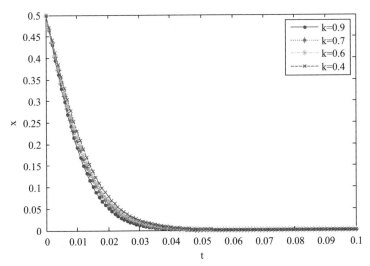

图 7 - 6　税率对研发主体决策演化的影响

资料来源：Matlab 输出。

的方式时，涉及各个利益主体之间知识产权权益的分配问题，它们组成的合作联盟或组织将面临税收分担比例确定、知识产权经济效益分配比重不均等一系列问题，进而易导致知识产权等纠纷，因此大多数研发主体更愿意选择自主研发进行知识产权创造。

下面针对初始概率 $x = 0.5$ 情境下，分析不同补贴额度 I 对知识产权管理系统内研发主体的选择策略的影响。令补贴额度 I 分别取值 10、30、50、70，得到研发主体决策的演化情况如图 7-7 所示。随着政府对研发主体进行知识产权研发的补贴额度越来越高，研发主体为了获得绝大多数知识产权收益，将选择通过自主研发来进行知识产权的创造，系统向研发主体选择自主研发的状态演化，且其演化速度越来越快。此时，政府通过政策补贴、优惠减税等措施鼓励企业、高校和科研院所开展自主研发知识产权活动，进而带动企业、高校及科研院所等将加大知识产权研发投入，引进高素质知识产权人才，提高技术创新能力，促进自主知识产权成果的产出。

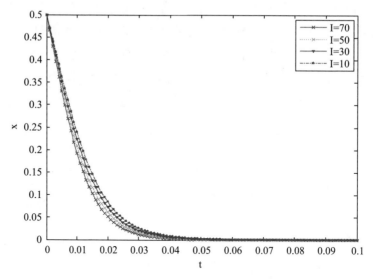

图 7-7 补贴额度对研发主体决策演化的影响

资料来源：Matlab 输出。

下面针对初始概率 $x = 0.5$ 情境下，分析不同政府惩罚损失，即惩罚力度 W 对知识产权管理系统内研发主体的选择策略的影响。令惩罚力度 W 分别取值 20、50、100、150，得到研发主体决策的演化情况如图 7-8 所示。当惩罚力度 W 分别取值为 20、50、100 时，系统收敛于研发主体选择通过自主研发进行知识产权创造的非理想稳定状态。且随着惩罚力度越来越小，系统向自主研发策略的演化速度越快。而当 W 取值较大，如取值 150 时，系统收敛于研发主体选择合作研发方式进行知识产权创造活动的理想稳定状态。即当政府针对研发主体不采取合作研发的行为进行惩罚的力度较小时，研发主体将倾向于选择自主研发策略进行知识产权创造；反之，当政府针对研发主体不采取合作研发的行为进行惩罚的力度较大时，企业、高校和科研院所将积极构建合作伙伴关系，通过知识、技术、人才和信息等资源共享，优势互补，通过采取合作研发进行知识产权创造。因此，政府对企业、高校及科研院所等研发主体的惩罚力度应该根据不同研发主体的知识产权开发、运营等实际情况，鼓励研发主体积极进行合作研发，通过利益共享、风险共担等方式，提高知识产权研发效率。

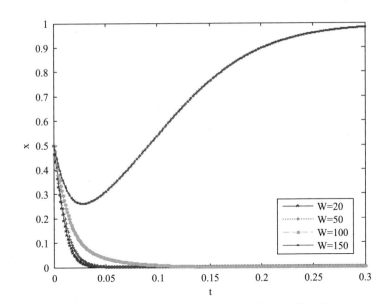

图 7 - 8　政府惩罚损失对研发主体决策演化的影响

资料来源：Matlab 输出。

7.1.3　政府调控机制

1. 政策引导机制

在当前我国大力推进知识产权强国战略的背景下，我国政府应当以促进高质量知识产权创造、高水平知识产权保护、高价值知识产权运营为核心，强化知识产权管理政策制度供给，推动新时代知识产权强国的建设。上节中模拟仿真的结果说明，政府对于企业、高校及科研院所等研发主体知识产权活动的政策补贴等优惠政策，可以引导研发主体的知识产权研发活动，进而对知识产权产出、知识产权研发效率等具有一定的影响。鉴于此，政府部门应当加强知识产权政策引导，完善知识产权管理体系。

（1）完善知识产权相关法律法规和制度，强化知识产权保护。政府部门应当充分响应社会上对于知识产权管理需求，加强对知识产权法律法规和制度的修改与完善，全力推进《专利法》《专利审查指南》与《专利代理条例》等一系列规章法规的修订工作，以实现知识产权法律法规和制度与社会需求对接，推动我国科技创新发展进程，加快实施知识产权发展战略和创新驱动发展战略，提升我国整体知识产权管理能力和创新水平。政府应当引导各地知识产权局部门强化知识产权执法保护，积极强化知识产权案件信息公开分级责任制，构建健全知识产权维权援助系统，推动各地区成立知识产权保护中心和维权中心；同时，应充分利用当前新兴技术大幅度提高专利行政执法效率，营造良好的知识产权市场秩序。

（2）政府应当创新知识产权领域的社会治理，全面优化知识产权公共服务。加强专利代理行业服务规范化建设工作中，出台相关国家标准或规范来约束专利代理机构，扶持各地区打造知识产权服务品牌培育机构，形成知识产权服务业集聚发展示范区。在当前"互联网＋"和"大数据"的背景下，政府应当全面推进知识产权信息服务工作，深化有关"互联网＋"专利文献服务，推进知识产权领域的智库建设工作，搭建专利信息与检索平台，通过国家知识产权局和各地知识产权局提供专利信息数据资源，为全国范围内专利信息服务提供保障。

（3）政府应当加强知识产权优惠政策倾斜，营造知识产权良好法律与学习氛围。通过颁布一系列知识产权人才引进政策，激励知识产权密集型企业加强人才引进和培养，鼓励知识产权人才积极提高知识产权技能，加强知识产权相关法律知识与制度学习，参与知识产权创造与技术创新活动中，提高知识产权人才队伍的综合素质；同时，引导知识产权密集型企业完善其内部知识产权管理体系，建立知识产权管理的组织架构，提高员工的知识产权保护意识。在知识产权研发财政资金支持方面，政府应该对高技术企业、装备制造企业，尤其是一些知识产权密集型企业进行适当的倾斜。同时，积极引导知识产权管理系统中的金融机构降低知识产权创造的贷款成本，尤其对一些新兴的知识产权密集企业,积极出台优惠政策鼓励跨行业、跨领域的合作研发,提高知识产权产出效率。此外,政府应当根据不同地区或区域的知识产权发展现状及知识产权管理水平,制定相关区域或行业的知识产权倾斜政策,促进不同地区知识产权管理水平的协调发展;通过对高校、科研院所等主体知识产权创造活动实施政府采购措施,满足知识产权密集型产业或企业在知识产权创造过程中的仪器、软件、材料及设备等物资需求,减小其知识产权创造投入成本,提高其知识产权研发效率。

2. 政府监管机制

政府作为知识产权管理系统中的行政型主体,对知识产权创造、运营与保护过程的行政监管情况将直接影响知识产权研发效率、知识产权成果转化与应用,进而影响各个主体的知识产权管理绩效水平。上节的模拟仿真的结果也显示,政府的惩罚力度对于知识产权管理系统中的企业、高校及科研院所等研发主体的知识产权合作研发具有一定的影响。鉴于此,政府应当强化知识产权活动的监管,规范知识产权市场秩序,保障知识产权管理系统的稳定有序发展。

政府可以成立知识产权专项研发基金,该基金用于知识产权研发资金以及金融机构对于知识产权质押融资与贷款等事项。企业可以申请该项基金用于知识产权研发投入,尤其是知识产权合作研发情况下,该基金可以为产学研合作项目开发提供资金支持,政府对项目风险进行担保。不仅可以促进产学研合作研发知识产权,提高知识产权研发效率,而且可以减少企业知识产权投入风险,提高企业知识产权管理绩效。

政府应当创新知识产权执法维权,全面加强知识产权保护力度。各地政府应当聚焦重点领域和关键环节,开展知识产权不法行为治理专项行动,对知识产权侵权违法事件进行集中治理与整治,尤其是针对我国电子商务领域中知识产权侵权违法事件要严厉打击,加强知识产权违法纠纷案件处罚力度,并借助"互联网+"技术,积极采用实时监测、源头追溯、在线识别等大数据、人工智能以及"互联网+"技术,强化知识产权保护工作,推进线上线下一体化协调治理,建立"互联网+"知识产权保护机制,从而提升打击知识产权侵权假冒行为的效率与精准度,推进知识产权"严保护""大保护""快保护"和"同保护"。深化知识产权跨区域的知识产权执法协调机制,如京津冀、长江经济带区域执法协调机制,在信息共享、协助调查与快速解决知识产权纠纷等方面加强合作，提高知识产权执法水平。

3. 环境保障机制

政府应当努力营造良好的知识产权研发、保护和运营氛围，如减免知识产权研发相关税收额度、搭建完善的知识产权信息服务与检索平台等。同时，政府应该营造良好的知识产权市场竞争环境，引导知识产权管理主体采取适当的竞合策略，一方面，鼓励企业、高校及科研院所等积极构建合作关系，通过利益共享、风险共担方式实现共赢；另一方面，对打破知识产权市场秩序，不规范的知识产权竞争行为进行严厉打击与治理，优化知识产权研发、保护与运营环境。

优化知识产权管理经济环境，协调区域知识产权管理水平。由于受到我国经济发展具有东高西地的区域分布特征，受到地区经济发展水平的影响，我国知识产权发展水平产生了区域差异性和分布不均衡特征，中西部地区的知识产权管理水平较低，东部沿海地区知识产权管理水平较理想，为了协调我国不同区域知识产权发展水平协调发展，政府部门应该出台相关扶持政策，利用当地自然、资源禀赋条件等，发展区域经济，缩小我国在不同区域的经济发展差异，为区域知识产权管理营造良好的经济发展条件。

强化知识产权管理的国际合作。我国应当积极参与世界知识产权组织框架下的多双边事务，推动完善知识产权全球治理。同时应该努力推进知识产权"一带一路"合作和中美欧日韩、金砖国家等小多边合作，构建双边、多边联动、协调推进的知识产权国际合作格局。我国应该积极与其他国家、地区和国际组织签订多双边合作协议，构建多双边合作机制，通过加强知识产权的国际合作，推动构建开放包容、平衡有效的知识产权国际规则，有效保护"走出去"的中国知识产权，促进物畅其流、货通天下，科技文化深入交流，推动构建开放型世界经济，实现共同繁荣发展。

7.2 知识产权管理系统演化的产学研耦合机制

7.2.1 产学研协同创新耦合机理分析

耦合是指两个或两个以上系统之间的相互作用、影响，使得系统与系统之间实现协调共生的动态关联关系。耦合体现在关联性、整体性、多样性和协调性四个方面。关联性是指系统内部的各个要素相互关联，整体性是指耦合系统是一个完整的系统，多样性是指耦合系统通过各种连接方式形成多种组合形式，协调性是指各要素之间相互协同且形成优势互补的良性系统。

根据耦合的含义和特征，耦合系统作为一个整体性系统，其内部要素或子系统之间相互作用、相互影响，使得系统整体向着良性发展。在知识产权管理系统演化过程中，系统内部产学研之间构成一种合作组织或协同创新系统，以产学研主体为核心，通过主体之间合作与协调进行协同创新，这种协同模式是多层次的、全方位。因此，从横向的系统视角，产学研之间所构成的协同创新系统可以看作是由企业、高校及科研院所等主体构成，各个主体之间相互协作、相互促进，实现知识、技术共享，通过合作创新的方式，在知识产权产品及知识产权服务等方面实现互补和融合。产学研协同创新耦合正是指产学研合作创新系统中，各子系统之间、各主体之间、各个要素之间通过相互作用、相互影响，实现互动和共同促进的正向关联关系。整个耦合系统是在政府宏观调控的政策引导机制、政府监督机制和环境保障机制的综合作用下，内部主体之间、子系统之间实现互动耦合，促进提高产学研创新能力，提高知识产权自主创新水平，从而大大提升知识产权研发效率，推动知识产权管理系统有序演化发展。

产学研协同创新系统具有开放性、动态性、非线性等特征，内部要素、主体及各子系统之间通过相互作用、相互影响，实现相互促进、相互协调共生的动态耦合关系。这种耦合关系的层次结构具体表现在三个层次。（1）产学研协同创新耦合系统内资源要素之间的耦合互动。用于知识产权开发、运营和保护活动的各种知识、技术、信息及人才等创新资源要素之间相互促进、相互影响，促进知识、信息、资金、人才等在产学研主体之间流动、传播和扩散等，从而加快知识产权产出，提高知识产权研发效率。（2）产学研协同创新耦合系统内主体要素之间的相互耦合互动。企业、高校、科研院所等主体之间相互促进、相互影响，通过利益共享、风险共担的合作创新模式，促进知识产权管理水平的提升。（3）产学研协同创新耦合系统与外部知识产权管理战略规划、政策制度、经济文化等环境条件之间的耦合互动。以上几个层次的耦合互动关系从整体上揭示了产学研协同创新耦合系统内的耦合互动关系，如图 7-9 所示。

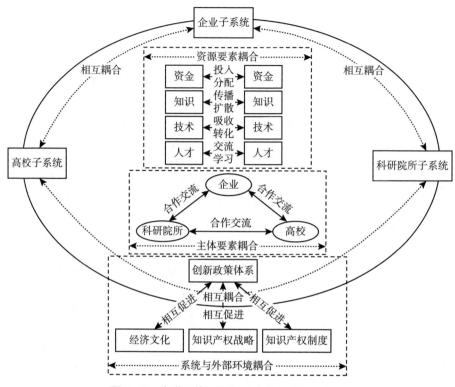

图 7-9 产学研协同创新耦合关系的层次结构

资料来源：作者根据相关研究归纳。

产学研协同创新耦合系统可以划分为企业子系统、高校子系统和科研院所子系统三个子系统。其中，企业子系统是整个系统的核心部分。企业依靠自身的知识产权研发资金、技术产业化、知识产权资源要素整合等优势，借助知识产权转让、知识产权研发项目的合作、知识产权人才交流等途径，从高校、科研院所引进一批高素质的知识产权人才，进而优化知识产权创造与工艺流程，提高知识产权研发效率，提高知识产权成果转化率，降低知识产权创造投入成本，追求知识产权经济效益最优化目标。高校子系统是协同创新过程中进行基础研究和人才培养的主要部分。高校作为知识与技术的创造主体，通过基础知识研究、人才培养、技术创新等优势，为企业输送知识产权人才、新知识与技术，向企业转让知识产权成果，实现技术扩散与知识的传播。科研院所所子系统是协同创新过程中进行项目合作、科研支持等的关键。不仅可以与高校合作进行技术创新，而且可以开展知识产权人才培养、科技研究等，为企业输送人才，为高校提供科技研究平台。政府与中介机构分别为产学研协同创新提供政策支持与合作平台，为产学研之间进行协同创新提供纽带。总之，在知识产权相关政策、知识产权市场需求与竞争、经济文化环境等环境作用下，企业、高校及科研院所等产学研主体发挥各自创新资源与功能优势，共同开展知识产权研发与技术创新活动，打破资金、知识、技术、人才等资源要素在产学研之间的壁垒，通过互补融合与汇聚，充分发挥各自的创新能力与知识产权管理能力，从而形成一个利益共享、风险共担的耦合互动关系。高度耦合与协调的产学研关系可以促进知识产权管理系统整体的有序演化发展。

7.2.2 产学研协同创新耦合度测度模型

产学研协同创新耦合系统是在企业、高校及科研院所等构成的子系统之间相互协同、相互配合作用下所形成的。产学研协同创新是产学研合作创新的高级形式，对于产学研协同创新耦合强度的测度可以促进企业、高校与科研院所之间加强协同创新，积极完善自身合作创新行为，进而提升整体的协同创新水平。下面将采用耦合度表征产学研协同创新系统内各个子系统之间的耦合水平，产学研协同创新系统耦合度是企业子系统、高校子系统和科研院所子系统之间在产学研协同创新中相互影响、相互作用的程度大小，描述在知识产权管理系统演化过程中，企业、高校及科研院所等子系统对产学研协同创新的影响强度及贡献程度，充分反映了系统从无序走向有序的演化趋势。

1. 指标体系构建

在对产学研协同创新系统耦合度测度之前，首先需要构建科学合理的耦合度测度指标体系，以全面科学地测度产学研协同创新的耦合协调发展实际情况，充分体现出不同子系统进行协同创新的功能特点，鉴于此，本书遵循系统性、科学性、客观性、可获得性和可操作性等原则，参考胡慧玲（2012）、苏屹（2013）、盛彦文（2014）、韩晶怡（2018）、陈萍（2008）、黄鲁成（2008）、邵云飞（2018）等人对产学研协同创新系统评价指标设计的基础上，从协同创新投入、协同创新产出和协同创新支持视角，构建产学研协同创新的耦合度测度指标体系，如表 7-6 所示。

表 7 – 6 产学研协同创新系统耦合度测度指标体系

系统	一级指标	二级指标	单位
企业子系统（A）	协同创新投入（A1）	R&D 人员全时当量（A11）	人年
		R&D 经费支出占主营业务收入比重（A12）	%
		R&D 项目经费投入（A13）	亿元
		办 R&D 机构人数（A14）	万人
		办 R&D 机构数（A15）	个
	协同创新产出（A2）	R&D 项目数（A21）	项
		拥有发明专利数（A22）	件
		新产品开发项目数（A23）	项
		新产品销售收入（A24）	万元
	协同创新支持（A3）	有 R&D 活动企业所占比重（A31）	%
		R&D 经费内部支出中政府资金比重（A32）	%
高校子系统（B）	协同创新投入（B1）	R&D 人员全时当量（B11）	万人年
		R&D 经费支出（B12）	亿元
		R&D 课题经费投入（B13）	亿元
		R&D 课题人员全时当量（B14）	万人年
		拥有研发机构数（B15）	个
	协同创新产出（B2）	R&D 课题数（B21）	项
		拥有发明专利数（B22）	件
		发表科技论文数（B23）	篇
		出版科技著作数（B24）	种
		专利所有权许可及转让数（B25）	件
		形成国家或行业标准数（B26）	项
	协同创新支持（B3）	R&D 经费支出中企业资金比重（B31）	%
		R&D 经费支出中政府资金比重（B32）	%
科研院所子系统（C）	协同创新投入（C1）	R&D 人员全时当量（C11）	万人年
		R&D 经费支出（C12）	亿元
		R&D 课题经费投入（C13）	亿元
		R&D 课题人员全时当量（C14）	万人年
		科研与开发机构数（C15）	个

续表

系统	一级指标	二级指标	单位
科研院所子系统（C）	协同创新产出（C2）	R&D 课题数（C21）	项
		拥有发明专利数（C22）	件
		发表科技论文数（C23）	篇
		出版科技著作数（C24）	种
		专利所有权许可及转让数（C25）	件
		形成国家或行业标准数（C26）	项
	协同创新支持（C3）	R&D 经费支出中企业资金比重（C31）	%
		R&D 经费支出中政府资金比重（C32）	%

资料来源：作者根据相关研究成果归纳。

2. 测度模型

设变量 $u_i(i=1, 2, \cdots, m)$ 表示产学研创新系统中的序参量，即企业子系统、高校子系统和科研院所子系统。u_{ij} 是产学研协同创新系统的第 i 个序参量的第 j 个指标，其值用 $X_{ij}(j=1, 2, \cdots, n)$ 表示，A_{ij}、B_{ij} 分别是系统处于稳定临界点时序参量的上限、下限值。可得产学研协同创新系统的有序功效系数，即功效函数：

$$U_{ij} = \begin{cases} \dfrac{(X_{ij} - B_{ij})}{(A_{ij} - B_{ij})}, & u_{ij}具有正功效 \\ \dfrac{(A_{ij} - X_{ij})}{(A_{ij} - B_{ij})}, & u_{ij}具有负功效 \end{cases} \qquad (7-3)$$

式（7-3）中，$U_{ij}(0 \leq U_{ij} \leq 1)$ 反映了各指标接近目标值的可能性大小，即达到目标值的满意程度，其值越接近于 0 则满意度越低；其值越接近于 1 则满意度越高。其中，(A_{ij}, B_{ij}) 的取值可以根据基准年数值或样本数据的最值来衡量。

序参量 $u_i(i=1, 2, \cdots, m)$ 反映了其对产学研协同创新系统整体有序度的贡献程度，企业子系统、高校子系统和科研院所子系统内各个指标对子系统的贡献程度可以通过集成方法求得，一般采用几何平均或者线性加权法来求解。本书采用线性加权方法，可以得到：

$$\begin{cases} U_i = \sum_{j=1}^{n} \omega_{ij} U_{ij} \\ \sum_{j=1}^{n} \omega_{ij} = 1 \end{cases} \tag{7-4}$$

式（7-4）中，U_i 是各个子系统对产学研协同创新系统整体有序度的贡献程度大小；$\omega_{ij}(0 \leqslant \omega_{ij} \leqslant 1)$ 表示产学研协同创新系统中第 i 个子系统中第 j 个指标的权重大小。权重可以通过熵值法、层次分析法、变异系数法等方法确定。为了获得客观、科学的指标权重，本书采用组合赋权的思想，通过对熵值法和变异系数法的组合来确定指标的权重大小。

熵值法作为一种客观赋权方法，是基于各指标的熵值大小和信息量进行赋权，即指标观测值的差异程度越大，则指标所能传输的信息量越多，对决策系统的影响越大，具体计算过程如下。

对各个指标进行标准化处理并计算第 i 样本下第 j 个指标所占比重大小：

$$r_{ij} = \frac{x'_{ij}}{\sum_{i=1}^{m} x'_{ij}} \tag{7-5}$$

第 j 个指标的熵值：

$$e_j = -\frac{1}{\ln n} \sum_{i=1}^{m} r_{ij} \ln r_{ij} \tag{7-6}$$

第 j 个指标权重：

$$w_j^e = \frac{(1-e_j)}{\sum_{j=1}^{m}(1-e_j)} \tag{7-7}$$

由于熵权法没有考虑到不同指标变异程度及其对于结果影响程度的差异性，为此，本书结合变异系数法进行综合赋权。变异系数法的思想是若所有被评价对象在某个指标上的观测值的变异程度大，则说明该指标区分各被评价对象的能力强，应对之赋予较大权重，反之应赋予较小权重，具体计算过程如下。

第 j 个指标的变异系数：

$$g_j = \frac{A}{\bar{x}_j} \tag{7-8}$$

其中，
$$
\begin{cases}
\bar{x}_j = \dfrac{\sum\limits_{i=1}^{m} x_{ij}}{m} \\[4mm]
A = \sqrt{\dfrac{\sum\limits_{i=1}^{m} \left(x_{ij} - \bar{x}_j \right)^2}{m}}
\end{cases}
\tag{7-9}
$$

第 j 个指标权重：

$$
w_j^g = \frac{g_j}{\sum\limits_{j=1}^{n} g_j}
\tag{7-10}
$$

为兼顾不同指标变异程度和指标提取的信息量大小差异，本书对式（7-7）和式（7-10）两种客观赋权方法所得出的指标权重进行融合，设两个权重偏好系数为 θ_1 和 θ_2，可以得到组合赋权的指标权重：

$$
\omega_j = \theta_1 \omega_j^e + \theta_2 \omega_j^g
\tag{7-11}
$$

式（7-11）中，$\theta_1 \geqslant 0$，$\theta_2 \geqslant 0$，且 $\theta_1 + \theta_2 = 1$。本书首先分别采用上述两种权重求解方法确定指标权重，借鉴相关学者研究成果中有关差异驱动的思想，计算各个权重集结样本的客观信息方差，进一步确定权重偏好系数 θ_1 和 θ_2，具体计算：

$$
\theta_k = \frac{z_k}{\sum\limits_{k=1}^{2} z_k} , \quad k = 1, 2
\tag{7-12}
$$

$$
\begin{cases}
z_1 = \dfrac{1}{n} \sum\limits_{i=1}^{m} \left(\sum\limits_{j=1}^{n} \omega_{ij}^e U_{ij} - \dfrac{\sum\limits_{i=1}^{m} \sum\limits_{j=1}^{n} \omega_{ij}^e U_{ij}}{n} \right)^2 \\[4mm]
z_2 = \dfrac{1}{n} \sum\limits_{i=1}^{m} \left(\sum\limits_{j=1}^{n} \omega_{ij}^g U_{ij} - \dfrac{\sum\limits_{i=1}^{m} \sum\limits_{j=1}^{n} \omega_{ij}^g U_{ij}}{n} \right)^2
\end{cases}
\tag{7-13}
$$

式（7-13）中，ω_{ij}^e 和 ω_{ij}^g 分别表示采用上述两种权重求解方法得到的指标权重；U_{ij} 是产学研协同创新系统的第 i 个序参量的第 j 个指标的功效系数。

本书采用物理学中"容量耦合"的概念和容量耦合系数模型，构建产学研协同创新系统的耦合度模型：

$$
C_m = m \left\{ \frac{(u_1 \times u_2 \times \cdots \times u_m)}{\left(\sum\limits_{i=1}^{m} u_i \right)^m} \right\}^{1/m}
\tag{7-14}
$$

式（7-14）中，耦合度的取值范围是 $C_m \in [0, 1]$，当 $C_m = 1$ 时，耦合度最大，系统之间达到最优的结构；当 $C_m = 0$ 时，耦合度最低，系统之间处于一种无序的状态。当对于产学研协同创新系统中的某两个子系统之间耦合度测度时，$m = 2$；当对产学研协同创新系统中的三个子系统之间耦合度测度时，$m = 3$。虽然耦合度函数可以对系统之间耦合情况进行测度与比较分析，但是会出现某些样本之间得到的耦合度相同，而实际耦合程度并不完全一致，或者当某两个子系统的序参量对于系统整体的发展贡献程度较接近且均较低时，耦合度较高却不具有实际意义的情况。因此，耦合度并不能很好反映不同样本（如各个年份或各个区域）的产学研协同创新的耦合发展水平，为了更好地反映子系统之间相互耦合的协调程度，本书对耦合度模型进一步修正，构建了产学研协同创新系统的耦合协调度模型：

$$\begin{cases} D_m = \sqrt{C_m \times T_m} \\ T_m = \sum_{i=1}^{m} \alpha_i u_i \end{cases} \tag{7-15}$$

式（7-15）中，D_m 表示 m 个子系统之间的耦合协调度；C_m 表示 m 个子系统之间的耦合度，T_m 表示 m 个子系统之间的综合协调指数，反映产学研协同创新系统内各个子系统之间的耦合协调水平。α_i 是待定系数，α_1、α_2、α_3 分别反映企业子系统、高校子系统及科研院所子系统在整体系统中的重要程度，一般根据专家意见或经验取值。按照相关学者研究中关于耦合阶段的划分，可以将产学研协同创新系统中各个子系统之间的耦合协调情况划分为：

（1）当 $0 < D_m \leq 0.4$ 时，表征各个子系统之间发展处于一个低度耦合协调阶段；

（2）当 $0.4 < D_m \leq 0.6$ 时，表征各个子系统之间发展处于一个中度耦合协调阶段；

（3）当 $0.6 < D_m \leq 0.8$ 时，表征各个子系统之间发展处于一个高度耦合协调阶段；

（4）当 $0.8 < D_m \leq 1$ 时，表征各个子系统之间发展处于一个极度耦合协调阶段。

3. 实证分析

（1）数据来源及其选取。通过以上针对知识产权管理系统演化过程中，产学研协同创新耦合度测度评价体系以及测度模型的构建，本书在充分考虑数据的可获得性、客观性及时效性的基础上，从《中国科技统计年鉴》《中国统计年鉴》和《中国知识产权年鉴》以及国家统计局、知识产权局网站等权威官方网站上获取 2008～2017 年我国产学研相关指标数据进行实证研究。

本书将分别从国家整体视角、31 个省份视角对 2008～2017 年产学研协同创新耦合协调水平进行测度。首先，从上述相关统计年鉴和权威官方网站上选取 2008～2017 年的我国整体的产学研相关指标数据，从时间序列角度来剖析我国整体产学研协同创新的耦合协调水平情况；其次，从上述相关统计年鉴和权威官方网站上选取 2011 年、2013 年、2015 年和 2017 年我国 31 个省份的产学研相关指标截面数据（由于台湾地区、香港特别行政区和澳门特别行政区数据不全，本书未考虑这些地区），从横向区域角度来剖析某个时期我国各个省区市的产学研协同创新的耦合协调水平及其空间格局差异与演变。

（2）时序变化视角下我国整体产学研协同创新耦合协调水平测度。采用式（7-5）至式（7-11）基于组合赋权方法确定产学研协同创新耦合系统测度评价体系中各个指标权重，如表 7-7 所示。

表 7-7　　　　　　　　　　耦合度测度指标权重信息

指标	指标权重	指标	指标权重	指标	指标权重
A11	0.1454	B11	0.0266	C11	0.0335
A12	0.0256	B12	0.1150	C12	0.0931
A13	0.1242	B13	0.1041	C13	0.1144
A14	0.0609	B14	0.0271	C14	0.0386
A15	0.0948	B15	0.0957	C15	0.0014
A21	0.0758	B21	0.0760	C21	0.0505
A22	0.2182	B22	0.2382	C22	0.2230
A23	0.0605	B23	0.0192	C23	0.0223
A24	0.0903	B24	0.0102	C24	0.0197
A31	0.0981	B25	0.1335	C25	0.2876
A32	0.0063	B26	0.1348	C26	0.0942
		B31	0.0117	C31	0.0173
		B32	0.0080	C32	0.0044

资料来源：作者计算。

在产学研协同创新系统中，企业子系统在创新投入与产出方面具有竞争优势，企业作为知识产权创造与运营的核心主体，是知识产权市场上连接着学研机构与外界桥梁，与外部环境进行创新交流。因此，本书参考相关学者研究，在研究企业与高校或科研院所两两子系统之间耦合协调情况时，设定 $\alpha_1 = 0.6$，$\alpha_2 = 0.4$；在研究高校与科研院所两子系统之间耦合协调情况时，设定 $\alpha_1 = 0.5$，$\alpha_2 = 0.5$；在研究三个子系统耦合协调情况时，设定 $\alpha_1 = 0.4$，$\alpha_2 = 0.3$，$\alpha_3 = 0.3$。在此基础上，根据上面构建的产学研协同创新耦合度测度模型，计算得到 2008~2017 年产学研协同创新系统耦合协调度水平，如表 7-8 所示。

表 7-8　　　　　　　　各个子系统之间耦合协调度测度结果

年份	企业子系统与高校子系统之间	企业子系统与科研院所子系统之间	高校子系统与科研院所子系统之间	三个子系统之间
2008	0.278	0.267	0.245	0.263
2009	0.377	0.370	0.343	0.363
2010	0.401	0.392	0.432	0.408
2011	0.514	0.516	0.501	0.511
2012	0.606	0.626	0.597	0.610
2013	0.657	0.710	0.678	0.681
2014	0.711	0.720	0.680	0.703
2015	0.769	0.812	0.810	0.797
2016	0.855	0.831	0.825	0.837
2017	0.928	0.903	0.881	0.904

资料来源：作者计算。

从表 7-8 中可知，在 2008~2017 年，产学研协同创新系统中两两子系统间及三个子系统间的耦合协同度均呈现出稳步上升的趋势。根据耦合协调度划分标准，可知 2008~2010 年各个子系统之间的耦合状态处于低耦合协调阶段；2011~2012 年各个子系统之间的耦合状态处于中度耦合协调阶段；2013~2015 年各个子系统之间的耦合状态处于高度耦合协调阶段；2016~2017 年各个子系统之间的耦合状态处于极度耦合协调阶段。因此，在 2013~2017 年，随着我国知识产权管理系统的演化发展，在产学研协同创新耦合系统中，企业子系统、高校子系统及科研院所子系统之间的耦合处于良好互动状态。高校和科研院所为企业提供知识产权人才、新知识与新技术等，为企业进行创新活动与知识产权管理提供良好的物质基础和条件，企业子系统内新产品结构优化、知识产权的转化应用及 R&D 项目开发与推广等为高校和科研院所实施知识产权开发、运营及保护管理提供市场保障。三者相互促进、相互影响，提升了知识产权开发、运营效率，提高了新产品开发能力及技术创新能力，促进科技成果产出和知识产权产出，进而提高知识产权管理水平。同时，产学研协同创新系统内部各个子系统间较理想的耦合协调关系为推动知识产权管理系统的稳定有序演化发展提供基础。为了更加清晰地展现产学研协同创新各子系统间耦合协调水平及状态趋势，根据表 7 - 8 的结果做出折现图，如图 7 - 10 所示。

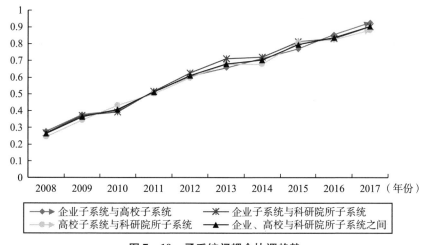

图 7 - 10　子系统间耦合协调趋势

资料来源：作者计算。

从时序变化视角来看，图 7 - 10 中，2008 ~ 2017 年产学研协同创新系统中各个子系统之间的耦合协调水平处于稳定发展阶段。此期间随着国家大力提倡实施创新驱动战略和知识产权管理策略，企业、高校及科研院所纷纷积极开展知识产权创造、保护与运营管理活动，一方面通过增加 R&D 经费支出、增加 R&D 人员数量等加大 R&D 投入力度，另一方面通过加强科技研究和知识技术学习交流，培养高素质知识产权人才和创新型人才，开发试验一批 R&D 项目和新产品开发项目，促进知识产权成果产出，提高技术创新能力，进而提升知识产权管理水平。

从不同子系统间的耦合协调情况来看，2008 ~ 2017 年产学研协同创新各个系统之间耦合协调水平的变化趋势大体一致。在 2008～2009 年，各个子系统之间耦合协调水平均处于较低水平，这主要是由于受到当时知识产权管理经济环境的制约，2008 年经济危机带来的知识产权成果产出少、知识产权成果转化率低、产学研创新动力不足等一系列问题；2009～2017 年各个子系统之间耦合协调水平呈现稳步上升趋势，该阶段系统处于稳定发展的状态，耦合系统处于较高的耦合状态，这主要是由于在此期间我国加大知识产权开发、运营与保护管理，加快实施知识产权战略与创新驱动战略等政策方针，大力推动产学研协同创新发展，激励企业、高校及科研院所等之间构建合作关系，提高知识产权研发效率，促进发明专利、科技论文、科技著作、国家或行业标准等科技产出不断增加，促进了企业、高校与科研院所不断提高其知识产权管理水平及创新能力，进而推动它们之间的耦合协调发展。

（3）空间格局演变视角下区域产学研协同创新耦合协调水平测度。本书依据前文构建的测度评价指标体系，选取 2011 年、2013 年、2015 年和 2017 年的相关数据，针对我国 31 个省份产学研协同创新耦合协调水平进行测度，在基础上，对区域产学研协同创新耦合协调水平进行空间格局差异及演变分析。首先，为了保证计算口径一致与具有可对比性，在区域产学研协同创新耦合协调水平测度过程中，各个测度指标的权重仍采用上文中以全国整体数据为基础的计算结果；其次，耦合测度模型中的待定系数 α_i 仍按照上文中针对全国整体产学研协同创新耦合协调水平测度过程中所述方式进行取值。在此基础上，计算 2011 年、2013 年、2015 年和 2017 年我国 31 个省份的产学研协同创新耦合协调水平，结果如表 7-9 所示。

表 7-9　　　　我国 31 个省份产学研协同创新系统耦合协调度

省份	2011 年	2013 年	2015 年	2017 年
北京	0.6881	0.6766	0.6258	0.6457
天津	0.3453	0.3284	0.3456	0.3286
河北	0.3012	0.2597	0.2690	0.2889
山西	0.2520	0.2368	0.2159	0.2283
内蒙古	0.1672	0.1837	0.1742	0.1782
辽宁	0.4019	0.3483	0.3218	0.3528
吉林	0.2775	0.2419	0.2238	0.2247

续表

省份	2011 年	2013 年	2015 年	2017 年
黑龙江	0.2855	0.2592	0.2408	0.2678
上海	0.5463	0.5226	0.4641	0.4754
江苏	0.6125	0.5988	0.7402	0.6364
浙江	0.5135	0.4469	0.4644	0.5278
安徽	0.3716	0.3371	0.3432	0.3551
福建	0.3054	0.2945	0.2914	0.3286
江西	0.2056	0.2146	0.2267	0.2635
山东	0.5252	0.4310	0.4253	0.4713
河南	0.3337	0.3055	0.3153	0.3329
湖北	0.4019	0.3610	0.3650	0.3860
湖南	0.3312	0.3260	0.3321	0.3574
广东	0.5665	0.5028	0.5408	0.6136
广西	0.2380	0.2086	0.2022	0.2070
海南	0.1471	0.1548	0.1517	0.1611
重庆	0.2960	0.2479	0.2610	0.3081
四川	0.4214	0.3519	0.3581	0.3879
贵州	0.1857	0.1724	0.1652	0.2075
云南	0.2308	0.2183	0.2406	0.2482
陕西	0.1006	0.1035	0.0902	0.0850
甘肃	0.3610	0.3488	0.3456	0.3637
青海	0.2750	0.2335	0.2280	0.2321
宁夏	0.1466	0.1383	0.1123	0.1492
新疆	0.1358	0.1317	0.1362	0.1528

资料来源：作者计算。

从表 7-9 中可知，在 2011 年、2013 年、2015 年和 2017 年，产学研协同创新系统整体上呈现出东高西低的现象。其中，北京、上海、浙江、江苏、山东、广东等省份的产学研耦合协调水平较高，主要是这些省份位于我国东部沿海经济发展快速地区，科技与教育发展水平处于全国领先地位，高技术企业和高新园区较为集中，形成了一批产学研合作联盟，具有以企业为引导、高校和科研院所联动的协同创新机制，学研机构对于企业的知识产权研发与创新发展具有显著的溢出效应。促进企业子系统、高校子系统和科研院所子系统进行知识、技术、人才和信息等交流互动，相互促进、相互影响，使得其内在耦合协调发展的一致性较好；内蒙古、新疆、青海和宁夏等省份的产学研耦合协调水平较低，主要是由于这些省份位于我国中西部经济欠发达区域，高技术企业较少，产学研协同创新系统中以科研院所为主导，这些省份受到其自身的地理位置影响，以及受特殊发展战略影响，这些省份虽然具备了实力雄厚的科研机构，但是产学研协同创新系统中企业、高校创新发展水平并不理想，使得产学研之间合作交流不多，其相互之间耦合协调水平内在一致性较低。因此，对于中西部欠发达地区，政府应当重点对其进行政策倾斜，加大对其创新扶持力度，加大创新财政资金投入，同时鼓励引进创新人才，改善这些地区的产学研创新环境，推动其产学研之间的耦合协调发展。

7.2.3　产学研协同创新的耦合机制

1. 产学研创新资源共享机制

在知识产权管理系统的演化过程中，产学研之间通过知识、技术和信息等创新资源共享，构建优势互补、风险共担和利益共享的协作方式，可以促进在产学研之间形成良好的耦合协调机制，进而有助于推动知识产权管理水平的提升。高校与科研院所作为知识与技术的创造者，具有一定的知识和技术优势，可以为企业输送知识、技术和人才等创新资源；但是它们在对新产品市场的熟悉和把握度并不高，而企业能够及时获悉知识产权市场交易和新产品销售情况，与新产品市场和知识产权交易市场均直接对接，能准确了解知识产权及新产品的市场需求。由于企业受到自身自主创新水平的限制，缺乏创新人才、知识与技术等创新资源来提高其自主创新能力。可见，产、学、研分别具有不同的功能与优势，它们之间通过创新资源有效整合、互补与共享，可以提高企业持续创新能力，也可以促进高校和科研院所的知识产权成果的商业化应用。

（1）企业、高校与科研院所之间应该构建完善的创新资源共享平台。通过创新资源共享平台实现知识、技术、人才和信息等创新资源的整合、完善、优化和共享等。一方面政府可以全面开放创新科技信息数据库，实现信息的公开与透明化，及时获取相关知识产权信息、科技创新数据等；另一方面，各地政府可以构建政产学研共同体，联合高校、科研院所等积极组织技术创新与知识产权研发交流会议，鼓励产学研之间创新人才的交流互动，提高创新资源的共享效率，从而避免在产学研协同创新过程中出现创新资源不足或资源浪费等问题，实现产学研创新资源的优势互补。

（2）企业、高校与科研院所之间应该构建合理与明晰的创新资源共享标准与规范。由于在产学研协同创新过程中涉及企业、高校及科研院所的利益分配问题，因此，构建创新资源利益分配制度，合理明晰创新资源的共享标准与规范，可以合理界定不同权利方的义务与职责，合理分配各创新主体的利益，保障创新资源共享中各个创新主体的合法权益，从而实现创新资源共享度的最大化，提高各个创新主体的创新效率。在产学研创新过程中，创新主体之间需要共同协商制定具有明确性、规范性的创新资源共享标准，为不同主体进行资源选取、资源整合与优化提供基本规则与规范。

（3）产学研协同创新过程中，需要完善的政策与法律规定作为企业、高校与科研院所进行创新资源共享的利益保障。因为只有在企业、高校与科研院所之间明晰创新资源的归属权，以及各个依托主体的权利与责任，才能实现创新资源的有效共享。因此，政府应当积极引导企业和高校、科研机构等创新主体实现创新资源整合与共享，提高知识产权成果产出、转化与应用。政府可以通过加大对产学研协同创新的政策倾斜，设立重大科技创新项目的专项经费，激励高校、科研院所与企业合作实施研究与试验课题。

2. 产学研创新主体学习机制

在知识产权管理系统演化过程中，鼓励企业、科研院所、政府和中介机构等创新主体之间的交流与学习，有利于新知识、新技术、新想法的产生，从而激发技术创新活力、促进知识产权发展。随着不同创新主体之间进行知识、技术、信息、人才等的交流与学习，可以提高产学研的技术创新能力与知识产权创造、保护和运营能力，有利于知识产权管理系统吸收更多的负熵，促进知识产权管理的稳定有序运行。因此，在产学研协同创新过程中，制定创新主体之间的学习方式与学习规则，构建产学研创新主体的学习机制，有利于不同创新主体之间不断进行交互学习。同时，不同创新主体之间通过知识、技术的共享与学习，可以提高技术创新效率，提升协同创新绩效。

（1）产学研创新主体之间应该加强知识与技术创新的交互学习。高校、科研院所与企业的内部知识、技术、人才等结构体系具有差异，其中，高校与科研院所具有显著的知识优势，在产学研创新过程中，高校与科研院所通过其较为完善的知识技术体系，开展技术创新与知识产权研发，因此，产学研协同创新的知识基础来自高校和科研院所。在产学研协同创新过程中，企业的技术创新离不开高校与科研院所的创新资源，需要学研组织的前沿性知识作为其技术创新的基础，通过与学研主体的交互学习，企业将自身的市场优势与高校与科研院所的知识优势结合，从而将理论知识有效转化为知识产权成果。因此，需要在产学研之间构建学习知识资源库、创新资源共享平台等，从而形成有效的学习体系结构，依托企业的市场资源和研发体系，提高高校、科研院所与技术市场融合度，在产学研之间形成良好的交互学习氛围。

（2）产学研创新主体之间应该实现扁平化式的交互学习，积极适应开放性创新环境。不同创新主体之间通过合作学习，构建的产学研协同中心、产学研协同创新联盟等组织，均属于学习型组织，在这种学习型组织中，各个主体通过非正式的信息传递与交流、知识、技术的学习与共享，实现了扁平化式的交互。另外，产学研之间组成的学习型组织应该积极适应外部的经济、文化和政策环境，及时了解具有前沿性和创新性的知识与技术，并积极引入创新人才，开展技术创新与知识产权创造活动。因此，各个创新主体需要加强创新人才队伍的培养和建设，企业应当加大 R&D 人员投入力度，高校和科研院所强化应该重视培养高素质创新人才，以充分发挥产学研协同创新系统的学习型组织功能。

（3）产学研创新主体之间应该强化创新人才队伍的交流沟通。在产学研协同创新过程中，决定创新绩效的关键就是高素质创新人才队伍。其中，管理型创新人才为产学研协同创新各个主体之间搭建有效、便捷的协同创新平台，具有创新精神和风险防范意识，进行创新制度政策、知识产权政策制度的创新工作；技术型创新人才在产学研协同创新过程中进行知识与技术的转化应用，实现知识产权成果产出，以满足知识产权市场需求，为新产品提供技术支撑；加强不同类型创新人才的交流沟通，可以减小创新资源信息和知识产权信息的非对称性，减少信息搜寻成本，也可以有效提高协同创新绩效，增加创新主体之间的合作信任，为构建长期的合作关系提供保障。

3. 产学研创新环境激励机制

在产学研协同创新过程中，产学研系统内部对于创新人才的激励措施与奖励制度，以及来自政府、金融机构等的激励，都可以促使创新主体积极参与技术创新活动，激发创新人才的创新活力与热情。因此，产学研协同创新过程中需要构建完善的创新环境激励机制，以优化产学研协同创新绩效水平。

（1）产学研协同创新系统内部应该构建良好的奖励制度与薪酬体系。企业、高校和科研院所应该根据创新人才的不同程度的创新贡献大小给予不同方式和程度的奖励与激励。对于创造专利、专有技术、版权、专著和科技论文等知识产权或科技成果的创新人才按照不同的奖励划分层次标准，给予加薪、津贴以及奖金等物质上奖励，以及提供晋升、学习培训、荣誉称号等精神上奖励。通过物质奖励和精神奖励充分调动创新人才的创新热情和动力，积极开展技术创新与知识产权创造活动，从而有利于提高产学研协同创新绩效水平。

（2）产学研协同创新过程中，政府应该设立具有层次化的奖励机制和优惠政策。对于具有重大创新贡献的创新人才，政府可设立专项奖金给予奖励，且授予荣誉称号。政府应当大力鼓励高校青年骨干教师、杰出青年学者等积极参与产学研合作 R&D 课题，并引导高校将合作课题工作量同步纳入高校教师年度绩效考核体系中。同时，政府通过制定相关优惠政策，积极引导和推动产学研合作创新活动，对企业进行技术改造、产品研发与推广等项目给予重点支持，增加 R&D 经费中来自政府资金的比重以及国家科技财政支出比重；在高校和科研院所方面，政府应该重点扶持相关课题申请；对于具有巨大经费投入的创新研发项目，政府通过设立专项资金用于大型设备、材料、仪器等采购，实施政府采购的优惠措施，分担企业、高校、科研院所的合作研发风险，从而提高创新投入产出效率。

（3）产学研协同创新过程中，中介机构和金融机构等应该积极为产学研的创新合作项目提供资金、信息和服务支持。由于 R&D 项目从申请、研发到成果转化，一直需要资金的不断支持，金融机构应积极为创新主体创新提供资金保障，分担其在创新投入上的风险。对于协同创新的初始阶段，金融机构可以采取股权融资的方式为企业的创新活动提供资金支持，同时，金融机构可以为高校和科研院所等提供低息信贷、解决学研机构创新资金短缺的问题。在产学研协同创新过程中，除了需要大量的资金支持，还需要良好的服务支持。中介机构可以对产学研协同创新相关信息进行整合、共享，为创新主体之间提供知识产权信息、技术咨询、项目可行性论证、项目风险评估等服务，从而提高创新主体之间的信息透明度，降低信息不对称性，进而提高协同创新效率。

7.3 知识产权管理系统演化的中介机构服务机制

7.3.1 知识产权中介机构的服务分析

1. 知识产权中介机构的内涵

知识产权中介机构是围绕知识产权活动而成立的中介服务实体，目前国内外对其没有统一界定。总结归纳大多数学者相关研究的基本观点，本书认为知识产权中介机构是知识产权管理系统内联结政府与知识产权研发主体之间的桥梁，为系统内主体提供知识产权信息咨询、知识产权代理、知识产权评估、知识产权转化、知识产权交易及知识产权人才培养、知识产权融资等专业服务的社会组织和机构。知识产权中介组织是推动知识产权成果转化，实现知识产权经济效益和社会效益的重要媒介。知识产权中介机构可以为研发主体的知识产权活动提供相关知识产权信息咨询、知识产权项目评估、知识产权人才培训、知识产权成果转化等服务支持，降低企业和学研机构的知识产权研发风险，加快知识产权成果转化，推动知识产权管理系统的演化发展。

2. 知识产权中介机构的服务范畴

综合国内外学者的分析，本书认为知识产权中介机构具有不同的服务范畴。（1）知识产权创新服务。知识产权服务中心、科技孵化器等知识产权中介机构为企业、高校和科研院所等知识产权研发主体提供创新资源、创新融资、创新人才等。（2）知识产权权化服务。知识产权代理机构等知识产权中介机构将企业、高校和科研院所等研发主体所创造的智慧成果转化为知识产权的服务。（3）知识产权维权服务。知识产权事务所、律师事务所、仲裁委员会等知识产权中介机构在知识产权交易过程中，提供规范、监督交易行为等服务。（4）知识产权成果转化服务。技术转移公司、会计师事务所、知识产权交易中心、资产评估机构、知识产权交易所等知识产权中介机构为知识产权交易提供知识产权商业化应用、知识产权成果转移与转化等服务。（5）知识产权信息服务。知识产权咨询公司、知识产权法律事务所等知识产权中介机构为企业、高校和科研院所等收集分析知识产权信息服务，如表 7 - 10 所示。

表 7 - 10　　　　　　　　知识产权中介机构的服务范畴

序号	服务范畴	中介机构类型
（1）	创新服务	知识产权服务中心、科技孵化器等
（2）	产权化服务	知识产权代理机构等
（3）	维权服务	知识产权事务所、律师事务所、仲裁委员会等
（4）	成果转化服务	技术转移公司、会计师事务所、知识产权交易中心、资产评估机构、知识产权交易所等
（5）	信息服务	知识产权咨询公司、知识产权法律事务所等

3. 我国知识产权中介机构的服务现状

目前，我国积极推进知识产权服务业发展，形成了一批新兴的知识产权中介服务机构，包括众多的知识产权交易中心、知识产权咨询公司、知识产权保护中心等。2006 年国家知识产权局开始实施《全国专利技术展示交易平台计划》，构建全国专利转化与展示交易平台。形成了北京产权交易所、天津市知识产权交易中心、吉林省知识产权事务中心、上海专利技术交易中心、宁波江东科技创业服务中心、南昌大学科技园发展有限公司、河南专利孵化器转移中心有限公司、武汉·中国光谷知识产权信息中心等 18 家首批"国家专利技术展示交易中心"，集中分布在京津冀地区、长江三角洲地区以及珠三角地区。2013 年国家知识产权局发布认定了第二批国家专利技术展示交易中心，主要包括山西省技术产权交易所、呼和浩特市知识产权服务中心、沈阳技术交易所、苏州工业园区知识产权服务中心、常州技术产权交易中心有限公司、嘉兴科技创业服务中心、青岛技术产权交易所有限责任公司、广州市专利信息研究发展中心等 18 家机构。

近年来，我国兴起了一批批知识产权中介机构，促进我国知识产权服务业的发展，为我国知识产权开发、保护和运营管理工作的有序运行提供服务支持。2015 年 9 月，广西知识产权交易中心正式运营成立，该交易中心形成了涵盖知识产权挂牌交易、知识产权展示推介、政策咨询服务、专利代理、知识产权价值评估、知识产权开发合作及委托研发服务、科技型企业投融资服务、高新技术企业股权激励方案设计等业务的服务体系。2018 年该中心推出的"桂知汇"孵化平台服务，充分利用交易平台信息、资源的集聚效应，打造线上与线下、"知本"与"资本"相结合的开放式"互联网＋知识产权＋科技金融"综合服务平台。该平台涵盖了申请代理、评估、维权、贯标、分析利用与投融资等领域近 30 家知识产权"一站式"综合服务联盟成员的专业力量，打破传统孵化器的固定孵化方向和物理空间限制，为广西企业提供了更大的服务空间和更多的投融资渠道。

2018 年，山东省建设了山东齐鲁知识产权交易中心，提供专利申请代办、维权援助、展示交易、金融、大数据等"一站式"知识产权综合服务，并构建了线上交易系统，建设了新旧动能转换专利库，入库专利 1 万多件，为山东省企业创新发展提供了专利技术支持，为专利技术的线上交易流转提供了便利。同时，山东省深入开展知识产权质押融资，开展专利权"政银保"融资试点。企业可享受贷款基准利率 60％的贴息和专利评估费补助。2018 年，山东共办理专利权质押登记 507 项，金额 59.3 亿元，同比分别增长 10.7％和 18.9％。

2018 年，中国浦东知识产权保护中心正式运行，开启了专利快速审查的"绿色通道"，极大地缩短了专利授权周期。通过畅通投诉渠道，实现快速维权；该中心通过协助查处专利、商标、版权违法行为，配合开展专项执法行动。在 2018 年上海市实施知识产权执法维权"雷霆"专项行动中，该知识产权保护中心积极配合处理知识产权保护和商事纠纷。同时，上海市不断加强功能型平台建设，充分发挥上海商标审查协作中心作用，成立上海市知识产权服务行业协会，以更好的功能布局服务创新驱动发展。

2018 年，湖南省启动了知识产权综合服务平台建设，开通了集知识产权交易、申请、维权、融资及项目申报于一体的综合性服务平台，平台通过构建专利资源数据库、知识产权服务商资源库等数据库，以减小知识产权转移转化的交易成本。该平台将围绕技术转移与成果转化，提供从成果推送到技术评估、创业孵化、法律维权等一站式全流程集成化服务。同时，湖南省在湘江新区建设了专利大数据服务平台，在长沙、株洲、湘潭等 8 个高新区建立了知识产权综合服务分中心，同步建设了湖南省知识产权综合服务线上平台，建立企业专利联络员网络。

截至 2018 年底，广东省共有知识产权运营平台机构 29 家，知识产权交易服务机构 28 家，其中国家专利运营试点企业 15 家。2018 年广东知识产权交易博览会在参展规模、交易规模等方面均呈现出高速增长的态势，促成知识产权投资意向 90 亿元，达成知识产权交易金额 10.42 亿元，比上届增长 44.72%。在平台建设方面，广东省相继建设形成全国知识产权运营公共服务平台金融创新横琴试点平台、广州知识产权交易中心、南方知识产权运营中心等国家及省级知识产权交易平台。

由此可见，我国知识产权中介机构数量逐渐增长，在功能作用上发展迅速，实现服务功能的多元化，形成了一批实力雄厚、高水平的知识产权中介机构及平台。国家知识产权局、各地区知识产权局等政府相关部门积极引导社会力量发展知识产权服务业，加强知识产权中介机构建设，以促进知识产权开发、保护和运营管理有序运行。然而，目前我国知识产权中介机构以政府主导为主，除了一部分知识产权咨询公司和知识产权服务中心等由社会力量组成，实行企业化运作外，以国有体制为主隶属政府部门的中介机构占比较大。可见，我国知识产权中介机构主要依托于政府，并未形成良好的中介服务体系；其次，我国知识产权中介机构发展出现地区之间不均衡现象。由于不同地区的知识产权经济、文化和市场等环境差异，我国知识产权中介机构的整体发展也呈现出地区差异性，知识产权中介机构主要集中在经济发展水平较高的东部地区，经济发展水平较低的西部地区相对较少。

7.3.2　知识产权中介机构服务机制

1. 信息集聚机制

在知识产权管理系统演化过程中，在各要素、各主体和各个子系统之间不断进行信息的传递和流动，信息的聚集、整合和共享等对于知识产权管理系统演化具有重要推动作用。而知识产权中介机构作为连接企业、高校和科研院所以及政府部门之间的纽带，能够有效收集和查询知识产权信息，降低由于信息非对称带来的风险，减少产学研等主体的信息搜集成本。因此，知识产权中介机构对于信息的集聚、整合和共享能力在知识产权管理系统演化发展过程中具有重要意义。本书认为知识产权中介机构的信息集聚机制主要涵盖机构内部信息集聚和机构外部信息集聚两个方面。

信息内部集聚机制主要是指在知识产权中介机构内部对搜集到的知识产权信息进行进一步统计分析、整合分类等，以提高自身的服务质量和服务效率。在知识产权中介机构内部具有不同职能部门，分别负责不同类型信息的汇总和统计。将来自企业市场信息、高校和科研院所的知识与技术信息，政府部门的政策信息等最终分门别类进行统计整合，在此基础上，进行知识产权信息发布和公开，在分散在知识产权市场上的企业、高校和科研院所之间构建信息渠道。中介机构在对信息收集和整合过程中，可以及时识别产学研主体的知识产权管理现状，跟踪高校和科研院所的科技成果情况，以及评估和预测企业的知识产权市场前景和项目状态等，有助于知识产权管理系统内各主体了解最新知识产权市场动态，同时，知识产权中介机构的信息集聚也为政府部门及时诊断、修改知识产权政策制度提供参考。

信息外部集聚机制是指知识产权管理系统中企业、高校和科研院所等主体在知识产权活动中所产生的信息传递、集聚到知识产权中介机构，向其输入知识产权信息的过程。一方面，知识产权中介机构可以与高校、科研院所形成合作关系，通过签订合作协议获取其知识产权信息；另一方面，由于我国知识产权中介机构以政府为主导，因此，政府应该鼓励企业、高校与科研院所等主体为知识产权中介机构提供相关信息，以优惠政策激励各主体扩大知识产权数据的公开范围，促进各主体积极配合知识产权中介机构，形成知识产权信息的集聚效应，为进一步构建知识产权信息库、知识产权公共服务平台等提供条件。

2. 资金调节机制

知识产权中介服务机构为知识产权研发与保护、知识产权成果转移及转化提供辅助性服务。在知识产权成果转化过程中，知识产权交易中心等中介机构将资金与技术或项目融合在公共服务平台上，将知识产权市场中资本与技术集合，为企业提供了融资渠道，同时提高了知识产权转化效率。尤其是对于初创企业和中小型企业而言，知识产权交易中心的融资功能为其拓宽了资本流入渠道，提供了资金保障。

此外，知识产权中介机构可以调节知识产权市场资金的配置。知识产权中介机构为知识产权成果产业化起到关键性作用。当前我国很多中小型企业由于股权单一，融资比例不合理等导致知识产权研发效率低，一些高校和科研院所由于资金不足，导致知识产权开发遇到瓶颈。因此，知识产权交易中心可以为其提供直接股权融资平台，通过股权出让解决企业、高校及科研院所研发投入不足问题。

3. 平台服务机制

知识产权中介机构的平台服务机制是为知识产权管理系统中企业、高校和科研院所等主体提供知识产权服务的公共平台体系。通过构建知识产权服务平台充分发挥知识产权市场在资源配置中的决定性作用，利用交易平台信息、资源的集聚效应，构建知识产权综合服务平台，实现知识产权信息的共享与整合，为企业、高校和科研院所等提供知识产权咨询、申请代理、评估、维权、贯标、分析利用与投融资等服务，进而提高知识产权管理效率。

知识产权中介服务的平台主要包括信息公开服务、中介咨询服务以及交易服务。知识产权中介服务系统对知识产权信息进行搜集、统计和分析，并形成知识产权信息公开模块。知识产权中介机构可以与企业、高校和科研院所等构建信息共享数据库，为这些主体之间形成合作关系提供信息参考。知识产权信息的发布主要包括了相关领域的专利信息、商标信息、版权信息等。知识产权中介机构的咨询服务则主要以专利信息咨询、技术转移及转让、知识产权交易等为主。知识产权中介机构通过构建专家数据库，邀请行业专家对知识产权咨询、技术转化等问题进行调研和咨询分析，为企业、高校和科研院所等主体提供知识产权服务方案。此外，知识产权中介机构组织对于相关的咨询问题进行整合，有助于政府进行科技政策制定、掌握技术创新的发展方向。

7.4　本 章 小 结

本章论述了知识产权管理系统演化的保障机制。从知识产权管理系统主体的微观视角，分别针对政府调控机制、产学研耦合机制和中介机构服务机制三个层面构建了知识产权管理系统演化的保障机制。首先，构建知识产权管理系统演化过程中的政府调控机制，采用演化博弈理论构建了政府调控模型，并采用数值仿真进行模拟分析。在此基础上，从政府引导、监督和环境保障层面构建政府的宏观调控机制；其次，对知识产权管理系统演化过程中的产学研协同创新耦合机理进行剖析，在此基础上，分别从纵向国家整体视角和横向区域视角，采用耦合度模型测度我国整体和 31 个省份的产学研协同创新系统耦合协调水平，并提出了产学研协同创新耦合机制的三个子机制；最后，针对知识产权中介机构的服务进行分析，并构建了知识产权中介机构的服务机制。

结　　论

本书基于协同论、自组织理论和复杂系统理论等理论基础，采用定量化模型、仿真分析和实证分析等模型工具，针对多主体视角下知识产权管理系统演化问题进行了研究，并得到如下几点结论。

（1）基于系统论的视角，本书认为知识产权管理系统内部包含各种主体要素、客体要素和资源要素等，是一个由具有不同功能、相互作用的子系统构成的复杂性系统。其中，企业、高校、科研院所是知识产权管理系统中的知识产权创造的主体要素；专利、商标和版权等知识产权管理系统中的客体要素；知识产权管理系统的资源要素主要包括资金、人才、知识、技术和信息等。知识产权管理系统主要包括开发管理、保护管理和运营管理三个子系统。

（2）知识产权管理系统内部形成耗散结构是推动知识产权管理系统演化的基本前提。知识产权管理系统是具有高度开放性的系统，系统内各个子系统之间、系统与外部环境之间源源不断地进行物质、能量、信息的交换，系统内引入负熵流，与系统内产生的熵增相互抵消，促进系统结构、功能、特性等升级和优化，推动知识产权管理系统运行和演化发展。我国部分经济发达地区由于重视科技创新发展，在知识产权开发、运营和保护能力方面已经形成了耗散结构，但目前在我国，知识产权管理系统耗散结构并没有形成。

（3）知识产权管理系统的演化方式主要包括自创生、自重组和自稳定三个层次；知识产权管理系统演化路径主要包括分岔和突变路径、涌现路径和适应路径；知识产权管理系统的演化发展具有一定的周期性和动态性特征，系统的演化路径在特定周期内可以划分为不同的发展阶段，不同阶段具有不同的发展特征。为了推动系统朝有序稳定的演进方向发展，实现系统的跃迁，政府需要加大知识产权和科技创新的政策引导作用，加大知识产权的开发投入力度，完善基础设施和知识产权经营环境，加大对系统发展发展过程中的监控力度，建立系统发展的预警体系，促使知识产权管理系统在良性循环中跃迁式协同发展。

（4）知识产权管理系统演化的动力机制由动力结构—动力功能—动力原理三个部分共同组成。知识产权管理系统演化的内部动力、外部动力和主体动力三个层次动力因素之间相互作用和影响，共同影响知识产权管理系统的演化进程；动力机制具有触发、维持、转化、协调及反馈等功能作用，引导知识产权开发管理子系统、保护管理子系统和运营管理子系统之间的协同发展；系统在动力因素及动力因素之间相互作用下，形成了经济与社会效益机制、竞争与协同机制、创新学习机制与支持保障机制的动力原理，推动知识产权管理系统演化发展。

（5）知识产权管理系统演化的共生模式主要包括竞争共生、合作共生以及竞合共生三种，系统内主体之间可以通过不同共生模式形成共生关系；在主体合作共生模式下，可以采用动态区间直觉正态模糊算子的伙伴选择决策模型，结合实际共生伙伴情况，做出合作伙伴选择决策行为，有利于构建长期合作共生关系；知识产权管理系统内多主体共生演化过程中形成期、成长期、成熟期等不同阶段性下具有不同的共生模式选择方式，可针对不同阶段选择不同的共生模式进而构建多主体之间良好的竞争与合作关系。

（6）知识产权管理系统演化的协同效应过程是在系统协同熵与协同负熵两者相互作用与影响下，逐渐打破原有结构，形成新耗散结构，从而推动系统逐渐朝向稳定有序方向发展。化学领域中的 B－Z 反应系统与区域知识产权管理系统具有相似性，通过对我国 30 个省份的知识产权管理系统动态演进进行实证分析，发现我国各省份知识产权管理系统序参量演进轨迹呈现差异化特征，可以划分为三种类型系统：活跃型、发展型和平稳型，不同类型系统具有不同的协同发展趋势特征。我国 30 个省份知识产权管理系统协同发展的活跃性大小与政策激励机制作用效应的强弱具有一致性特征。当政策激励机制作用效应较强时，区域知识产权管理系统协同发展活跃性较高；反之，则系统协同发展活跃性较低。

（7）在政府宏观调控方面，政府对于企业、高校及科研院所等研发主体知识产权活动的政策补贴、惩罚力度等政策措施，可以引导研发主体的知识产权研发活动，进而对知识产权产出、知识产权研发效率等具有一定的影响；在产学研创新耦合方面，从国家整体视角来看，在 2008～2017 年产学研协同创新系统中两两子系统间及三个子系统间的耦合协同度均呈现出稳步上升的趋势，从低度耦合逐渐向高度耦合演变发展；从横向区域视角来看，产学研协同创新系统耦合协调水平，在 2011 年、2013 年、2015 年和 2017年，31 个省份的产学研协同创新系统整体上呈现出"东高西低"的现象，北京、上海、浙江、江苏、山东、广东等省份的产学研耦合协调水平较高，内在耦合协调发展的一致性较好。2011 ~ 2017 年虽然整体上我国 31 个省份的两两子系统之间、产学研协同创新系统整体的耦合互动发展水平均不断提高，耦合协调水平呈现出上升趋势，但具有显著的空间差异性。耦合协调水平较高的区域仍然集中于北京、上海、江苏、浙江、山东、广东等省份。可见，我国某些省份缺少完善的区域产学研协同创新系统耦合机制，企业、高校与科研院所等子系统之间缺乏创新资源的互动与配合，无法发挥各个创新主体的优势。

　　由于作者能力和研究周期的限制，本书在撰写过程中仍然存在以下不足之处。（1）在对知识产权管理系统演化的协同机制研究过程中，由于客观数据样本有限，部分参数数据难以获取，在仿真过程中部分数据通过采用仿真模拟，可能不能全面反映实际情况。在未来后续研究中将充分采取调研数据，进一步完善实证分析结果。（2）本书从多主体视角研究国家层面的知识产权系统演化发展，并未对不同产业、不同类型企业的知识产权管理系统的演化进行剖析，在后续研究中应当加强对于中观层面和微观层面的知识产权管理系统的演化研究。

参 考 文 献

［1］安春明. 以知识管理为核心的企业知识产权管理体系构建研究
［J］. 情报科学，2009，27（5）.

［2］白华，韩文秀. 复合系统及其协调的一般理论［J］. 运筹与管理，
2000，9（3）.

［3］包海波. 专利许可交易的微观机制分析［J］. 科学学与科学技术管
理，2004（10）.

［4］曹玉昆，杨蕾. 基于熵理论和尖点突变模型的生态城市建设机理
分析［J］. 林业经济，2013，5.

［5］常绍舜. 从经典系统论到现代系统论［J］. 系统科学学报，2011，
19（3）.

［6］陈昌柏. 知识产权战略［M］. 科学出版社，1999.

［7］陈兰荪，数学生态学模型与研究方法［M］. 科学出版社，1988.

［8］陈萍，贾志永，龚小欢. 基于投入产出指数的高技术产业技术创
新能力实证研究［J］. 科学学研究，2008，26（S2）.

［9］陈琼娣. 共享经济视角下的专利开放许可实践及制度价值［J］. 中
国科技论坛，2018（11）.

［10］陈伟，李金秋. 基于 Brusselator 模型的我国知识产权管理系统耗
散结构生成机制［J］. 科技进步与对策，2017，34（21）.

［11］陈伟，李金秋，杨早立. 基于误差传递和隶属度的动态灰靶多属
性决策［J］. 系统管理学报，2017，26（6）.

［12］陈伟，杨早立，李金秋. 区域知识产权管理系统协同及其演变的
实证研究［J］. 科学学与科学技术管理，2016，37（2）.

［13］陈伟，于丽艳. 企业国际化经营知识产权战略系统构建研究［J］.
科技管理研究，2007（6）.

［14］陈伟，于丽艳. 企业国际化经营知识产权战略系统耦合研究［J］.

科学学与科学技术管理，2007（12）.

［15］陈伟，于丽艳. 我国企业国际化经营知识产权战略系统评价研究［J］. 科技进步与对策，2007（12）.

［16］陈伟，张永超，马一博，张勇军. 区域知识产权战略系统协同研究——基于东北三省的实证分析［J］. 情报杂志，2011，30（6）.

［17］陈一孚. 知识产权助推产业发展的国际比较与中国选择［J］. 管理世界，2018，34（3）.

［18］陈忠，盛毅华. 现代系统科学［M］. 上海：上海科学技术文献出版社，2005.

［19］邓艺，胡允银，张虹霞. 国家知识产权战略与形象多层级共同演化机理［J］. 云南社会科学，2014（4）.

［20］董庆兴，郭亚军，单翔. 基于双重差异驱动的群体评价方法［J］. 系统管理学报，2014，23（3）.

［21］董雪兵，史晋川. 累积创新框架下的知识产权保护研究［J］. 经济研究，2006（5）.

［22］杜巍，叶岑，周文光. 不同条件下企业知识产权保护对策的演进研究［J］. 当代经济科学，2010，32（1）.

［23］杜晓君，马大明，宋宝全. 基于公共产品供给视角的专利联盟形成机制［J］. 科学学研究，2011，29（4）.

［24］杜晓君，马大明，宋宝全. 专利联盟的序贯创新效应研究［J］. 科学学与科学技术管理，2011，32（2）.

［25］杜晓君，马大明，张吉. 基于差异化产品的专利联盟竞争效应研究［J］. 运筹与管理，2011，20（1）.

［26］杜晓君，马大明，张吉. 基于进化博弈的专利联盟形成研究［J］. 管理科学，2010，23（2）.

［27］方放，钟凤. 高技术产业团体标准专利许可信息隐匿及政府对策［J］. 科技进步与对策，2017，34（14）.

［28］冯·贝塔朗菲. 一般系统论基础发展和应用［M］. 林康义、魏红森等，译. 北京：清华大学出版社，1987.

［29］冯晓青. 基于技术创新与知识产权战略实施的知识产权服务体系构建研究［J］. 科技进步与对策，2013，30（2）.

［30］冯晓青. 企业知识产权战略的构成要素论［J］. 科学与管理，

2013，33（3）.

[31] 冯志军，康鑫，陈伟．珠三角地区产业转型升级知识产权管理系统运行效果评价 [J]．财会月刊，2015（36）.

[32] 高琦，苏涛永．基于 SFA 的高校知识产权转化效率测度 [A]．2012：4.

[33] 谷缙，程钰，任建兰．中国生态文明建设与科技创新耦合协调时空演变 [J]．中国科技论坛，2018（11）.

[34] 郭建平，魏纪林．武汉光电子信息产业知识产权战略研究 [J]．科技进步与对策，2010，27（24）.

[35] 郭淑芬．基于共生的创新系统研究 [J]．中国软科学，2011（4）.

[36] 郭园园，成力为．外部融资渠道与企业异质性 R&D 投资 [J]．科学学研究，2016，34（6）.

[37] 韩晶怡，翟丹妮．产学研协同过程中的协同度评价方法研究——以江苏省为例 [J]．中国集体经济，2018（19）.

[38] 郝生宾，于渤，吴伟伟．企业网络能力与技术能力的耦合度评价研究 [J]．科学学研究，2009，27（2）.

[39] 洪结银．互补性专利联盟是否必要——一个基于讨价还价许可模式的新见解 [J]．科学学研究，2018，36（1）.

[40] 洪少枝，尤建新，郑海鳌，邵鲁宁．高新技术企业知识产权战略评价系统研究 [J]．管理世界，2011（10）.

[41] 胡浩，李子彪，胡宝民．区域创新系统多创新极共生演化动力模型 [J]．管理科学学报，2011，14（10）.

[42] 胡慧玲．产学研协同创新系统耦合机理分析 [J]．科技管理研究，2015，35（6）.

[43] 黄国群．企业知识产权管理系统及其优化策略研究 [J]．情报杂志，2011，30（12）.

[44] 黄国群．战略知识产权管理内涵及实施体系研究 [J]．中国科技论坛，2012（8）.

[45] 黄国群．战略知识产权管理形态结构及实施体系研究 [J]．科技进步与对策，2015，32（18）.

[46] 黄鲁成，李江．专利技术种群增长的生态过程：协同与竞争——以光学光刻技术种群为例 [J]．研究与发展管理，2010（2）.

［47］黄鲁成，张红彩．北京制造业竞争力与技术创新的协调性研究
［J］．科研管理，2007（1）.

［48］霍明连，李知渊，王新澄．区域低碳创新系统自组织演化过程研究［J］．科技与管理，2016，18（4）.

［49］贾尚键．产业创新生态系统共生机制研究［D］．河北工业大学，2015.

［50］蒋定福，熊励，岳焱．基于协同熵的评价模型［J］．计算机集成制造系统，2012，18（11）.

［51］景锐．航空航天制造业知识产权管理系统研究［D］．哈尔滨工程大学，2017.

［52］康鑫．中国高技术企业知识产权管理系统研究［D］．哈尔滨工程大学，2012.

［53］柯忠义．市场力量、谈判能力与专利许可的 Shapley 值［J］．数学的实践与认识，2012，42（6）.

［54］雷内·托姆著，凌复华译．突变论：思想和应用［M］．上海：上海译文出版社，1998.

［55］李俊杰，李昌胜．军民融合知识产权转移转化机制研究［J］．知识产权，2018（12）.

［56］李梅英．基于生物学的企业生态系统共生模式研究［J］．江海学刊，2007（6）.

［57］李明，孙成双，郦涛，陈向东．技术竞争对企业专利许可行为的影响［J］．科技进步与对策，2019，36（5）.

［58］李明星，张梦娟，胡成，苏佳璐，张明然．知识产权密集型产业专利联盟运营模式创新研究［J］．科技进步与对策，2016，33（22）.

［59］李诗和，徐玖平，刘玉邦．基于ISM模型的企业家精神系统核心内涵分析［J］．科技管理研究，2016，36（23）.

［60］李潭，陈伟．纵向视角下区域知识产权管理系统演化的协调度研究——基于复合系统协调度模型的测度［J］．情报杂志，2012，31（10）.

［61］李婷，郑垂勇．基于ISM方法的水利信息化影响因素分析［J］．中国农业资源与区划，2015，36（7）.

［62］李伟，董玉鹏．协同创新知识产权管理机制建设研究——基于知识溢出的视角［J］．技术经济与管理研究，2015（8）.

[63] 李伟, 余翔, 蔡立胜. 政府科技投入、知识产权保护与企业研发投入 [J]. 科学学研究, 2016 (3).

[64] 李文鹣, 耿菱悷, 梅强, 李文元. 科技型新创企业创业过程中知识中介机构服务模式研究 [J]. 中国科技论坛, 2017 (9).

[65] 李希义, 朱颖. 设立知识产权质押贷款专项基金的研究探讨——基于财政资金创新使用角度 [J]. 科学学研究, 2016, 34 (6).

[66] 李霞. 知识产权保护与研发投入的创新效果研究 [J]. 北方经贸, 2015 (9).

[67] 李新, 李柏洲, 苏屹. 基于 Brusselator 模型的我国企业技术获取系统耗散结构研究 [J]. 科技进步与对策, 2016, 33 (20).

[68] 林大建, 蔡嗣经, 周永安. 基于蝴蝶型突变理论的安全生产保障系统分析和探讨 [J]. 中国安全科学学报, 2007 (10).

[69] 刘春茂. 知识产权原理 [M]. 北京: 知识产权出版社, 2002.

[70] 刘剑文, 张里安. 现代中国知识产权法 [M]. 北京: 中国政法大学出版社, 1993.

[71] 刘利, 朱雪忠. 基于博弈模型的专利联营许可行为研究 [J]. 科研管理, 2011, 32 (11).

[72] 刘烈武, 宋焕斌, 杨伟. 基于耗散结构的矿山生态环境保护 Busselator 模型研究 [J]. 中国矿业, 2013 (6).

[73] 刘强, 史丽萍, 苏屹. 团队质量缺陷管理影响因素识别——基于医学类比隐喻视角的实证分析 [J]. 现代财经 (天津财经大学学报), 2015, 35 (11).

[74] 刘强. 质量缺陷管理影响因素对质量绩效的作用机制研究 [D]. 哈尔滨工程大学, 2014.

[75] 刘思敏. 专利的定义及其统计——《专利统计手册》简介 [J]. 中国统计, 2015, (12).

[76] 刘伟, 李丹. 青岛市高新技术企业 R& D 投入与产出绩效研究 [J]. 科技进步与对策, 2010 (3).

[77] 刘啸萱. 贯彻落实《深入实施国家知识产权战略行动计划 (2014 - 2020 年)》实施方案 [EB/OL]. http: //www. gov. cn/zhuanti/2016 - 02/18/content_5042911. htm.

[78] 刘艳, 范小军. 政产学研合作背景下的专利共享机制——基于材料

基因组工程研究的分析 [J]. 上海大学学报（自然科学版），2018，24（5）.

[79] 陆介平，王宇航. 我国产业知识产权联盟发展及运营态势分析 [J]. 中国工业评论，2016（5）.

[80] 罗嘉文，张光宇. 基于战略生态位管理理论的全程知识产权管理研究 [J]. 科技管理研究，2016，36（6）.

[81] 罗建华，翁建兴. 论我国企业知识产权战略管理体系的构建 [J]. 长沙交通学院学报，2005（2）.

[82] 罗猷韬，杜晓君，夏冬. 竞争性专利联盟的形成分析 [J]. 东北大学学报（自然科学版），2013，34（6）.

[83] 罗猷韬，梁正，杜晓君，夏冬. 独立许可条款下竞争性专利联盟累积创新效应比较研究 [J]. 科技进步与对策，2016，33（1）.

[84] 马跃如，程伟波，戴洁. 薪酬管理系统演化的熵变模型构建 [J]. 系统管理学报，2012，21（1）.

[85] 梅开，杜晓君，杨昆明. 单一市场结构下专利联盟的市场绩效分析 [J]. 科学学与科学技术管理，2009，30（8）.

[86] 孟晓非. 我国知识产权绩效影响因素的实证分析 [J]. 统计与决策，2014（15）.

[87] 牛巍，宋伟. 基于纵向结构的专利联盟企业间利益分配研究 [J]. 科技管理研究，2013，33（23）.

[88] 欧忠辉，朱祖平，夏敏，陈衍泰. 创新生态系统共生演化模型及仿真研究 [J]. 科研管理，2017，38（12）.

[89] 潘瑾，陈媛. 创意产业知识产权中介服务质量满意度评价指标体系的构建 [J]. 科学学与科学技术管理，2007（6）.

[90] 潘妍妍. 论虚拟经济演化中的路径依赖与路径突破 [J]. 制度经济学研究，2015（2）.

[91] 戚刚，曾立，李林. 基于交易成本理论的国防知识产权转化研究 [J]. 科学管理研究，2017，35（6）.

[92] 钱建平. 知识产权人才的知识结构与培养模式研究 [J]. 中国大学教学，2013（11）.

[93] 钱书法，肖宁. 企业共生模式演进及启示 [J]. 商业研究，2006（17）.

[94] 钱学森等. 论系统工程 [M]. 长沙：湖南科学技术出版社，1982.

[95] 邱国栋, 马巧慧. 企业制度创新与技术创新的内生耦合. 中国软科学, 2013 (12).

[96] 邱奕奎, 杨晓龙. 基于熵及尖点突变理论的金融系统稳定性判断 [J]. 技术经济与管理研究, 2014 (5).

[97] 任佩瑜, 张莉, 宋勇. 基于复杂性科学的管理熵、管理耗散结构理论及其在企业组织与决策中的作用 [J]. 管理世界, 2001 (6).

[98] 任声策, 宣国良. 基于专利价值的技术标准联盟收益分配问题研究 [J]. 科技管理研究, 2007 (4).

[99] 单锋. 知识产权系统优化论——基于三摆耦合模型之解构 [J]. 管理世界, 2014 (9).

[100] 邵云飞, 谭劲松. 区域技术创新能力形成机理探析 [J]. 管理科学学报, 2006, 4 (1).

[101] 盛彦文, 马延吉. 区域产学研创新系统耦合协调度评价及影响因素 [J]. 经济地理, 2017, 37 (11).

[102] 寿步, 张惠, 李健等. 信息时代知识产权教程 [M]. 北京: 高等教育出版社, 2003.

[103] 宋河发, 穆荣平, 陈芳, 张思重, 李振兴. 基于中国发明专利数据的专利质量测度研究 [J]. 科研管理, 2014, 35 (11).

[104] 宋河发, 吴博, 吕磊. 促进科技成果转化知识产权实施权制度研究 [J]. 科学学研究, 2016, 34 (9).

[105] 宋志国, 王万桥. 基于 ISM 模型的中小企业知识产权托管影响因素研究 [J]. 系统科学学报, 2016, 24 (3).

[106] 苏卉. 高新技术业知识产权联盟的利益分享机制研究 [J]. 科技管理研究, 2013, 33 (11).

[107] 苏平, 彭志强. 基于动态博弈的专利许可模式的选择与绩效分析 [J]. 科技进步与对策, 2010, 27 (24).

[108] 苏屹. 耗散结构理论视角下大中型企业技术创新研究 [J]. 管理工程学报, 2013 (2).

[109] 苏屹, 安晓丽, 孙莹, 果颖. 区域创新系统耦合度测度模型构建与实证研究 [J]. 系统工程学报, 2018, 33 (3).

[110] 苏屹, 姜雪松, 雷家骕, 林周周. 区域创新系统协同演进研究 [J]. 中国软科学, 2016 (3).

[111] 孙冰.企业技术创新动力研究 [D].黑龙江:哈尔滨工程大学,2003.

[112] 孙伟,姜彦福.企业知识产权战略选择模型构建与实证研究 [J].科学学研究,2009,27 (8).

[113] 谭跃进,邓宏钟.复杂适应系统理论及其应用研究 [J].系统工程,2001 (5).

[114] 唐国华,孟丁.企业知识产权战略的维度结构与测量研究——基于中国经济发达地区的样本数据 [J].科学学与科学技术管理,2015,36 (12).

[115] 唐国华,赵锡斌,孟丁.企业开放式知识产权战略框架研究 [J].科学学与科学技术管理,2014,35 (2).

[116] 田富强.总体安全下军民知识产权融合激励与竞争机制 [J].中国科技论坛,2018 (6).

[117] 田家林,顾晓燕.基于创新主体视角的区域知识产权运营效率提升对策 [J].科学学与科学技术管理,2014 (12).

[118] 田文勇,余华.协同主体知识产权利益分配博弈分析——以四川省生猪产业为例 [J].山西农业大学学报 (社会科学版),2017,16 (1).

[119] 田莹莹.基于低碳经济的制造业绿色创新系统演化研究 [D].哈尔滨理工大学,2012.

[120] 王怀祖,苏平,黄俊.网络外部性环境下非对称性专利联盟形成问题研究 [J].科技管理研究,2013,33 (1).

[121] 王怀祖,熊中楷,黄俊.考虑后续产品产量竞争的互补性专利联盟形成问题研究 [J].科技管理研究,2008 (9).

[122] 王健,王树恩.我国科技中介服务机构管理机制与模式研究 [J].科技管理研究,2009,29 (7).

[123] 王婧.《中国知识产权指数报告2018》发布 [EB/OL].http://www.legaldaily.com.cn/index/content/2018-12/17/content_7721078.htm.

[124] 王丽贤,汪凌勇.我国国立科研机构的知识产权管理机制研究 [J].图书情报工作,2009,53 (16).

[125] 王明贤.企业竞争性战略联盟系统演化机理研究 [D].燕山大学,2010.

[126] 王珊珊,占思奇,王玉冬.产业技术标准联盟专利冲突可拓模型与策略生成 [J].科学学研究,2016,34 (10).

［127］王寿松．单种群生长的广义 Logistic 模型［J］．生物数学学报，1990（1）．

［128］王宇红，冶刚，周音．产业技术创新战略联盟知识产权管理机制的契约安排——以陕西省实践为例［J］．中国科技论坛，2015（8）．

［129］魏遥．基于 Brusselator 模型的产融集团生成机制研究［J］．管理评论，2010（8）．

［130］温兴琦，黄起海，BROWN David．共生创新系统：结构层次、运行机理与政策启示［J］．科学学与科学技术管理，2016，37（3）．

［131］吴汉东．知识产权法［M］．北京：中国政法大学出版社，2004．

［132］吴静．知识产权交易中介机构定位的法律问题研究［D］．华南理工大学，2013．

［133］武兰芬．基于云计算的知识产权信息管理的发展［J］．知识产权，2013（9）．

［134］相丽玲，杨朝晖．中外企业知识产权战略的演化与评价［J］．情报理论与实践，2009，32（5）．

［135］项杨雪，梅亮，陈劲．基于高校知识三角的产学研协同创新实证研究——自组织视角［J］．管理工程学报，2014（3）．

［136］肖延高，韦永智，王雎．基于技术能力演化的后来者专利许可策略研究［J］．科学学研究，2011，29（8）．

［137］谢识予．有限理性条件下的进化博弈理论［J］．上海财经大学学报，2001（5）．

［138］熊学兵．基于耗散结构理论的知识管理系统演化机理研究［J］．中国科技论坛，2010（4）．

［139］徐建中，任嘉嵩．企业知识产权战略性管理体系研究［J］．科技进步与对策，2008（9）．

［140］徐明．通信产业技术标准中专利许可的收益研究［J］．科学学与科学技术管理，2012，33（11）．

［141］徐玉莲，王玉冬，林艳．区域科技创新与科技金融耦合协调度评价研究［J］．科学学与科学技术管理，2011，32（12）．

［142］许国志．系统科学［M］．上海：上海科技教育出版社，2000．

［143］杨晨，王杰玉．中国知识产权政策的演进及协同运行机制研究［J］．中国科技论坛，2016（6）．

[144] 杨德桥. 理工类高校知识产权人才培养方略研究 [J]. 高等理科教育, 2012, (1).

[145] 杨早立, 陈伟. 基于耗散结构的我国知识产权管理系统熵变及其演化研究 [J]. 科技管理研究, 2016, 36 (4).

[146] 杨早立, 陈伟, 李金秋. 我国知识产权管理系统协同及其演化的速度特征研究 [J]. 管理工程学报, 2018, 32 (3).

[147] 杨早立. 我国知识产权管理系统协同发展研究 [D]. 哈尔滨工程大学, 2016.

[148] 杨志祥. 企业知识产权管理机制的构建和完善 [J]. 商业时代, 2009 (3).

[149] 姚飞. 学者向创业者转型过程释意的多案例研究 [J]. 南开管理评论, 2013, 16 (1).

[150] 姚远, 宋伟. 生物技术产业专利联盟运行机制比较研究 [J]. 中国科技论坛, 2011 (7).

[151] 姚远, 宋伟. 专利标准化趋势下的专利联盟形成模式比较——DVD 模式与 MPEG 模式 [J]. 科学学研究, 2010, 28 (11).

[152] 叶伟巍, 梅亮, 李文, 王翠霞, 张国平. 协同创新的动态机制与激励政策——基于复杂系统理论视角 [J]. 管理世界, 2014 (6).

[153] 于丽艳. 我国企业国际化经营知识产权战略系统研究 [D]. 哈尔滨工程大学, 2008.

[154] 于丽艳. 我国装备制造业知识产权战略系统协同度实证研究 [J]. 科技管理研究, 2013, 33 (23).

[155] 于喜展, 隋映辉. 基于城市创新的产业集群生态系统共生机制研究 [J]. 技术与创新管理, 2019, 40 (1).

[156] 袁纯清. 共生理论: 兼论小型经济 [M]. 北京: 经济科学出版社, 1998.

[157] [美] 约翰·霍兰. 隐秩序——适应性造就复杂性 [M]. 周晓牧等, 译. 上海: 上海科技教育出版社, 2011.

[158] 岳贤平. 逆向选择条件下企业间专利组合的收益分成策略研究 [J]. 科技管理研究, 2015, 35 (5).

[159] 岳贤平. 企业间专利组合收益分成的信号博弈策略 [J]. 技术经济, 2016, 35 (5).

[160] 斋藤优. 发明专利经济学 [M]. 北京: 专利文献出版社, 1990.

[161] 张海涛, 马静, 钱丹丹. 知识转移视角的知识产权管理机制 [J]. 情报理论与实践, 2010, 33 (12).

[162] 张会新. 我国资源型产业集群的动力机制研究 [D]. 西北大学, 2009.

[163] 张立岩. 区域科技创新平台生态系统发展模式与机制研究 [D]. 哈尔滨理工大学, 2015.

[164] 张琪昌, 王洪礼. 分岔与混沌理论及应用. 天津: 天津大学出版社, 2006.

[165] 张勤. 简析知识、信息与知识产权对象 [J]. 知识产权, 2011 (4).

[166] 张胜, 黄欢, 李方. 产品架构视角下专利池治理机制——GSM 与航空专利池案例研究 [J]. 科技进步与对策, 2018, 35 (5).

[167] 张铁男, 韩兵, 张亚娟. 基于 B-Z 反应的企业系统协同演化模型 [J]. 管理科学学报, 2011, 14 (2).

[168] 张永超. 知识密集型制造业知识产权管理系统研究 [D]. 哈尔滨工程大学, 2013.

[169] 赵红, 陈绍愿, 陈荣秋. 生态智慧型企业共生体行为方式及其共生经济效益 [J]. 中国管理科学, 2004, 12 (6).

[170] 赵孟惟. 基于变异系数法新疆农村地区普惠金融发展水平测度研究 [J]. 金融发展评论, 2018 (11).

[171] 郑成思. 信息、知识产权与中国知识产权战略若干问题 [J]. 环球法律评论, 2006 (3).

[172] 周凌云. 区域物流多主体系统的演化与协同发展研究 [D]. 北京交通大学, 2012.

[173] 周竺, 黄瑞华. 我国高校知识产权管理新领域——网络教育 [J]. 科技管理研究, 2003 (6).

[174] 朱海燕, 肖轶. 创造力开发视野下的中小企业知识产权战略构建探讨 [J]. 价值工程, 2014, 33 (36).

[175] 朱美荣. 制造企业核心能力跃迁的动力机制研究 [D]. 哈尔滨工程大学, 2013.

[176] 朱士保. 知识产权中介组织绩效评价指标体系研究 [D]. 同济大学, 2008.

［177］朱雪忠，李闻豪. 我国专利默示许可制度构建［J］. 科技进步与对策，2018，35（3）.

［178］朱振中，吴宗杰. 专利联盟的竞争分析［J］. 科学学研究，2007（1）.

［179］Adner R. Match your innovation strategy to your innovation ecosystem［J］. Harvard Business Review，2006，84（4）.

［180］Anne L F，Josh L. To join or not to join：Examining patent pool participation and rent sharing rules［J］. International Journal of Industrial Organization，2011，29（2）.

［181］Aoki R，Nagaoka S. Formation of a pool with Essential patents［R］. Working Paper，Institute of Innovation Research，Hitotsubashi University，2006.

［182］Arai H. Japan's intellectual property strategy［J］. World Patent Information，2006，28（4）.

［183］Atallah G，Rodriguez G. Indirect patent citations［J］. Scientometrics，2006，67（3）.

［184］Atanassov K，Gargov G. Interval valued intuitionistic fuzzy sets［J］. Fuzzy Sets and Systems，1989（31）.

［185］Atanassov K T. Intuitionistic fuzzy sets［J］. Fuzzy Sets and Systems，1986（20）.

［186］Axelrod R，Cohen M D. Harnessing complexity：Organizational implications of a scientific frontier［M］. New York：Basic Books，2000.

［187］Baum A C，Christine O. Toward an institutional ecology of organizational founding［J］. Academy of Management Journal，1996，39（5）.

［188］Baum A C，Jitendra V S. Organizational niche and the dynamics of organizational founding［J］，Organization Science，1994（4）.

［189］Baum A C，Stephen J M. Localized competition and organizational failure in the manhattan hotel industry，1898 – 1990［J］. Administrative Science Quarterly，1992，37（4）.

［190］Bekkers R，Iversen E，Blind K. Patent pools and non-assertion agreements：Coordination mechanisms for multi-party IPR holders in standardization［C］. Paper for the EASST 2006 Conference，Lausanne，Switzerland，August 23 – 26，4.

［191］ Bellman R E, Zadeh L A. Decision-making in a fuzzy environment ［J］. Management Science, 1970 (17).

［192］ Benjamin B, Brian D F, Felix M. Adapting the adaptive cycle: Hypotheses on the development of ecosystem properties and services ［J］. Ecological Modelling, 2011, 222 (16).

［193］ Benomrane S, Sellami Z, Ayed M B. An ontologist feedback driven ontology evolution with an adaptive multi-agent system ［J］. Advanced Engineering Informatics, 2016, 30 (3).

［194］ Blazy J M, Carpentier A, Thomas A. The willingness to adopt agro-ecological innovations: Application of choice modelling to Caribbean banana planters ［J］. Ecological Economics, 2011 (72).

［195］ Boddy D, Macbeth D. Implementing collaboration between organizations: An empirical study of supply chain partnering ［J］. Journal of Management Studies, 2000, 37 (7).

［196］ Boons F, Wagner M. Assessing the relationship between economic an ecological performance: Distinguishing system levels and the role of innovation ［J］. Ecological Economics, 2009, 68 (7).

［197］ Bousquet A, Cremer H et al. Risk sharing in licensing ［J］. International Journal of Industrial Organization, 1998 (16).

［198］ Brenner S. Optimal formation rules for patent pools ［J］. Economic Theory, 2009, 40 (3).

［199］ Burgelman R A. Strategy is Destiny: How Strategy-Making Shapes a Company's Future ［M］. New York: The Free Press, 2002.

［200］ Carlos P R, José A C, Angel S. Evolutionary game theory: temporal and spatial effects beyond replicator dynamics ［J］. Physics of Life Reviews, 2009, 6 (4).

［201］ Chakrabarti C G, Ghosh K. Dynamical entropy via entropy of non-random matrices: application to stability and complexity in modelling ecosystems ［J］. Mathematical Biosciences, 2013, 245 (2).

［202］ Chen S M. A new method for handling multi-criteria fuzzy decision making problems ［J］. Cybernetics and Systems, 1994 (25).

［203］ Choi J P. Patent pools and cross-licensing in the shadow of patent litigation [J]. International Economic Review, 2010, 51 (2).

[204] Clark D, Konrad K. Fragmented property rights and incentives for R&D [J]. Management Science, 2008, 54 (5).

[205] Conley J G. , Bican P M, Ernst H. Value Articulation: A framework for the strategic management of intellectual property [J]. California Management Review. 2013, 55 (4).

[206] Daft R L, Weick K E. Toward a model of organization as interpretation system [J]. Academy of Management Review, 1984, 9 (2).

[207] Danilo S S, Joo B A London J, Alexandre C. Multiobjective evolutionary algorithm with a discrete differential mutation operator developed for service restoration in distribution systems [J]. International Journal of Electrical Power & Energy Systems, 2014 (62).

[208] Das T K, Teng B. The dynamics of alliance conditions in the alliance development process [J]. Journal of Management Studies, 2002, 39 (5).

[209] David A Harper. Property rights as a complex adaptive system: How entrepreneurship transforms intellectual property structures [J]. Journal of Evolutionary Economics, 2014 (24).

[210] David, Paul A. Path dependence and the quest for historical economics: One more chorus of the ballad of QWERTY [R]. Discussion Papers in Economic and Social History, Oxford: University of Oxford, 1998.

[211] Dazhao Song, Enyuan Wang, Nan Li, Mingyue Jin, Shipeng Xue. Rock burst prevention based on dissipative structure theory [J]. International Journal of Mining Science and Technology, 2012, 22 (2).

[212] Dequiedt V, Versaeval B. Patent pools and the dynamic incentives to R&D [R]. De Travail Working Paper, 2006.

[213] Dosi G. Perspectives on evolutionary theory [J]. Science and Public Policy, 1991, 18 (6).

[214] Dosi G. Technological Paradigms and Technological Trajectories [J]. Research Policy, 1982, 11 (3).

[215] Fan C H, Jun B H, Elmar G W. Optimal bid disclosure in patent license auctions under alternative modes of competition [J]. International Journal of Industrial Organization, 2016 (47).

［216］Fang W, An H Z, Li H J. Accessing on the sustainability of urban ecological-economic systems by means of a coupled energy and system dynamics model: A case study of Beijing ［J］. Energy Policy, 2017 (100).

［217］Flood R, Jackson M C. Creative problem solving: Total systems intervention ［M］. America: John Wiley & Sons, 1991.

［218］François L, Yann M. Patent pool formation: Timing matters ［J］. Information Economics and Policy, 2011, 23 (3 -4).

［219］Gallini N T, Wright B D. Technology transfer under asymmetric information ［J］. Rand Journal of Economics, 1990, 21.

［220］Gann X. Information for corporate IP management ［J］. World Patent Information, 2004, 26.

［221］Gilbert R J. Antitrust for Patent Pools: A century of policy evolution ［J］. Stanford Technology Law Review , 2004 (3).

［222］Gari S R. , Newton A, Icely J D. A review of the application and evolution of the DPSIR framework with an emphasis on coastal social-ecological systems ［J］. Ocean & Coastal Management, 2015 (103).

［223］Gilbert R J, Katz M L. Efficient division of profits from complementary innovation ［J］. International Journal of Industrial Organization , 2011, 29 (4).

［224］Gioia D A, Thomas J B. Identity, image, and issue interpretation: sensemaking during strategic change in academia ［ J ］. Administrative Science Quarterly, 1996, 42 (5).

［225］Gregory S D, James S D, Kevin C D. Governing innovation in U. S. state government: An ecosystem perspective ［J］. The Journal of Strategic Information Systems, 2016, 25 (4).

［226］Gu X M, Li W C, Jiang S M, Tian L X. Evolution-peak based evolutionary control and analysis on carbon emission system of the United States ［J］. Energy Procedia, 2015 (75).

［227］Hamel G. Competition for competence and inter partner learning within international strategic alliances ［J］. Strategic Management Journal, 1991 (12).

［228］Hannan M T, Inertia. Density and the structure of organizational populations: Entries in European automobile industries, 1886 –1981 ［J］. Organization Studies, 1997 (18).

［229］ Haustein H D, Neuwirth E. Longwaves in world industrial produc-tion, energy consumption. innovations, inventions, and patents and their identifi-cation by spectral analysis ［J］. Technological Forecasting and Social Change, 1982 (22).

［230］ Henri H, Toni J, Ahti S, Erkki Y J, Markets for standardized tech-nologies: Patent licensing with principle of proportionality ［J］. Technovation, 2012, 32 (9 – 10).

［231］ Hofbauer J, Sigmund K. Evolutionary game dynamic ［J］. Bulletin of the American Mathematical Society, 2003, 40 (4).

［232］ Inigo E A, Albareda L. Understanding sustainable innovation as a complex adaptive system: A systemic approach to the firm ［J］. Journal of Cleaner Production, 2016 (126): 1 – 20.

［233］ Isabella A. Evolving interpretation as change unfolds: How managers construe key organizational events ［J］. Academy of Management Journal, 1990, 33 (1).

［234］ J Holland. Hidden order: How Adaptation Builds Complexity ［M］. New York: Wesley Publishing Company, 1995.

［235］ Kamien M I, Tauman Y. Fees versus royalties and the private value of a patent ［J］. Quart. J. Econ, 1986 (101).

［236］ Karuna J, Vandana S. Intellectual property management system: An organizational perspective ［J］. Journal of Intellectual Property Rights, 2006, 11 (5).

［237］ Kato A. Patent Pool enhances market competition ［J］. International Review of Law and Economics, 2004, 24 (2).

［238］ Kim S L, Park C H, Lee S H. Environmental tax and licensing a pa-tent for clean technology management, Procedia ［J］. Social and Behavioral Sci-ences, 2012 (57).

［239］ Kinokuni H, Ohkawa T, Okamura M. Patent pools and the allocation rute ［R］. Working Paper, Ritsumeikan University and Hiroshima University, 2008.

［240］ Kleinknecht A. Are there Schumpeterian waves of innovations? ［J］. Cambridge Journal of Economics, 1990 (14).

［241］Kumar R, Nti K O. Differential learning and interaction in alliance dynamics: A process and outcome discrepancy model ［J］. Organization Science, 1998, 9（3）.

［242］Langinier C. Patent pool formation and scope of patents ［R］. Working Paper, Lowa State University, 2007.

［243］Lee K, Lim C. Technological Regimes, catching-up and leap frogging: findings from the Korean Industries ［J］. Research Policy, 2001（30）.

［244］Lerner J, Strojwas M, Tirole J. The design of patent pools: The determinants of licensing rules ［J］. Rand Journal of Economics, 2007, 38（3）.

［245］Lewin A Y, Long C P, Carroll T N. The co-evolution of new organizational forms ［J］. Organization Science, 1999, 10（5）.

［246］Lewis J I. Managing intellectual property rights in cross-border clean energy collaboration: The case of the U. S. -China clean energy research center ［J］. Energy Policy, 2014（69）.

［247］Liang G S. Fuzzy MCDM based on ideal and anti-ideal concepts ［J］. European Journal of Operational Research, 1999（112）.

［248］Li J Q, Chen W, Yang Z L, Li C Y, Sellers J S. Dynamic interval-valued intuitionistic normal fuzzy aggregation operators and their applications to multi-attribute decision-making ［J］. Journal of Intelligent & Fuzzy Systems, 2018, 35（4）.

［249］Lin L, Kulatilaka N. Network effects and technology licensing with fixed fee, royalty, and hybrid contracts ［J］. Journal of Management Information Systems, 2006, 23（2）.

［250］Liu Q L, Li X C, Hassall M. Evolutionary game analysis and stability control scenarios of coal mine safety inspection system in China based on system dynamics ［J］. Safety Science, 2015（80）.

［251］Macho S, Martinez G, Perez C. The role of information in licensing contract design ［J］. Research Policy, 1996（25）.

［252］Macintosh R. , Maclean D. Conditioned emergence: a dissipative structures approach to transformation ［J］. Strategic Management Journal, 1999（20）.

［253］Mercedes C, Alessandro N. Intellectual property protection in plant varieties: a worldwide index (1961 – 2011) [J]. Research Policy, 2015, 44 (4).

[254] Miles M B, A M Huberman. Qualitative data analysis: A source book of new methods [M]. Bererly Hills, CA: Sage, 1984.

[255] Muhsen D H, Ghazali A B, Khatib T, Abed I A, Natsheh E M. Sizing of a standalone photovoltaic water pumping system using a multi-objective evolutionary algorithm [J]. Energy, 2016 (109).

[256] Narayanan V K. Managing technology and innovation for competitive advantage [M]. Upper Saddle River: Prentice Hall, 2000.

[257] Nderson P, Tushman M. Technological discontinuities and dominant designs: A cyclical model of technological change [J]. Administrative Science Quarterly, 1990, 35 (4).

[258] Niclis G, Prigogine I. Self-organization in non-equilibrium system [M]. New York: Wiley, 1968.

[259] Opricovic S, Tzeng G H. Compromise solution by MCDM methods: a comparative analysis of VIKOR and TOPSIS [J]. European Journal of Operational Research, 2004, 156.

[260] Philip B. Nelson. Patent pools: an economic assessment of current law and policy [J]. Routers Law, 2007, 38 (2).

[261] Reitzig M. How executives can enhance IP strategy and performance [J]. MIT Sloan Management Review, 2007, 49 (1).

[262] Rennings K. Redefining innovation-eco-innovation research and the contribution from ecological economics [J]. Ecological Economics, 2000, 32 (2).

[263] Ring P S, Ven de van A H. Developmental processes of cooperative inter-organizational relationships [J]. Academy of Management Review, 1994, 19 (1).

[264] Robert H P. Intellectual property strategy in Japanese and UK companies: patent licensing decisions and learning opportunities [J]. Research Policy, 2001 (30).

[265] Robert P Merges. Institutions for intellectual property transactions: The case of patent pools [R]. University of California at Berkeley, Working Paper, 1999.

［266］ Robertson D A. The complexity of the corporation ［J］. Human Systems Management, 2004 (23).

［267］ Shannon C E. A mathematical theory of communication ［J］. Bell System Technology Journal, 1948 (27).

［268］ Shapiro C. Navigating the patent thicket: Cross licenses, patent pools, and standard setting ［J］. Innovation Policy and the Economy, 2001, 1 (1).

［269］ Silverberg G, Dosi G, Orenigo L. Innovation, diversity and diffusion: an self-organization model ［J］. The Economic Journal, 1998.

［270］ Silverberg G, Lehnert D. Long waves and evolutionary chaos in a simple Schumpeterian model of embodies technical change ［J］. Structural Change and Economic Dynamics, 1993 (4).

［271］ Song B, Seol H, Park Y. A patent portfolio-based approach for assessing potential R&D partners: An application of the Shapley value ［J］. Technological Forecasting and Social Change, 2016 (103).

［272］ Sorenson O. The Effect of Population-Level Learning on Market Entry: The American Automobile Industry ［J］. Social Science Research, 2000 (29).

［273］ Steffen B. Stable Patent Pools ［R］. Humboldt-University Berlin, Department of Economics, Institute of Management, Spandauer strasse, 2004.

［274］ Stephenson P. Aspects of intellectual property management ［J］. Computer Fraud & Security, 2005 (5).

［275］ Sun B, Xie J, Cao H H. Product strategy for innovators in markets with network effects ［J］. Marketing Science, 2004, 23 (2).

［276］ Taylor P D, Jonker L B. Evolutionarily stable strategy and game dynamic ［J］. Math Bioscience, 1978 (40).

［277］ Tyson J. The Belousov-Zhabotinskii Reaction ［C］. Heidelberg: Springer-Verlag: Lecture Notes in Biomathematics, 10, 1976.

［278］ Wang Andy K C, Liang W J, Chou P S. Patent licensing under cost asymmetry among firms ［J］. Economic Modelling, 2013 (31).

［279］ Wang Andy K C, Wang Y J, Liang W J. Patent licensing under financial structure with limited liability ［J］. International Review of Economics & Finance, 2016 (46).

［280］ Wang G, Feng X, Hoong C K. Symbiosis Analysis on Industrial Ecological System ［J］. Chinese Journal of Chemical Engineering, 2014, 22 (6).

［281］ Wang H F. Fuzzy multi-criteria decision making-an overview ［J］. Journal of Intelligent and Fuzzy Systems, 2000 (9).

［282］ Wang J Q, Li K J et al. A score function based on relative entropy and its application in intuitionistic normal fuzzy multiple criteria decision making ［J］. Journal of Intelligent and Fuzzy Systems, 2013 (25).

［283］ Wang J Q, Li K J. Multicriteria decision-making method based on induced intuitionistic normal fuzzy related aggregation operators ［J］. International Journal of Uncertainty Fuzziness and Knowledge-Based Systems, 2012 (20).

［284］ Wang W M, Cheung C F. A Semantic-based Intellectual Property Management System (SIPMS) for supporting patent analysis ［J］. Engineering Applications of Artificial Intelligence, 2011 (24).

［285］ Wang X. H. Fee versus royalty licensing in a differentiated cournot duopoly ［J］. Journal of Economics and Business, 2002 (54).

［286］ Wei J, Xu L, Yang Z. Modeling a policy making framework for urban sustainability: Incorporating system dynamics into the Ecological Footprint ［J］. Ecological Economics, 2009, 68 (12).

［287］ Yager R R. On ordered weighted averaging aggregation operators in multicriteria decision making ［J］. IEEE Transactions on Systems, Man, and Cybernetics, 1988.

［288］ Yan A. Structural stability and reconfiguration of international joint ventures ［J］. Journal of International Business Studies, 1998, 29 (4).

［289］ Yao J, Guo H H, Wei S. Risk assessment of hydropower stations through an integrated fuzzy entropy-weight multiple criteria decision making method: A case study of the Xiangxi River ［J］. Expert Systems with Applications, 2015, 12 (42).

［290］ Yun Song, Kun Guo. Empirical Study of Chinese Stock Market Structural Changes Based on Dissipative Structure Theory ［J］. Procedia Computer Science, 2015 (55).

［291］ Zadeh L A. Fuzzy sets ［J］. Information and Control, 1965 (8).

［292］ Žaneta R, Monika C. Protection of intellectual property as a means of evaluating innovation performance [J]. Procedia Economics and Finance, 2014 (14).

[293] Zhang H, Wang X J, Qing P, Hong X P. Optimal licensing of uncertain patents in a differentiated Stackelberg duopolistic competition market [J]. International Review of Economics & Finance, 2016 (45).

[294] Zhang X M, Liu Q, Wang H Q. Ontologies for intellectual property rights protection [J]. Expert Systems with Applications, 2012, 39 (1).

[295] Zhu Q M, Liu X Y, Zhang H. Research on the safety economic management system based on the dissipative structure theory [J]. Procedia Engineering, 2012 (45).